U0037909

楞嚴經講記

——第五輯

——平實導師　述

ISBN　978-986-6431-09-8

以離念靈知心爲眞如心者，是落入意識境界中，與常見外道合流，名爲佛門常見外道；以六識之自性（見性、聞性、嗅性、嚐性、觸知性、警覺性）作爲佛性者，是與自性見外道合流，名爲佛門自性見外道。近代佛門錯悟大師，不外於此二類人之所墮。

以六識論而主張蘊處界緣起性空者，與斷見外道無二；彼等捨壽時若能滅盡蘊處界而入無餘涅槃，彼涅槃必成斷滅故，名爲佛門斷見外道。此類人恐生斷見之譏，隨即益以「意識細心常住」之建立，則返墮常見之中；一切粗細意識皆「意、法因緣生」故，不脫常見外道範疇。此等人，皆違聲聞、緣覺菩提之實證，亦違佛菩提之實證，即是應成派中觀之邪見也。

《楞嚴經》既說眞如心如來藏，亦同時解說佛性之內涵，並闡釋五蘊、六根、六塵、六識、六入全屬如來藏妙眞如性之所生，附屬於如來藏妙眞如性而存在及運作。如來藏心即是第八識阿賴耶識，妙眞如性即是如來藏心體流露出來之神妙功德力用，諸菩薩目之爲佛性。

此經所說法義，迥異諸經者，謂兼說如來藏與佛性義，並將蘊處界入等一切法攝歸如來藏妙心與其功德力用之中。其中法義甚深、極甚深，謂言詞古樸而極簡略，亦謂其中妙義兼含地上菩薩之所證，絕非明心後又眼見佛性之菩薩摩訶薩所能意會，何況尚未實證如來藏之阿羅漢？更何況未斷我見之應成派及自續派中觀師？其餘一切落入意識境界之當代禪宗大法師，皆無論矣！有大心之眞學佛而非學羅漢者，皆應深入熏習以求實證之。

目次

第十五輯：

自序

《楞嚴經講記》是依據公元二〇〇一年夏初開講《楞嚴經》時的錄音，陸續整理為文字編輯所成，呈獻給讀者。期望經由此經的講經記錄，利益更多學佛人，藉以生起對大乘法教的仰信，願意景行景從而發起菩薩性；亦藉此書熏習大乘法義，漸次建立正知正見，遠離常見外道意識境界，得斷我見。同時可由深入此書中所述法義的如實理解，了知常住眞心之義，得離斷見外道邪見；進而可以明心證眞，親見萬法都由如來藏中出生，成為位不退之實義菩薩，親自觀察所證如來藏阿賴耶識心體，絕非常見外道所墮之神我。並能現觀外道所墮神我，實由其如來藏所出生之識陰所含攝，不外於識陰範疇。乃至緣熟之時可以眼見佛性，得階十住位中，頓時圓成身心世界如幻之現觀，不由漸修而成，一時圓滿十住位功德，或能得階初行位中，頓超第一大阿僧祇劫三分有一。如是利益讀者，誠乃平實深願。

然而此經之講述與整理出版，時隔九年，歲月淹久，時空早已轉易；當時為令學人速斷我見及速解經中如來藏妙義而作簡略快講，導致極多佛性義理略而未說，亦未對部分如來藏深妙法義加以闡釋，已不符今時印書梓行及流傳後世之考量，不符大乘法中菩薩廣教無類及顯示勝妙眞如佛性義理之原則。是故應當加以深入補述，將前人所未曾言之如來藏深妙法義中，可以梓之於文者，以語體文作了大幅度增刪，令讀者（特別是已悟如來藏者）得以前後再三閱讀思惟而深入理解經義。由此緣故，整理成文之後，於潤色之時特地作了補述及大幅度增刪，令讀者得以一再閱讀深思而理解之，藉以早日轉入菩薩位中，遠離聲聞種性；並能棄捨聲聞法義之侷限，成眞菩薩。此外，本講記是正覺同修會搬遷到承德路新講堂時所講，當時新購講堂之錄音設備尚未完善，更無錄影設備，是故錄音時亦有數次漏錄情況，只能在出版前另以語體文補寫，一併呈獻給讀者。

大乘經中所說法義，單說如來藏心體者，已經極難理解，是故每令歷代名聞諸方之大師難以理解，更何況《楞嚴經》中非唯單說如來藏心，實亦兼涉佛性之實證與內涵。如來藏心體對六塵離見聞覺知，而如來藏的妙眞如性—佛性—則對六塵不離見聞覺知，卻不起分別，亦非識陰覺知心之見聞覺知；欲證如來藏心體及眼見佛性者，修學方向與實證條件差異極大，苟非一一實證者，縱使讀懂此經文義，亦無法實證之。何況此經文句極爲精鍊簡略，今時人之文言文造詣亦低，何能眞實理解此經眞義？而欲證知經中所說如來藏心與佛性義，欲求不起矛盾想者，極難、極難矣！特以佛性之實證、內涵、名義，古今佛教界中所述紛紜，類多未知佛性、或未實證眼見佛性現量之凡夫所說者；如斯等人或讀此經，必然錯會而誤認六識之見聞知覺性爲常住之佛性；以是緣故，亦應講解此經而令佛教界廣爲修正舊有之錯誤知見。

然而此經中有時亦敘述如來藏具足令人成佛之體性，如同世親菩薩所造《佛性論》之意涵，並非《大般涅槃經》中世尊所說十住菩薩眼見佛性，亦非此經中所說佛性—妙眞如性—現量境界之實證眞義；由是緣故，凡未親證如來藏又未眼見佛性者，往往誤會此經中所說十八界六入等境界相即是佛性境界，墜入六識之見聞知覺性中。是故九年前講述此經時，已依此經所說佛性眞義而略述之，並依此經所說第二月眞義，略加旁述佛性之理；然未盡說，預留讀者將來眼見佛性之因緣，故已隱覆佛性密意而略述佛性之義。藉此覆護佛性密意之宣演佛性方式，促使讀者將來明心之後更有眼見佛性之因緣，得以漸次成熟；或於此世、或於他世，得以一念相應而於山河大地之上，親見自己的佛性，頓時成就世界身心如幻之肉眼所見現量境界，不由漸修而得，一念之間頓時圓成第十住滿心位之身心世界如幻現觀。

又，地上菩薩由無生法忍功德所成就之眼見佛性境界，能由如來藏直接與眾生心相應；雖然凡夫、賢位眾生之心仍不知已被感應，但地上菩薩往往已經於初次相見之時，即已感應其如來藏所流注之種子，由此而知彼眾生往世曾與菩薩結下善緣或惡緣。未離胎昧之已入地菩薩眼見佛性時，具有如是功德，故能由此直接之感應，作出對彼凡夫位、賢位等菩薩應有之開示與因應，此即是三地以下菩薩隨順佛性以後，在無宿命通、天眼通之情形下，仍能妥善因應眾生根性之緣由所在。如是，諸地菩薩於眼見佛性之後所得智慧，迥異十住菩薩之眼見佛性境界智慧，非十住位至十迴向位菩薩所知。一切未眼見佛性而已明心之賢位菩薩，更未能知此。

至於尚未明心而長處無明長夜中之意識境界凡夫菩薩，更無論矣！皆名凡夫隨順佛性。聲聞種性僧人及諸外道，總將識陰六識之見聞知覺性錯認爲佛性，據以誣謗十住菩薩之眼見佛性境界，何況能知諸地菩薩所隨順之佛性智慧境界？唯能臆想而妄加誹謗爾。然諸佛所見佛性，又異於十地、妙覺、等覺；謂諸佛眼見佛性後，成所作智現前，能以五識各自流注而成就無量利益眾生之事，化身無量無邊，非等覺及諸地菩薩所能臆測。故知眼見佛性者，層次參差不一，各各有別，少聞寡慧者並皆不知，乃至已經眼見佛性之十住菩薩仍不能具知也！如是眼見佛性境界，則非此經之所詳述者；故我　世尊已於別經再作細說，以令圓滿化緣，方得取滅而以應身方便示現進入涅槃。如斯佛道意涵，深邃難知，苟非已有深妙智慧者，難免誤會而成就大妄語，或因難信而生疑，以致施以無根誹謗，未來捨壽後果堪憂；是故平實於此序文中預爲說之，以警來茲，庶免少聞寡慧凡夫閱後惡口謗法，捨壽之後致遭重報。

此外，時値末法，每有魔子魔民身披佛教法衣演述常見、斷見外道法，轉易佛門四眾同入常見外道、斷見外道知見中；更有甚者，身披法衣而住於如來廟堂之中，實行印度教外道性力派—坦特羅「佛教」—譚崔瑜伽男女雙身合修之意識貪觸境界，夜夜乃至白晝公然宣淫於寺院中，成爲彼等眾人寺院中的公開祕密，唯獨淺學信徒不知爾。如是邪說邪行，已經廣行於末法時代之學密佛教寺院中，台灣海峽兩岸亦皆已普及，極難扭轉其勢，豈符世尊法教眞義而不違佛制戒律？身披僧衣而廣行貪淫之行，墮落識陰境界中，豈能相應於眞心如來藏離六塵貪愛之清淨境界？眼見如斯末法現象，平實不能不喟嘆末法眾生之福薄：屢遇如是宣揚外道法之邪師而不自知，更隨之暗地實修雙身法而廣違佛戒，日日損減自己每年布施眾生、供養三寶所得福德。

更有甚者，一心追隨邪師而認定邪法爲正法，不知邪師每每身現好相，佯爲實證及清淨之人；學人由無明所罩故，以護法之善心而與邪師共同造下破法之愚行，將了義勝妙之正法謗爲外道神我、外道自性見；亦將弘揚正法之賢聖謗爲外道、邪魔，坐令邪師勢力增廣，導致邪法弘傳益加普及。是則因於無明及名師崇拜，以善心而造惡業；然猶不能自知眞相，每以壞法及謗賢聖之惡行得以成就，而沾沾自喜爲護法大功焉，實可憐憫。今此經中，佛陀對此廣有開示，讀者若能摒棄以前追隨名師所聞之先入爲主觀念，客觀地深入此書中，一一比對佛語而能深細檢驗；然後一一加以深思，並依本經所說蘊處界功能本質及生滅性之現量加以現觀，即可遠離既有之邪見而轉入正知正見之中；若能正確了知之後，益以正確之護法善行而積功累德，何愁此世無有實證如來藏而悟入大乘菩提之機緣？乃至福厚而極精進者，亦得眼見佛性而圓滿十住位之世界身心如幻現觀。

末後，令平實不能已於言者：對於中國佛門中已存在百年及密宗已存在數百年之宗喀巴外道法因緣觀及菩提道次第，亦應由此經義而廣破之。謂百年來常有大法師遵循日本學術界中少數人的錯誤觀點，一心想要以學術研究所得取代佛法特重實證的經中教義；而日本近代此類所謂佛學學術研究者，本質仍屬基督教信仰者急於**脫亞入歐**而提升日本在國際上之學術地位，想要與歐美學術界分庭抗禮；於是出之以嘩眾取寵方式而極力批判佛教，冀離中國佛教而且上於中國佛教，於是乃有批判中國傳統佛教如來藏教義之舉——三十年前日本「批判佛教」學派於焉誕生。於是專取四阿含文字表相法義，並扭曲四阿含法義，宣演外道六識論爲基調之因緣觀，取代佛教四阿含所載八識論之因緣觀，自謂彼之謬論方屬眞正佛法，主張一切法**因緣生**故無常，誣指中國傳統佛教如來藏教義爲外道神我。然而，如來藏屬第八識，能出生外道神我，而法界中亦無一法可破壞之，此是一切親證如來藏者皆可現觀而證實之現量；外道神我則屬第六意識或識陰六識，被如來藏所生，乃生滅法；一主一從，二者天差地別，焉可等視齊觀？由此證知日本袴谷憲昭、松本史朗創立批判佛教之學說，純屬無明所言戲論，並無實義。

六十年來台灣佛教則由印順及其派下門人，奉行印順源自天竺密宗之宗喀巴六識論應成派中觀，採用基督教信仰者反對實證之西洋神學研究方法，曲解四阿含中所演八識論因緣觀正理，刻意否定中國禪宗法教之如來藏妙義，貶爲野狐禪及外道神我；藉此表相建立其不落「俗套」而異於傳統佛教之「超然、不迷信」假象，然後佛光山、法鼓山、慈濟追隨印順而奉行之。

然而印順派之思想本質，乃外道六識論之因緣觀，近承日本不事修證之學術研究學說，遠紹宗喀巴、阿底峽、寂天、月稱、佛護等六識論諸凡夫論師；謂彼等因緣觀外道如是主張：**純由根、塵作爲因緣，即能出生六識：不必有本識如來藏持種，只藉六根六塵作爲因緣即能出生六識。**又主張意識常住不壞，公然違背聖教。如是外道因緣觀，全違法界現量－違背現象界中可以現見之事實－諸法不自生、不他生、不共生、不無因生之事實，全違龍樹中觀之教示。

而印順派所闡釋之因緣觀、應成派中觀，正屬龍樹所破之**他生與共生**之外道因緣觀；復又違背四阿含中處處隱說、顯說之八識論因緣觀——由第八識如來藏藉所生根塵爲因緣，出生識陰六識（詳見拙著《阿含正義》七輯之舉述），本質正屬外道六識論邪見之因緣觀。今此《楞嚴經》中更出之以**五蘊、六入、六界、十二處、十八界皆屬如來藏妙眞如性所出生**之深入辨正，以九處徵心八還辨見之細膩法義，令知「**識陰六識不能自生，根不能獨生識，塵不能獨生識，根塵不能共生識，虛空不能無因生識**」等正理，完全符契四阿含諸經所說義理，而更深入闡述正義。如是深入辨正已，阿含聲聞道所述佛門因緣觀正理即得以彰顯，突顯佛門八識論因緣觀異於印順及宗喀巴之外道六識論因緣觀所在，則佛門學人即可遠離外道因緣觀邪見，疾證聲聞菩提乃至佛菩提，終不唐捐諸人一世之勤修也！

佛法特重智慧，是故成賢證聖而入實義菩薩位中，世世悅意而修菩薩道；或者捨壽後速入三塗永為凡夫而受苦難，多劫之中常與眞實菩提絕緣，世世苦修仍不得入門，茫然無措；如是二類迴異之修學果報緣因，端在當前一念之中：是否願意客觀分辨，及實地理解諸方名師與平實所說法義之異同所在，不依道聽塗說而盲從之，實即憑以入道或下墮之樞紐及因由也！願我佛門四眾弟子皆能冷靜客觀而深入比較及理解，然後理智而不盲從地作出抉擇。審能如是，則此世即已建立修學佛道之正確方向；從此一世開始，佛道即能快速而悅意地修學及實證，非唯永離名義菩薩位，亦得永斷三塗諸惡因緣，眞成實義菩薩，何樂不為？

此書既然即將開始潤色而準備梓行，於潤色前不免發抒感想、書以為文；由是而造此序，以述平實心中感慨，即為此書印行之緣起。

佛弟子　平實　敬序於竹桂山居

時值公元二〇〇八年　春分

第五輯：

《大佛頂如來密因修證了義諸菩薩萬行首楞嚴經》卷第三

（上承第四輯未完內容）

【「阿難！又汝所明舌味為緣生於舌識；此識為復因舌所生、以舌為界？因味所生、以味為界？阿難！若因舌生，則諸世間甘蔗、烏梅、黃連、石鹽、細辛、薑桂都無有味，汝自嘗舌為甜為苦？若舌性苦，誰來嘗舌？舌不自嘗，孰為知覺？舌性非苦，味自不生，云何立界？若因味生，識自為味，同於舌根應不自嘗，云何識知是味非味？又一切味非一物生，味既多生，識應多體；識體若一，體必味生，鹹淡甘辛和合俱生，諸變異相同為一味，應無分別。分別既無則不名識，云何復名舌味識界？不應虛空生汝心識，舌味和合，即於是中元無自性，云何界生？是故當知舌味為緣生舌識界，三處都無。則舌與味及舌界三，本非因緣，非自然性。（本如來藏妙真如性也）」】

講記：佛說：「阿難啊！你所明白的舌根與味塵作爲因緣而出生了舌識；而舌識究竟是由舌根所生，以舌根境界作爲自己的境界呢？或是因爲被味塵所出生，以味塵境界作爲舌識自己的境界呢？」這是問：舌識是以舌根的境界作爲自己的境界，或是以味塵的境界作爲自己境界？也就是問阿難：舌識是由舌根或味塵所生的？而舌識功能差別的界限是依舌根或味塵爲準？

然後 佛又接著問：「阿難！若因舌生，則諸世間甘蔗、烏梅、黃連、石鹽、細辛、薑桂都無有味，汝自嘗舌爲甜爲苦？若舌性苦，誰來嘗舌？」佛問了那兩個問題作爲前提之後，又說：「阿難！如果舌識是因爲舌根而出生的，」既以舌根爲因，是由舌根出生了舌識，當然舌識是以舌根的境界作爲自己的境界了；而舌根只能接觸味塵而不能了知味塵，舌識當然就同樣只能接觸而不能了知味塵了，「那麼各種世間的食物譬如甘蔗、烏梅、黃連、石鹽、細辛、薑桂，就應該嚐起來全都沒有味道了，這時，你阿難自己嚐一下自己的舌頭，究竟是甜或是苦的呢？」烏梅就是被人拿來泡成烏梅酒的梅子，黃連是所有中醫師都曉得的，是三黃之一，性寒極苦的退除火氣的中藥材。如果火氣上來了，中藥房有個清心降火的藥物，就是三黃粉：黃連、大黃、黃芩。石鹽，在台灣好像沒看見過石鹽，台灣只有海鹽；石鹽是山中出產的鹽。細辛，也是中藥；薑、桂，既是中藥材，也是廚房調味用的香料。舉出這些物品，是因爲它們的味道各有特性、互不相同，表示舌識可以嚐出這些各各不同的味道，是在顯示酸甜苦辣甘辛鹹淡等味道。如果舌識是以舌根爲因，是由舌根出生的，就應該是以舌根的境界作爲舌識自己的境界；而舌根只能接觸味塵，無法了知味塵的內容，最多只能觸及食物的軟硬脆韌等觸塵，無法觸及味塵。若舌識是從舌根中出生的，當然是以舌根的境界作爲自己的境界，「那麼舌識對於世間的甘蔗、烏梅、黃連……等食物，應該是嚐起來都沒有味道才對，」因爲舌識是從舌根出生的，既以舌根的境界爲境界，當然就無法了知味塵了，就跟食物的酸甜苦辣味塵的了知無關。「舌識既然與食物味塵的了知無關，而舌識是應該有了別味塵作用的，那麼你阿難都嚐不出食物的味塵時，至少是否應該能夠嚐知舌根自己的味道，那時請你嚐一嚐自己舌根上的味塵，究竟是甜味或是苦味呢？」

舌根的味道是甜還是苦呢？如果有人說苦，也有人說甜，都講得通啊！因爲如果生病了，自嚐己舌的時候可就是苦味了；如果健康沒有病，又不口渴時，自嚐己舌時就會有一點淡淡的甜味。「請你阿難嚐嚐看自己的舌根，如果舌根的味性是苦的，而舌識是以舌根的境界爲境界，應該是沒有誰可以自嚐己舌的，又是誰來嚐知自己的舌根呢？你可別說是舌根反嚐舌根自己，因爲舌根是沒有了知性的，所以沒有能力反嚐自己的；可是你阿難反嚐舌根自己時，明明還是有知有覺的，那麼這又是誰在知覺呢？」

當舌識是被舌根出生的，自然是舌根接觸味塵而不能了別味塵的境界作爲舌識的境界，那就無法了知味塵了！佛的意思是說：「假使舌根的體性並不是苦味或甜味等性質，而是本來無味的，那麼舌根上的味塵是不可能自己出生的，而你阿難將品嚐不到淡味或甜味；既然品嚐不到任何味塵，那又如何建立舌根或味塵的界限呢？」確實是如此，假使舌根自己是有味塵的，才能說舌根上的味道被舌識所嚐到；如果舌根是沒有味道的，以舌根作爲自己境界的舌識，當然也不可能品嚐出任何味道；既然品嚐不出任何味道，當然就無法建立舌根的功能差別，也無法建立味塵與舌識的功能差別了，那麼這三法的界限就無法確立了！

假使不必有如來藏的妙眞如性，舌根自己就可以品嚐出食物的味塵，譬如張三剛死掉時，由於張三生前品嚐過某一種食物，那麼現在我們把這一種食物放進他的口中舌頭上，張三應該還是可以了知這個食物的味道。但在事實上是一定不行的，因爲不是由舌根本身來嚐味的，一定是有一個與味塵相應的舌識在，才能了知那個食物的味道。單有舌根是無法了知味塵的，即使張三剛死，舌根都還好好地，也是無法品嚐出味塵來的，因爲如來藏離開了，不再流注出舌識的功能差別了。所以，假使舌識就是舌根，舌根就是舌識，那麼舌根就應該有舌識的功能了，或者舌識應該沒有舌識的功能而只有舌根接觸味塵的功能了，那就無法了知味塵了！

「舌不自嘗，孰爲知覺？舌性非苦，味自不生，云何立界？」舌根是不能品嚐自己的，假使又沒有舌識可以品嚐味塵，當然應該是沒有誰可以品嚐味道的，所以說「孰爲知覺？」可是大眾卻都可以品嚐味塵，那又是誰在品嚐味塵呢？假使舌識的功能被侷限在舌根的功能差別之內，就與舌根一樣只能接觸味塵而無法了知味塵了；那麼舌根自己既然不能品嚐自己，而舌根所生的舌識也是與舌根一般不能了知味塵，請問又是誰來嚐舌而了知舌味呢？既然沒有誰來嚐舌，顯然是沒有舌識嚐味的功能差別，這時當然味塵是不可能自己出現於覺知心中的，那又應該如何來建立舌根、味塵與舌識的界限呢？由此證明舌識不可能是由舌根來出生的。因爲舌識能嚐味，而舌根不能嚐味；舌根是物質、色法，不是心而不能生心，當然不可能出生心所攝的舌識，所以無法出生心所攝的舌識來品嚐味塵。因此，若是沒有如來藏妙眞如性來出生舌識時，味道尚且不可能存在，何況能建立舌根界、舌識界、味塵界呢？接下來說：

「若因味生，識自爲味，同於舌根應不自嘗，云何識知是味非味？」接著講到第二個問題：「如果舌識是因爲味塵而出生的，」也就是說，舌識是以味塵爲因，是由味塵來出生舌識，「那麼這時的舌識應該就是味塵自己，」味塵就是舌識自己，舌識自己就是味塵，「那麼當舌識自己就是味塵時，舌識應當如同眼不自見，也應當如同舌根不自嘗的道理一樣，又怎麼能夠嚐自己呢？那又如何能識別而了知是什麼味塵或不是什麼味塵呢？」舌識既然是味塵所出生的識，而味塵自己若能知道自己的味道，又跟你阿難的覺知心能知道味道的事情，有什麼關聯？那又跟你阿難無關啊！反過來說，既然舌識是從味塵中出生的，這樣的舌識自然應該跟舌根不自嚐的道理一樣，這樣的舌識又怎麼能夠嚐出味塵自己呢？當然是無法了知味道的。連味道都無了知了，當然也就不知淡的無味了，所以 佛說：「云何識知是味、非味？」

佛又質疑說：「又一切味非一物生，味既多生，識應多體；識體若一，體必味生，鹹淡甘辛和合俱生，諸變異相同爲一味，應無分別。分別既無則不名識，云何復名舌味識界？」現在又提出第三個問題：「而且所有的味道並不是只從同一個食物或物質而生的，」譬如前面舉示出來的幾種不同食物：甘蔗甜、烏梅酸、黃連苦、石鹽鹹、細辛嗆、生薑辣、肉桂香，味道各不相同。「味道既然有這麼多種產生出來，而味塵所生的舌識應都只能品嚐一種味道；然而舌識竟然能品嚐出許多種不同的味塵，這時的舌識應該是有許多個才對。」因爲食物有許多種，所以味塵各各不同；而每一種味塵所生的舌識當然也都只能品嚐一種味塵自己；可是現在有許多種食物，味塵當然有許多種，而舌識也都能了知各種不同食物的味塵，在味塵出生舌識的前提下，顯然應該是有很多個舌識才對。可是明明沒有很多個舌識。

「如果依舊主張舌識自體只有一個，這個由味塵所出生的舌識，體性必然是由味塵出生的，應當只能品嚐一種味塵；那麼當舌識品嚐到各種不同味塵的鹹淡甘辛，換來換去地品嚐時，應當還是只能品嚐到同一種味道，各種不同食物的變異相是應該嚐不出來的，應該是會嚐出同樣的一種味道，」因爲是由一種味塵出生的舌識，而且是只有一個舌識，不是同時有許多個不同的舌識，「這時的舌識對於味塵應該是沒有分別功能在運作的，」因爲永遠都是同一種味道時，久了以後舌識就不會再生起分別功能來了，舌識也就中斷而不存在了，當然是「應無分別」的。「對味塵的分別功能既然沒有了，那就不該再稱呼祂是舌識了。既無舌識時，又要如何來界定功能差別而建立名詞說『這是舌根、這是味塵、這是舌識』的功能差別？」當然是無法再確定舌根的界限、味塵的界限、舌識的界限了。

如果有人主張舌識是從味塵中出生的，那麼這個由味塵所生的舌識縱使能夠品嚐味塵，也只能品嚐出生這個舌識的味塵自己一種；因爲能出生這個舌識的味塵，對於其他的味塵是有排他性的，所以味塵所生舌識的了知性，不可能了知其餘不同的味塵；意思是說，這個味塵的味道不可能同於其他味塵的味道，所以不可能由這個味塵所生的舌識來品嚐其他不同味塵的味道。由於味塵有很多種，而舌識是從一一味塵中出生的，當然舌識應該是有很多個體，互不相同。譬如現在喝了一杯甘蔗汁，知道是甜的；等一下喝菜湯，知道是鹹的；然後有人熬了中藥給你喝，你說：「這個草藥好香、好甘。」再給你一瓶優酪乳，你說：「酸酸甜甜的。」總共有四種味塵被品嚐出來了！而舌識既是被味塵所生的，應該只能品嚐一種味塵；可是明明眼前舌識卻能夠品嚐到四種不同的味塵，那是不是口中應該有四個舌識才對？那麼請問各位：有沒有誰是品嚐不同食物時，要調換別的舌識呢？顯然是沒有，大家都同樣只有一個舌識來分別不同的味塵。

如果還有人想要強詞奪理，我一樣可以破他。譬如有人這麼說：「對啊！你如果現在換了一瓶優酪乳來，我就換優酪乳出生的舌識來嚐。」那麼如果我送給你一種從來沒有嚐過的食物，請問：你要用哪一種舌識來品嚐？是不是要把一大堆的舌識來一一試驗？很久以後才能品嚐味道出來？答不出來了吧！所以，既然主張舌識是從味塵中出生的，當然只能以那一種味塵的境界作爲那個舌識相應的境界，一定是只能品嚐那個味塵；不可能甘蔗味塵所出生的舌識，能夠品嚐黃連的苦味，因爲味道都是會互相排斥取代的，總是後來的味塵快速或漸漸地取代前面的味塵，當然不同的舌識是無法同時存在一個舌根中的。然而事實上是，舌根中永遠都只有一個舌識而能品嚐各種味塵，不會有許多個舌識共同存在於舌根中。

所以不該說舌識是由味塵所生的，也不該強詞奪理說自己有許多個舌識，這是講不通的；由此就證明舌識並不是由味塵出生的，而前面也證明舌識不是由舌根出生的，那麼能夠了知味塵的舌識嚐味性，當然是由如來藏出生的，才不會有這麼多的過失而造成進退兩難的窘境。所以，主張舌識嚐味的自性是舌根所出生，或是主張舌識的嚐味性是味塵所出生，都將會造成許多矛盾的問題而無法自圓其說；到那時，又將如何建立舌根界、味塵界、舌識界？都沒辦法建立了。

「不應虛空生汝心識，舌味和合，即於是中元無自性，云何界生？是故當知舌味爲緣生舌識界，三處都無。則舌與味及舌界三，本非因緣，非自然性。（本如來藏妙眞如性也）」既然舌識不可能由舌根、味塵出生，會不會是自然而然地從虛空中出生呢？如果眞是這樣，那就是自然性了。可是佛又說了：「也不應該說是由虛空出生你阿難的舌識或覺知心，」這是指責外道所說的無因生，舌識不可能是無因生的，一定是有因有緣才能出生的；但也不是單有根、塵的因緣就能出生舌識，當然更不可能是無因而生，無因而生的說法是主張由虛空來出生舌識，可是由虛空無因而生舌識，是有過失的。

譬如說，由虛空中無因無緣而突然出生了覺知心或舌識，可是這個舌識與我們有什麼相干呢？畢竟只是虛空所有的舌識，所了知的味塵內容是虛空所了知的，就與有情無關了。我們舌識的出生固然是要由如來藏妙眞如性來出生的，可是也要有舌根與味塵和合才能夠從如來藏中出生的。如果眞的是從虛空中無因出生了舌識這個心，當然是在出生之時立即就能夠品嚐味道的；正當舌識出生時，是應該有舌根與味塵相合接觸的；可是這時舌根與味塵合在一起，中間並沒有留下虛空，那麼虛空又要如何存在根塵相合之處？

又要如何在那裡出生舌識？因爲「舌味和合」時，並沒有中間空處可供虛空存在，那麼虛空在舌味和合處是沒有虛空自性存在的，那麼虛空又要如何在那個中間處所出生舌識？既然舌識無法在「舌味和合」處存在及出生，又該如何確立舌根界、味塵界、舌識界呢？

假使虛空眞的可以出生心識，所以出生了舌識，那麼舌識顯然是虛空的自性了，那麼虛空所生的舌識自己就可以品嚐味道了，也就不需要有情的舌根來觸到食物的味塵了。那麼有情眾生如果吃了食物，想要了知味道，就該請問虛空：「虛空啊！這是什麼味道？」是不是應該這樣呢？然而虛空不是有情，虛空是無法，只是一個名詞，根本不會品嚐味塵，也不會答覆你；可見由虛空中無因自生舌識的說法，是講不通的。縱使虛空有物質，而物質是無情，無情根本就不可能出生心識。

講到這裡，我想起密宗裡蠻有名氣的盧勝彥；盧勝彥有時是常見外道，有時又是虛空外道。他曾經在書中說：「眞如就是虛空，有情是從虛空來的。」大意是如此，原文我忘了，請直接去看公布欄張貼的資料。假使虛空眞的出生了盧勝彥，可是盧勝彥明明不存在虛空中，而是有自己的物質色身及六識覺知心存在著，明明不是化入虛空中，跟虛空有什麼相干？如果盧勝彥是由虛空出生，當他還活著時就該與虛空有所聯結，可是明明就沒有。所以虛空外道的說法是經不起理證檢驗的，因此盧勝彥的說法當然也經不起檢驗。如果主張舌識是虛空中無因而生的，除了是無因論外道，並且也是無法通過正理的檢驗，而且也無法在有情五蘊中建立舌根界、味塵界、舌識界。由於這些緣故，應該知道，以舌根界、味塵界作為因緣而出生了舌識界（舌識的功能），其實舌根界、味塵界、舌識界這三個功能差別，全都是由如來藏妙眞如性所出生的；若要推究這三界的功能差別是否有常住性、本來性、不壞性，或者推究這三界是否能出生別的功能，其實都是不存在的，都是生滅法而無法出生別的功能。由此可知，舌根界、味塵界、舌識界等三種功能，本來就不是單純的因緣所生法，而是由如來藏妙眞如性所出生的；而實證如來藏妙眞如性的菩薩們，也都可經得起這部經典中的各種質疑、問難。所以，舌聚這三界當然也不是自然性，不是由虛空中無因而生的；其實都是如來藏的妙眞如性，藉根、塵為因緣而出生的；出生了以後的舌識，也是由如來藏的妙眞如性運作，才能有舌識的功能產生及運作。斯為正說，不如此說，即是魔說。接下來 世尊又開示說：

【「阿難！又汝所明身觸爲緣生於身識；此識爲復因身所生、以身爲界？因觸所生、以觸爲界？阿難！若因身生，必無合離二覺觀緣，身何所識？若因觸生，必無汝身，誰有非身、知合離者？阿難！物不觸知，身知有觸；知身即觸，知觸即身；即觸非身，即身非觸；身觸二相，元無處所，合身即爲身自體性，離身即是虛空等相，內外不成，中云何立？中不復立，內外性空；即汝識生，從誰立界？是故當知身觸爲緣生身識界，三處都無；則身與觸及身界三，本非因緣，非自然性。（本如來藏妙眞如性也）」】

講記：佛又提出兩個問題。舌聚三界講完了，已經講完眼耳鼻舌四聚了，也就是六識界開始要講到第五識界了。現在要講到身聚三界：「阿難啊！你所明白的身根、觸塵這兩法作爲因緣而生出了身識，這個身識到底是因爲身根而出生，就以身根的功能界限作爲身識自己的功能界限呢？或者是因爲觸塵而出生，因此以觸塵的示現作爲身識的功能界限呢？」這是身識出生的問題，先提出來討論，來辨正身識是否單純地由身根與觸塵爲因緣就能出生？然後開始針對身識單由根塵因緣即能出生的因緣外道說法，來提出問難。

「阿難！若因身生，必無合離二覺觀緣，身何所識？若因觸生，必無汝身，誰有非身、知合離者？」佛提出辨正的內容說：「如果是因爲身根而出生了身識，」也就是說，假設身識是從身根中出生的，不是由如來藏妙眞如性藉身根與觸塵爲因緣來出生的；如果眞的是這樣，那麼身識就是住在身根裡面，這樣一來，「必定不可能有合與離這兩個能產生觸塵覺觀的因緣，那麼身識是沒有觸塵的，又能了知或識別什麼觸塵呢？」譬如拿到或觸到一個物品時，或如摸到自己的臉頰，這時產生了合與離兩個覺觀。也就是說，手觸到臉的時候，知道了手與臉頰兩個色法的合覺；又如手在臉頰表面滑動的過程中，你都知道是合覺；若是手不與臉頰相合時，就不會有這個合覺。然後手繼續滑動下來而離開了臉頰以後，你也知道手離開了臉頰，這就是離覺。

合與離是觸塵產生時必須有的兩個條件，而合與離這兩個覺觀是不同的。手與臉頰相合時，你知道合觸；手在臉上不滑動時，你也知道是合而不動；手在臉上滑動時，你知道滑動時的合觸；手若是離開臉頰時，你知道是離觸。合與離兩個覺觀的所緣觸塵境界，就是身識所了知的。身識（也就是能了知合離觸塵的心）若是從身根所生的，應該手及臉頰都不必互相碰觸，自然就能知道有合離二觸了。然而，有情若是一直都不以手去碰觸臉頰，手上及臉上的合觸感覺又能從哪裡生出來？

若主張不必有合離兩種觸塵就能產生身識，只需要有身根就能出生身識，可是明明沒有碰觸時就沒有合的感覺，而只有離的感覺；可是離的感覺是由於合，相對之下才會有離的感覺啊！所以，離覺是因爲曾經有合覺，把手從臉上拿開了才有離覺相對存在；若是沒有先前的合覺然後把手拿開，就沒有後來的離覺了。而合、離兩個覺觀的藉緣又是從哪裡來的？總不能說合與離兩個觸覺是從身根所生的，因爲身根只是段肉，不是心，如何能由身根來產生覺知合離二觸的身識心？而且，身識的出生要有根、塵兩種藉緣作爲條件，若是沒有藉緣時，身識的合與離兩種覺觀就不能存在。當合離兩個覺觀的藉緣不存在時，身識何所識呢？那時身識無依無憑，到底是要分別什麼、了知什麼？當合與離兩種觸塵不存在時，身識就沒有所緣的對象了，又如何能夠繼續存在呢？

「若因觸生」，如果主張：是因爲觸塵而產生了身識的覺性、了知。問題又來了：因爲這樣一來，顯然已成爲觸塵對自己的覺性與了知，那就不需要身根作爲因緣來出生身識了！既然觸塵自己出生了身識，請問有哪一個人是「有非身而知合離者」？也就是沒有身體而能夠知道觸塵上的合離？世間有誰是沒有身體而知道有觸塵合離的？沒有身體時，根本就碰觸不到臉或物品，還知道臉上、手上的合離觸覺嗎？所以，一定是要有身根存在，才能談得上有觸塵被感覺到，因此不可能建立從觸塵出生身識的道理。一定得要有身根，也要有觸塵的合離，如來藏妙眞如性才能藉這兩個作爲因緣來出生身識。所以身識不是從身根所生，也不是從觸塵中出生；而且觸塵也不能離開身根，若說身識是從觸塵中所生，道理顯然不能成立。因爲，誰能非身而知道觸塵的合離感覺？所以 佛又開示說：

「阿難！物不觸知，身知有觸；知身即觸，知觸即身；即觸非身，即身非觸；」佛又開示說：「阿難！一切色法、物質都不會有觸塵上的覺知，」物質只能被觸或接觸別的物質，自己不會有觸塵上的知覺性；譬如有情死了成爲屍體時，是因爲如來藏開始離開了，覺知心的功能漸漸不被如來藏流注出來了，因此在幾個小時後覺知心已經滅盡了，不再是有情而只是物；若是有人在那時拿了刀砍殺他，依舊不算殺人，因爲沒有覺知心存在的緣故，法律就不說那是殺人，只說是毀滅屍體，因爲那只是物。心離開了，身體就成爲物而沒有觸、沒有知；所以被殺時沒有痛覺。除非還是在正死位之前，意識還沒有滅掉時；到了正死位開始，不論怎麼殺它、捅它千刀，它完全不知道痛，因爲成爲屍體以後就是物，已經是無情了，無情是無法了知觸塵而不能再有覺知了，因此說「物不觸知」。

「身知有觸；」這裡講的身是講有根身，不是無根身；無根身是屍體，命根已經沒有了，只是物。換句話說，如來藏心不在了就沒有命根，就是無根身，五色根不能再有作用了，如同肉案上賣的畜生肉一般。既然這裡講的是有情「身」，當然是指有根身。只有有情的有根身，才能夠知道有觸；如果不是有根身，就不能覺知觸塵，不能領受觸塵，所以不可能知道有觸。很多人讀《楞嚴經》時總是認得字，卻不曉得眞正的意思，只能猜測。我想即使是剛剛破參悟得如來藏回來的人，對《楞嚴經》也會有這個感覺：只能懂一小部分，沒辦法全懂。這很正常。

「知身即觸，知觸即身；」知道自己的色身存在，全都是依靠對於觸塵上的知覺；若不是因爲觸塵上的知覺，是不會知道自己色身一直存在的；能夠知道自己色身存在的，卻是因爲有對觸塵的覺知。若不是有觸塵就不會知道自己的身根存在，可是觸塵的存在，卻必須有身根存在而且完好不壞；若是身根壞了，或是沒有身根，就不可能會有觸塵存在而被身識所知覺；所以，身識面對觸塵時的覺性，是必須身根正常及觸塵存在，缺一不可，所以說「知身即觸，知觸即身」。單有身根而沒有觸塵，身識覺性還是無法現前的；單有觸塵而沒有身根，三界中沒有這種事。所以必須先有身根，才可能有對物質的合與離二種觸塵；有了觸塵以後才會有身識覺性出生而對觸塵加以了知。然而身根、觸塵以及身識覺性，全都是由如來藏妙眞如性所出生。

「**即觸非身，即身非觸；**」雖然是由於有身根而有觸塵，有觸塵所以有身識覺性來加以了知；然而就觸塵本身來說，觸塵與覺性卻不是身根；就身根來說，身根也不是觸塵與覺性。假使身根即是觸塵及覺性，當人剛死不久，身根還沒有壞掉以前，應當也是會有觸塵及身識覺性才對；可是事實上人死後，如來藏離開了，觸塵就不再現前了，身識覺性也跟著不能出現了！所以身根不等於觸塵及身識，否則剛死的人身根未壞以前，應該就還會有觸塵身識存在才是，事實上卻不是如此。可是身根也不是觸塵身識啊！因爲人如果睡熟了以後，覺知心等六識斷滅不在了——身識覺性已經斷滅了，此時也不會有觸塵被了知的；假使身根就是觸塵，應該是睡熟以後的身根自己還會有觸塵存在才是，事實上卻沒有。

即使身根與觸塵都存在時，也不能說是由身根來出生身識，否則身識覺性就是身根所生的，違背龍樹**諸法不自生、不他生、不共生、不無因生**的正理了。若是主張身識覺性是身根所生，或主張是觸塵所生，都屬於**他生**，都不如理。應該主張說：身識覺性是由身根、觸塵和合，然後從如來藏中出生。

如果有人不信而主張是由身根出生了身識覺性，然而身根畢竟只是色法，是物質；既然是物質而不是心，物質段肉自己不可能有觸塵，如何能有身識覺性而了知觸塵呢？因爲觸塵其實也是由如來藏妙眞如性出生的。譬如手上抓著原子筆在寫字，是手有觸知而原子筆沒有觸知，因爲手上是由身識覺性來了知的，原子筆從來都不知道有觸；同理，身根只是段肉，段肉自己不可能會有觸塵；要有心處在段肉中，才會有觸塵。

又如走在路上，大地也不知道有觸，因爲沒身識覺性；如果大地也有觸，那麼大地就應該改名叫作覺知心或身識。很多人誤會禪宗祖師的眞正意思，祖師常常說：「山河大地是如來。」山河大地，不論你走到哪裡都是如來；但是祖師講的不是這句話表面上的意思，而是講各人自己的第八識如來；等到悟得明心的密意時，自然就知道祖師的言外之意所在。或者譬如眼見佛性的祖師會說：「放眼所見，整個大地到處都看見了佛性。」這也是講這個如來，而不是說山河大地眞的是如來、佛性。如果山河大地眞的是如來、佛性，可就麻煩了！所以末法時有許多大師（不論是大法師或大居士）講禪時都說：「山河大地是如來，所以山河大地等無情也有佛性。」我這一世悟錯了的師父也這麼說：「無情也有佛性。」都是誤會祖師的話，當然都是未悟底人。

如果無情眞的有佛性，那麼，無情應該也有心啊！那就會出現問題了：無情若是有心，就應該有知覺；如果無情有知覺，那麼蓋房子時要挖地下室（尤其現在蓋大樓時，地下室往往一挖就是地下三層、四層、五層），這時大地豈不是要哀號痛哭呢？如果無情也有佛性，譬如現在我坐在這裡講經，假使多講幾分鐘，不能準時下座，這個黑檀木的座椅當然得要抗議：「你怎麼坐我這麼久？我累死了！」是不是？所以祖師說「山河大地是如來」，當然不是文字表面的意思。山河大地是如來，有一個層面，且不談一切種智的層面，只說禪宗明心與見性的層面；有人問：「如何是佛法大意？」長沙禪師說：「朗州山，澧州水。」那不是講山河大地嗎？那麼拈提這公案時我就說：如果你還不會，就前往朗州山去爬一爬吧！朗州講的是德山嘛！是指德山宣鑒禪師的道場德山啊！再不然，澧州水也是個悟處；澧州水，講的似乎是崇信禪師的龍潭吧！假使有人求悟心切，何妨前去澧州龍潭跳下去游一回；回到台灣來，可得要曉得爲什麼山河大地是如來？

這可是依著禪宗明心所證來講的，若是依禪宗重關的佛性來講，眞要是眼見佛性了，那時在山河大地一切無情、有情上面都可以看到佛性，卻不是無情有佛性，而是你從無情上面看見了自己的佛性，那時一樣會說：「山河大地是如來。」依然是誠實語。然而未悟底人卻不該誤會山河大地等無情也是如來，就說山河大地也有佛性。假設山河大地眞的有佛性，將來當然也可以成佛，那時問題可就麻煩了，還能有誰住在山河大地上呢？又譬如這個眼鏡盒是無情，既說無情可以成佛，請問：眼鏡盒將來是要成一尊佛呢？還是成幾尊佛？譬如我用久了以後壞掉分散了，或者拆成兩個無關的個體，是不是將來要成爲兩尊佛？因爲無情無心而可以成佛，當然要面對這個問題。

又如將來你們成佛之後，在人間應化完畢而入滅了，留下那個屍體也是無情啊！那個無情當然應該也可以再成爲一尊佛。是不是會演變成這樣子？而山河大地應該是分析成幾個單元而成爲幾尊佛呢？所以，悟錯底人跟著證悟祖師亂講一通，都是誤會證悟祖師話語的糊塗人。能成佛的都是有情，正因爲有如來藏心的緣故才能成佛。有一個如來藏就會有七個識出生來修行成佛，所以一位有情成爲一尊佛，不可能成爲兩尊、三尊佛。然而無情既無如來藏心，也沒有七轉識陪同運作，要如何修行？即使能修行，將來成佛時究竟是應該成爲幾尊佛？在在處處都是大問題。

所以，不該物質色法也有知，因爲它們無心。如果說無情也可以成佛，那當然是有心，當然是說無情也有知，才能講得通。但是，不管事實上無情是否有知（就暫且當作是有知吧），當有人主張無情也有知的時候，就立即產生了一個語病：得要把無情改名叫作有情，這樣三界中可就沒有無情啦！所以，結果還是有情才能成佛；無情成佛的說法，還是講不通的；得要在一切種智中，從另一個極深的妙法（不可知執受的滅盡）中來解釋才能通。所以說物沒有觸，物不觸，也不知。如果單說身根時其實是無情，但因爲我們的心在，所以身根就成爲有情的一部分。如果心不在了，這身根怎麼可以是有情呢？所以，如果把我們的心除外（把意根、如來藏、覺知心六識）全都除掉以後，身根就成爲無情，只是個物質而已；物質本身不能知，又怎麼會知道觸塵呢？必須是有心在時才能知，能知才能夠說是心，才能夠說是有情。

身根只是物質，這個物質不能觸也不能知，不能夠觸一切塵，也不能夠了知一切法。而且外觸塵也是色法，外觸塵色法也是無知的；觸塵本身也不會了知自己，因爲觸塵是被觸而不是主動去觸別人的。正因爲色身中有身識心在而有知，所以才能夠有觸及觸塵而加以了知啊！如果沒有身識的知，就不能夠有觸塵上的了知；所以身知是因爲有身識存在身根中，因此有了能觸的功能，才能有身知；這時身根有知而有觸的時候，當然就不是物，而是有情了。有觸時才會知道自己有身體存在，正是因爲有覺知心意識及身識在了知觸塵，所以知道自己的身體存在而能運作，這都是由覺知心來知道的。

覺知心自己無形無色，如何能夠知道有觸塵呢？當然是要經由意識心透過身識來了知的，而身識對觸塵的了知還是要透過身根（不是無根身），以及身根所接觸的離合二塵，才會有觸塵上的了知，然後意識透過身識去瞭解觸塵。事實上意識本身並沒有直接觸及觸塵，是利用身識去作了別的。因此，能知道自己有身，其實還得要靠身識的觸覺啊！若沒有身識的觸覺，意識還是不知道自己的身根存在的。因此，在《莊子》那本書中談到孔子的弟子顏回所講的「坐忘」，認為能夠坐忘時就能大通；但我在《平實書箋》中說，他們認為坐忘則大通，其實一點都不通。因為坐忘只是意識離開了身識所觸的觸塵而已，覺知心可都還是完整存在而具足自我的；只是忘了檢視覺知心自己是否還存在，覺知心自我還是具足存在的，所以不能稱為大通。真正大通，得要明心了以後才真正進入大通之門，也只是剛剛入門而已。所以坐忘的境界只是意識離開了身根的觸塵，也忘了檢查覺知心自己是否還在，只是這樣而已。或者進入深的未到地定中，也常常可以坐忘的。

譬如天氣寒暖適中，身體也是很調適，沒有違和之處，所以坐久了以後忽然忘了身體的存在，是因為覺知心忘了身體上的離合之觸；那時也沒有風吹，所以沒有風吹時的合離觸塵，於是專心在定境中就忘了身體的存在，這就是一般禪宗道場講的坐到身體不見了！然而眞的不見了嗎？沒有！忽然警覺而想到自己的身體似乎不見了，這一嚇，身子一動，於是身體的觸覺又回來了，又藉觸塵的感覺而了知身體原來還在，身體何嘗不見了呢？因此說，知道有身體存在時就是觸塵上的觸知，可是能知道觸塵的又是誰？當然是身識及意識等覺知心。

「身觸二相，元無處所，合身即爲身自體性，離身即是虛空等相，內外不成，中云何立？中不復立，內外性空；即汝識生，從誰立界？」接下來又說：「身根和觸塵這兩個法相，本來就沒有處所，」如果身根是有處所，當我把你鼻子狠狠捏一把，你覺得很痛而說有處所，可是問題來了：如果從大腦中掌管身根的部分加以麻醉，然後再把鼻子用力地捏，甚至於捏到紅腫了，你都不會知道鼻子痛，那麼請問鼻子的身根在哪裡？如果換個方式，勝義根大腦的部分不麻醉，只把鼻子傳導到勝義根的神經麻醉了，再來狠狠捏你鼻子，你還是不知道痛啊！那麼究竟身根是在何處呢？所以說身根眞的沒有一個固定的處所，你不能篤定地說痛處是在哪裡。

有的人靜坐久了說腳很痛，然而眞的是腳很痛嗎？其實痛覺的領受是在頭腦中，不是在腳上，因爲覺知心領受的痛塵是內相分而不是外相分；只是頭腦有一個機制顯示說痛處是在腳，這樣顯示出來時才會知道應該處理腳了。可是有些人眞的不信，於是醫學家就說：「那我就從你的腦部，把掌管身體腳部痛覺的地方，打一點麻醉針。」沒智慧的人就說：「我的腳被醫好了，不痛了。」眞的不痛嗎？等一下腦袋中的麻醉藥退了以後，腳又痛起來了。腳出了事情時，腳自己不痛，身識覺性其實是在腦筋裡領受痛覺；可是在腦筋裡面領受內相分觸塵的痛覺時，卻顯示是腳在痛，那到底應該說是哪裡在痛？所以身根的觸塵覺受其實沒有一個處所可說。而且身根不是常住不壞法，而是無常變異，怎能說身根有常住的處所？至於依附身根而有的身識觸覺之性，當然也不能說有處所，因此說「元無處所」。身根既然是這樣，依附於身根而能夠示現出來的觸塵，當然更是沒有處所可說了。觸塵怎麼可能有處所？有情所觸及的觸塵相分，其實都是依附身根而被如來藏變現出來的；而如來藏無形無色，又怎麼會有處所可說呢？所以觸塵的法相既無處所，隨於身根與觸塵爲緣而生的觸覺法相，當然也是無處所的。

「合身即爲身自體性」，身識觸覺之性（覺性）若與身根和合爲一，那麼觸覺應該就是身根的自性，又如何說身識觸覺之性與身根不同呢？那麼又該如何建立身根界與身識觸覺界呢？若是因爲這樣就反過來主張：「離身仍然會有身識覺性存在。」但是，「離身即是虛空等相」，那已經是虛空的覺性而不是存在有情身根中的身識覺性了，又與有情何干？那麼有情對觸塵就無法了知了，而虛空了知有情身根中的觸塵之時，虛空的了知卻不會告知有情來了知，就成爲互不相干的事情了；所以，主張離身仍然可以有身識觸覺的人，在道理上是講不通的。

換句話說，身根的自性一定是要由肉質的扶塵根再加上腦袋中的勝義根，配合起來才能對觸塵相應及了知，這樣才是身根的自性，所以身根與觸覺是互相配合才能成就各自功能的。然而，觸覺顯然是要與身根和合起來才能有作用的，可是和合起來就似乎是身根自己的自性了，又與觸覺之性（覺性）有什麼相干呢？可是身根自己又是段肉，段肉是物質而不是心，又怎能了知觸塵而有各種不同的觸覺被了知呢？再反過來說，如果離開了身根而想要找出觸覺的所在，卻又找不到；因爲若是離開了身根而想要找出身識觸覺之性時，一旦離開了身根去找時，就是虛空之相了！而虛空只是物外所施設的法相名詞而已，並無實法，怎麼可能會有觸覺、覺性呢？

「內外不成，中云何立？中不復立，內外性空；即汝識生，從誰立界？」

從這裡就可以知道身識覺性之法（身識能了別冷暖痛癢滑澀軟硬），這個身識不能夠說是在身體之內，因爲身識覺性若是在身體之內，就與身根合而爲一，成爲身根的一部分而等於身根了，怎能另外建立爲身識覺性法界呢？但也不能說身識覺性是在身體之外，因爲身識若是在身外，那麼身識就應該是屬於虛空所有，就不能建立爲有情自己十八界中的身識界了！但也不能說身識覺性是在內外的中間，因爲當身根與觸塵密合時產生了合觸，身根與觸塵之間並沒有中間虛空可供身識覺性存在啊！那麼身識覺性究竟是應該在哪裡呢？若是因此而改說身識覺性即是身根，那又違背身根段肉非心而無法了知觸塵的正理了！所以身識覺性眞的沒有固定的處所。

如果說是在身內或者在身外，或者說是在身根內外的中間，請問做夢時並沒有與身根身識相應，那時在夢中身體感覺到痛觸，請問那時夢中的身識究竟是在身體中還是在身外？夢中的身根只是影像而無形無物，夢中痛時怎能說是在身根裡面？可是夢中確實是很痛的，在身體外面去找又找不到，究竟夢中的痛覺是在哪裡呢？在夢裡確實是很痛的，夢中好吃的食物也確實是很好吃的，夢中的花香也眞的是很香啊！跟醒著的時候完全沒有差別；可是夢中的食物與身根都是假的，那麼夢中的身識覺性又在什麼處所呢？一般人總是身在夢中不知夢，等到醒來時才知道原來是南柯一夢，所以夢中的六根、六塵都是那麼眞實的感覺，卻都不是在這個身根中領受，而只是在意識境界中來領受身根的痛覺，那麼身識覺性的痛覺究竟是在什麼處所呢？

夢中如此，夢外只是與身根相應而與外相分的五塵聯結起來，可是身根的所觸塵仍然是外相分，而有情覺知心所領受的觸塵仍然是勝義根中的內相分，當然不是在身根扶塵根中和合爲一；而身識覺性也是一樣不與身根和合爲一，卻能使有情具體地領受苦樂而受果報，當然還是由如來藏妙眞如性所出生的，才不會有各種問題及矛盾存在。所以，若是依扶塵根的身根與外相分的觸塵，來建立身根、觸塵、身識覺性時，就會有這樣的問題出現，這時想要建立身識覺性在身根內、在身根外、在身根的內外中間，都是無法成立的，所以 佛說：「內外不成，中云何立？」

既然中也不能成立，那麼身識覺性在內、在外或在內外的中間，自然也是無法建立的，所以「中不復立，內外性空」；既然是這樣，「針對你阿難身識覺性已經出生的事實來說，你的身識覺性是要依從誰來建立身聚這三個法界呢？」你是要根據身根來立界呢？或是根據觸塵、根據內外或中間，來建立你這個身識法界呢？都沒辦法建立了。因爲，這是只有從如來藏實相法界的立場才可以使現象界的蘊處界等法界建立成功的；若是離開了如來藏實相而作建立，當然一定是錯誤的建立，那麼就會有許多矛盾而無法建立。而且，身根、觸塵、身識等三個法界也都是由如來藏妙眞如性所出生的，所以佛就說：「是故當知身觸爲緣生身識界，三處都無；則身與觸及身界三，本非因緣，非自然性。（本如來藏妙眞如性也）」佛陀做了一個結論：「由上面所說的道理，大眾都應當知道，身根及觸塵作爲因緣而出生了這個身識覺性的功能差別，其實這三個功能差別（身根界、觸塵界、身識界）全都沒有眞實體性存在，那麼由此就可以知道身根的功能、觸塵的功能以及身識覺性的功能，這三個法的功能差別，本來就不是單憑因緣而能出生的，當然也不是自然而然從虛空中出生的（非自然性），」如果是自然性，大家將來死後都不必去投胎了，下一世自然而然就會有身根、觸塵、身識從虛空中出生，爲什麼還要去投胎以後有了身根才會有身識呢？何必那麼辛苦作什麼？

如果身根界、觸塵界、身識界都是自然性，那麼剛死的人都有身根，就應該也可以有身識繼續存在啊！因爲可以從虛空中自然出生而移入死人身根中嘛！那時死人應該也知道冷暖，當它被冰到冷凍庫時，一定會大聲抗議的；那麼醫院中的屍體冷凍櫃，可能都要被屍體踢得震天價響了。可是你們去看各大醫院太平間的冰凍櫃，可都沒有死人在踢呢！說到這裡，當然會有人心中這樣想：「明明佛在《阿含經》中說六識的知覺性都是因緣生。你蕭平實怎麼可以這樣講？」沒錯！佛是有在《阿含經》中講過識陰六識全都是因緣生、因緣滅，然而問題是，如果根塵相觸就可以出生身識，那麼你把屍體打一拳，它應該也會知道痛，會跟你抗議，因爲造下大惡業而剛死的人，勝義根、扶塵根都具足未壞啊！可是狠狠把它打上幾十拳，它也還是不痛不覺而顯示沒有身識啊！所以單憑因緣生的道理還是說不通啊！因此 佛陀在阿含中特地說明「名色由識生」，說明六識覺知心是由本識如來藏出生的，因爲六識覺知心攝在被生的「名」中；所以還是得要如來藏的妙眞如性來運作時，才講得通啊！阿含中也是這樣講的，只是那些大法師與所謂的阿含專家們都讀不懂罷了！

末法時代絕大多數的大師們都誤會了，在正覺同修會開始弘法以前都這樣說：「開悟沒什麼啦！就是悟得一切諸法緣起緣滅。」如果緣起緣滅就是佛法，請問應該如何緣起呢？又是爲什麼會緣滅？起要有起的道理，滅也要有滅的道理啊！總不能無因唯緣而起、無因唯緣而滅吧？所以緣起而性空是根據什麼而緣起？然後又是由於什麼原因而緣滅才叫作性空呢？都是要有根據的。那緣起性空的根據是什麼？一定要這樣探究呀！如果弄不清楚，就只好像達賴喇嘛妄作評論說：三乘經典有的是了義，有的是不了義的。於是他就說：第三轉法輪經典是不了義的法，而般若中觀才是了義的，所以佛陀前後三轉法輪的經典互相矛盾。就會這樣子謗法、謗佛啊！

達賴說三乘經典是前後互相矛盾的，然而實際上並不是如此，只是達賴落入六識論邪見中，讀不懂而覺得互相矛盾。既然《阿含經》講：根塵觸三，生眼識；乃至意法觸三，生意識。那麼《阿含經》這麼說，請問般若經爲什麼卻講不生不滅、不垢不淨？既然都是緣起性空，爲什麼又講不生不滅？對於凡夫大法師們而言，這顯然是互相矛盾的；但是從證悟菩薩的智慧看來，卻是完全相符相契而無矛盾的，可是末法時期的大法師們都不懂。印順法師特別聰明，發明了新說：「因爲滅了以後只剩下滅的法相，而滅相不可能再被滅了，所以滅相是空，空了所以不垢不淨、不生不滅。滅相還存在所以不生不滅，所以是眞如。」滅了還可以叫作不生不滅？有這回事？那麼虛空不生不滅，應該也可以拿來當佛法說囉！但是虛空與佛法有什麼交涉呢？

所以應當要知道，因緣生是依如來藏而有因緣生，是依名色所緣的第八識如來藏才會有因緣生。這個名色所緣、所依的識，佛在《阿含經》說：「是

名色因、名色習、名色本、名色緣者，謂此識也。所以者何？緣識故則有名色。」名色中的名就已經有七個識啦！而這七個識的因、這七個識的熏習，這七個識的根本與所緣，全都是這一個識；而這個識是在名色出生前就存在著的，那麼這個識當然是第八識了。印順與達賴的應成派中觀，怎麼可以反過來說這個名色七識出生的「因」是從第六識再細分出來的？根本就不符邏輯嘛！那眞正是顚倒之說。所以說眾生顚倒，而印順與達賴正是這種顚倒眾生。那麼，從名色所緣的識中出生了名色等七識，請問：這個「根塵觸三」爲緣所「生眼識界」乃至所「生意識界」，是不是從名色所緣的第八識而出生的？（眾答：是）是啊！因爲佛已經在阿含中講過了：**是名色因、名色本，謂此識也**。這個名等四蘊七識與色身，全都是此識如來藏所生，都是以如來藏爲本，並且出生後都得要以如來藏作爲所緣，才能繼續存在及運作。名中已經有七個識，此識能出生名等七識，這七識都是以此識爲因、爲本，當然這個因與本，就是第八識如來藏了。因此，《阿含經》中多處密意而說第八識，但因爲四阿含的教義主要是講聲聞的解脫道，主要目的不是在講佛菩提道，所以針對大乘法的內容全都只是稍微點一下就講過去了！因此才有很多大師讀不懂，全都誤會了，就以爲 佛在四阿含中沒有講第八識，沒有講如來藏，都主張四阿含諸經中的教義全都是六識論的法義。但我說四阿含中早就講出八識論的正理了，只是大師們讀不懂罷了！

這意思就是說，身根、觸塵、身識覺性等功能差別三個法，本非因緣，也非自然性，其實就是如來藏妙眞如性所出生的自性，所以佛說「本如來藏妙眞如性」也。可是古今一直都有許多大師從這裡斷章取義，就說：「既然觸覺能了知身根冷暖痛癢，而這就是如來藏妙眞如性，那麼身識覺性、眼識見性、耳識聞性等六識自性就都是如來藏妙眞如性了！當然我是證悟了，當然我是證悟佛性了，你蕭平實怎麼可以說我們還沒悟？」他們就是這樣子斷章取義，而且還引經據典、振振有辭：「你看《楞嚴經》就是這麼講的啊！」等到我們正確地解釋出來了，才發現他們自己原來都不對。所以大乘經義確實是甚深難解的。且不說大乘經，單是二乘聲聞解脫道的四阿含經典，法義是比大乘經中的法義粗淺很多的，那些大師們也都不懂了，何況能了知大乘佛菩提道的大乘經典法義呢？接下來，佛陀又講意識界：

【「阿難！又汝所明意法為緣生於意識；此識為復因意所生、以意為界？因法所生、以法為界？阿難！若因意生，於汝意中必有所思發明汝意；若無前法，意無所生；離緣無形，識將何用？又汝識心與諸思量兼了別性，爲同爲異？同意即意，云何所生？異意不同，應無所識；若無所識，云何意生？若有所識，云何識意？唯同與異，二性無成，界云何立？若因法生，世間諸法不離五塵，汝觀色法及諸聲法、香法、味法及與觸法，相狀分明以對五根，非意所攝；汝識決定依於法生，汝今諦觀法法何狀？若離色空、動靜、通塞、合離、生滅，越此諸相終無所得。生則色空諸法等生，滅則色空諸法等滅；所因既無，因生有識，作何形相？相狀不有，界云何生？是故當知意法爲緣生意識界，三處都無；則意與法及意界三，本非因緣，非自然性。（本如來藏妙眞如性也）」】

講記：佛又開示了：「阿難！你所明白的意根與法塵爲因緣而出生了意識，這個意識是因爲意根而出生，以意根的功能作爲自己功能的界限呢？或者因爲法塵而出生，而以法塵的功能作爲意識自己功能的界限呢？」一樣是提出兩個問題：意識是從意根中出生的？還是從法塵中出生的？意識如果是從意根中出生的，當然是以意根的功能作爲自己的法界—意識所有的功能不許超出意根的功能範圍—意識的功能作用不許異於意根啦！從另一方面來說，意識如果是從法塵中出生的，當然應該是以法塵功能作爲界限，就不可能超出法塵功能的範圍，那就與法塵的功能相同而與意根的功能無關。意識如果以意根爲界，功能就不超出意根的範圍，則是應該與法塵無關；那麼意根界、法塵界、意識界就無法建立爲三界了。

「阿難！意識如果是從意根出生的，以意根爲因，而不是以如來藏爲因，那麼現在你阿難正在聽我說法時，在你的意根裡面必定有一個所思來發明你的意識（來使你的意識出現）。」所思是指什麼？意根只能接觸到法塵，意根都在法塵上面作思量。早上爲什麼會醒過來呢？因爲意根在五塵上面所顯現的法塵有所思量，所以作了一個決定：喚醒意識來了知狀況。意識了知身體不累了，不想再睡覺了，接著意識就被意根全部喚醒過來，就完全清醒了！這些都是意根對法塵上的思。但是意根能接觸法塵，卻沒有辦法直接接觸色聲香味觸，所以當意根確定要喚醒意識的時候，當然意根心中一定有思心所所緣的外法法塵；如果沒有所思量的外法法塵，如何能夠把意識給發明出來呢？明就是顯現，發就是激發出來。

「如果沒有意根所面對的法塵，意識應當就無所生，」意根若對前塵無所思，意識怎麼可能出現呢？一定是要有意根面前所緣的法塵需要了知，意根才會喚醒意識（發明意識覺知心）來了知重要的法塵，才會有覺知心醒過來。「一旦離開了法塵時就沒有種種形色作爲所緣了，所以意根如果沒有面前所緣的法塵需要了知，喚醒意識時，意識又要被用來作什麼？」意識就是覺知心，能夠藉五識對六塵作出分別、思惟、觀察、分析、統計、了知善惡，這個覺知心就是意識所率領的識陰六識。了知的本身就是意識心的作用，不管覺知心中有沒有語言文字妄想，妄念未生而能夠了知六塵時就已經是意識了，因爲了知時就已經是分別完成了。

如果意識是從意根而生，不是由如來藏藉意根爲緣而生的，那麼意根不必面對法塵就能使意識出生了，不需要藉法塵爲緣，這就是「若無前法」；事實上「若無前法」時，意思是說如果沒有面前的法塵給意根來面對，意根就無所生——不可能出生意識，卻還想要主張意識以意根爲界、從意根出生，那麼意識覺知心就會跟法塵不相干，那麼意根面對法塵而出生了意識，這個說法又會變成有問題囉！當意識從意根中出生以後卻不能或不必接觸法塵、不必了知法塵，這意識心離開了所緣的法塵以後，又能有什麼作用呢？連有形色的五塵都無法了別了，又怎能建立意識界呢？因此說「離緣無形，識將何用？」

如果意根離開了所緣的法塵（離緣），也就是說，根本就在一切六塵法之外（十八界中的色聲香味觸法全都是帶質境，也就是如來藏變生的物質之法），得要有色聲香味觸法，才能夠有意識出現；若沒有色聲香味觸就沒有法塵，沒有法塵顯現時，意根就不能接觸到法塵；意根若不接觸法塵，就不會有意識的出現；那麼離開了外緣的法塵（意根不觸及色聲香味觸等形色上所顯現的細緻法塵，只能接觸極粗糙的法塵），請問意識出現了以後，要拿什麼作爲意識的所緣而產生出意識覺知心的作用？將就是取或拿的意思，應該拿什麼作爲意識的所緣而產生分別的作用？

諸位聽到這裡也許還不太明白，請問：人類能不能在五塵之外而有法塵現行來出生意識？諸位思惟看看，行不行？如果可以離開五塵而有法塵現行，那你的證量確實比諸佛還高，因爲所有的法塵都是在五塵上面附帶現行的。人間有哪一個法塵可以離開五塵而獨自現行呢？有的人說：「有啊！當我在定中，根本不與五塵接觸啊！我就是專心在定中安住啊！這定境法塵不就離開了五塵了嗎？」請問你在定境法塵中安住的時候，要不要你人間這個五根色身呢？如果你能夠離開五色根而安住於二禪以上的等至位當中，才可以說現在離開五塵而可以有法塵，否則就不能這麼講啊！那麼二禪以上的等至位當中尚且如是，何況在等持位或者初禪以下，或者根本不在定中，那時所有的法塵都是要依附於五塵上面才能夠顯現的。因此說如果離開了五根、離開了五塵，就沒有法塵啊！甚至於說，二禪等至位中的定境，其實仍然是法塵，不是沒有法塵的。

若是所有法塵都不存在、都不觸及，要以什麼法作爲意識的所用呢？意識已經無所用了！根本沒有一個用處，那麼意識又要如何存在？因爲法塵不在了，顯然意根是沒有辦法以法塵爲緣來幫忙如來藏出生意識，因此必須要意根和法塵兩個都具足時，如來藏才能夠出生了意識覺知心。在一般情況下，必須要意根、法塵以及與法塵同在的五塵現起時，意識覺知心才能夠現行運作。因此，如果說是單從意根出生了意識，那就錯了；若說是單從法塵便可以出生意識覺知心，那也錯了！所以說：「離緣無形，識將何用？」

接下來佛又說：「又汝識心與諸思量兼了別性，爲同爲異？同意即意，云何所生？異意不同，應無所識；若無所識，云何意生？若有所識，云何識意？唯同與異，二性無成，界云何立？」佛又開示：「而且你阿難這個能夠了別種種法的意識，」識就是分別、了知的意思，「能了知及分別的意識心以及能夠思量作主的意根心，這兩個心是相同的一個心呢？或是不相同而成爲兩個心呢？」思量就是時時處處不斷在思量、作主的那個你，其實就是意根，意根是時時及處處作主的心。這個意根的你，如果沒有了意識覺知心同時存在配合著，意根的你就很難作主（很難思量）了。換句話說，意根住在人間就只剩下能夠睡覺的工作可以做啦！別的事情都不能做了！必須有覺知心意識出現，思量的你（意根）才能夠作用，否則能思量的你是做不了什麼事的，就只能睡覺而且連作夢都作不了。

如果有人想要罵你笨，所以說：「你眞的只能睡覺啦！」那你就說：「謝謝！你終於讓我知道哪個是我的意根啦！」當代所有大師們都不知道意根在哪裡，這一下子知道了，當然得謝謝對方。可是你睡覺無夢時，意根在哪裡？可得好好去端詳哦！這裡面可是大有佛法，不是只有悟得如來藏時才有佛法。因爲佛法（不是羅漢法）是要八識心王具足才能有佛法的實證，光是知道如來藏佛法，也只是局部而不完全，要八識心王都具足時才是眞正的佛法。

「兼了別性」是說，在意根與意識同在時，除了意根的思量（作主）自性以外，還有一個意識了別六塵的自性，而且兩個識都有各自不同的了別性。這個了別的體性有兩個層次：一個是意根的了別層次，另一個是意識的了別層次。意根的了別，譬如睡著無夢的時候，或者在正死位中，又如在悶絕的時候，都還是有意根的了別作用存在。也許有人會抱怨說：「我從來都沒有昏迷過，我怎麼知道悶絕位的意根了別作用？我要怎麼去體會悶絕以後意根的了別性？」那你是有世間福報的人，沒有經歷過不愉快的事。可是我也說你沒福報，因爲你失去了在悶絕位前後如何去體會意根的機會了。所以，眞修佛法的人，還得要把世間種種的現象狀況都經歷一回。那麼意根單獨的了別作用，並不是用覺知心來了別，都是直接在運作的；只是意根的了別性很差，沒有辦法作深細的了別，而且只能針對極粗的法塵作概略性的了別。至於意識的了別在六塵上就很伶俐，而意根只能在法塵上面，也就是法塵有沒有大變動，只了別這個部分。

但是意識的了別在六塵上面很伶俐，能夠專注而作很深細的了別。由於意識在六塵上都能詳細了別的作用，才能夠使意根依據意識的了別判斷而作出決定，這個決定的心所法就稱爲「思」，也就是唯識學中所說的「思量」。「思」心所就是作主或決定，確定現在應該如何而付諸實行，或者確定現在繼續不作爲而保持現狀；這都是意根所作的了別與思量，主要是依據意識的了別來作出決定。而意根自己單獨的了別（沒有意識配合時），是只能作極簡單的了別——法塵有沒有大變動？需不需要喚醒意識來作了別？但是這一句「又汝『識心』與諸『思量』兼『了別』性，爲同爲異？」這裡所講的「識心」二字當然是講意識，而意識的了別與思量很厲害的，在剛剛接觸的第二剎那、第三剎那時，意識就了別完成了，所以意識的了別性是很厲害的。

然而，會外那些所謂的證悟聖人等大法師們，總是以聖人自居。那些所謂的聖人們都說：「我們很早就證得無分別智了，並不需要證得第八識如來藏。因爲我們覺知心本身在離妄念的時候，就是無分別的境界啊！我們有這個智慧，當然是有無分別智。」可是問題來了，當他們覺知心沒有語言妄想時，突然間被人打了一巴掌，又怎麼知道痛？當他們面前突然來了兩個人，一個是徒弟，一個是師父，他們怎麼知道跟師父頂禮而不是跟徒弟頂禮？那時覺知心中又沒有語言妄想先作分別。那時他們心中並沒有語言在說：「這位是我的師父，那位是我的徒弟。」然後再去對師父禮拜。而是直接去跟師父禮拜了，卻喚徒弟去泡茶款待師父。他的心中並沒有先生起語言來分別，爲什麼卻能這樣？可見當他們初見而了知的當下，覺知心中並不需要語言文字就已經分別完成了，這就是意識心的了別性，屬於五俱意識的了別性。所以一旦了知的時候，在第二、第三剎那就了別完成了。所以 佛又問阿難：「你能夠觀察、了別的意識心，與你能夠思量與了別的意根，爲同爲異？」是要阿難把能觀察、能細了別的意識覺知心，以及能思量、能粗了別的意根分辨清楚而區隔出來，智慧才會跟著出生。

意識覺知心主要是在了知及分別上面，但意識也有自己的思心所，也就是說，意識也能作出決定，不單是只能觀察分別而已。然而意識的決定，並不是有情最後的決定，還得要經過意根作出最後的決定，才會付諸實行。假使意識的決定就是最後的決定，那麼意識就應該叫作意根，就不必別立異名叫作意識了！那如何能把意識出現時定位爲「出生」呢？又怎能建立「意根、法塵爲因緣，出生了意識」的道理？

「同意即意，云何所生？異意不同，應無所識；」「如果主張意識與意根是同一個心，當意根存在時意識就已經存在了，又怎麼能說意識覺知心是因爲意根——由意根所出生的？如果主張意識覺知心是與意根不同，是與意根沒有關聯的兩個法，那麼意識覺知心尚且不能生起，又何況能夠識別六塵諸法呢？當然應該是無所識的了。」意識若與意根無關，就不可能生起，當然是對六塵都無所識的。從另一方面來說，意識若與意根無關，那麼意識所作的了知，意根就不會知道了，那麼意根又如何能藉意識來了知諸法呢？當然意根也應該是無所識的。然而「意識如果沒有辦法秉承意根之命而對六塵有所識別，又怎能說是意根所生的呢？」所以意識當然是與意根有關聯的，當然是要有意根爲緣才能出生的，卻不是由意根所生的。

那麼如果有人說：「意識的觀察、思量性、了別性，與意根是不同的，是完全無關的。」這樣就變成兩個法：意根和意識是兩個——意識和意根無關。假使眞的無關，意識就不應該依附於意根而了別六塵，那就應無所識啊！因爲意識自己是無法直接接觸六塵的，必須依附於意根才能接觸到六塵。離開意根時就不能存在了，更沒有辦法接觸六塵，何況能分別六塵？若意識和意根無關，連生起都沒有辦法了，何況能在六塵中了了分明？只有意根才能夠接觸六塵上的法塵，當意識和意根無關時，又如何被意根喚起而能夠分別法塵？所以在二者無關的前提下，主張意識能分別法塵，可就講不通囉！縱使意識眞的能與意根無關而且還眞能了知六塵，那時意識覺知心即是獨立而不歸有情的意根所有，那麼意識對六塵的了知也就不能使有情的意根覺知了，意根又如何能夠面對六塵而作出決定呢？那時意根的思心所當然是不可能運作的。以此緣故，不該主張意識與意根無關。但是如果因此就主張意根與意識是同一心，那就應該眠熟位中的意根仍然如同清醒位一般擁有分別六塵的功能，就不該說是意識斷滅而只剩下意根無所了別的了！而且也應該說意識是常住心，不該再如同 佛說「意法因緣生意識」了，所以意識如果同於意根時，意識就該是意根了，那又何必再以意根爲因緣而由如來藏出生意識呢？因此佛說：「同意即意，云何所生？」所以主張意識即是意根的人，不但違背眠熟時意識斷滅的常識，也違背至教量，當然不是佛法。

「若無所識，云何意生？」「假使沒有辦法分別六塵時，怎麼可以說這個意識是從意根所生的呢？」這是在有人主張意識與意根無關的前提下，作出這樣的質疑。譬如眼識以眼根爲俱有依根，當眼識出生及存在之時，眼根是與眼識同時存在及共同運作著的；如同眼根與眼識的關係一樣，由於意識是以意根爲俱有依根，當意識生起及存在時，意根是與意識共同存在、共同運作著的，意識不能稍微離意根而繼續存在及運作，所以依意根立名才會叫作意識。既名意識，即是依附意根而有的了別識，當然是與意根有關，是依附於意根而能了別六塵的覺知心才能叫作意識。並且意根是心而不是物，依意根這個心而生的能識別心，當然也是心，當然是能識別六塵的；所以一定是能夠了別法塵、六塵，才能夠說是依意根所生的意識，因爲意識是以意根、法塵作爲因緣而出生的。假使以意根、法塵爲緣而出生的意識覺知心，竟然不能了別法塵，那你怎麼可以說這意識覺知心是意根所生的？意根當然是想要了別法塵，才會促使意識種子流注出來而出生了意識覺知心，才會有意識生起而了知六塵。

反過來說，當有人主張是由意根出生了意識的時候，「若有所識，云何識意？」「如果意識心是能夠有所識別的——是能夠識知法塵的心，請問如何能夠分別說這個心叫作意根呢？」應該叫作意識啊！因爲已經主張意識是從意根出生的，而意識的功能既是以意根爲界限時，就不該超出意根界限之外而能了知全部法塵，應該是只能了知極粗糙的少數法塵；當意識等於意根而不能了知各種微細法塵時，就只能回頭了知意根自己了！然而當這樣的意識既只能了知意根時，又如何能說這個能覺能知的識是屬於意呢？這是因爲意根不能了知意根自己啊！而且，當意識只能返緣意根而不能緣於各種微細六塵來了知時，則意識以意爲所緣的根、以塵爲所緣境界的道理，也將跟著不能成立了；所以若主張意識是由意根中出生的，不論他們認爲能生的意根與所生的意識是同或是異，都會有過失的。

「唯同與異，二性無成，界云何立？」所以，如果意識對法塵境界是無所識的，那就錯了！因爲這樣的意識等於是意根而成爲同一心，那又怎能繼續主張意識是由意根所生的呢？有能生與所生時，意根與意識一定是兩個心而且是互相緊密關聯的；既然是兩個心而互相緊密關聯著，當然意識的自性必然大異於意根自性，才能說是從意根中出生而有兩個心—意根與意識—意識以意爲俱有依根，如同眼識以眼爲俱有依根一樣。所以意根不能對法塵廣作了知，而意識應該是能在意根主導下對法塵廣作了知才對，否則就是與意根同一心而無所識，卻又違背能生與所生的道理，眞是進退失據。所以若主張意識是意根所生的心，不論後來主張意識與意根是同，或主張意識與意根是異，都無法明確成立意識與意根之間的不同自性；二心的自性既然不同，想要建立由意根出生意識的理論時，將會使意根與意識各自的自性都不能成立，又怎能建立意根界與意識界呢？

所以若是主張意識的功能同於意根，就不能主張意識由意根所生，當然這樣的意識也一定不能了別六塵；但若是主張意根與意識無關（不必有意根作俱有依根）所以不同，那麼意識就應該與意根無關，又怎能在意根主導下來了知法塵呢？又怎能主張意識是由意根所生的呢？在意識是意根所生的前提下，如果單說二者是同，或者單說二者是異（因爲這裡有個「唯」字，是只說意識與意根同，或者只說意識與意根異），這兩個心的體性將全都不能成立。因此在意識從意根中出生的前提下，都不能說意識和意根是同或異；若說同，意識應該就是意根，體性相同時就不應該於意根之外建立另一個意識心；若說不同，意識就應該和意根無關，那麼意識所了別的法塵就無法使意根了知。應該是非同亦非異，所以「唯同與異，二性無成」。當二性無成時，意識界到底是依什麼而立界？而意根界又與意識界有什麼差別？那麼意根與意識之間的界限又要如何建立？這些問題都會伴隨存在而無法解決。

前面是主張意識由意根出生，產生了種種無法自圓其說的問題；接下來則是主張意識由法塵出生，又會有什麼問題呢？佛說：

「若因法生，世間諸法不離五塵，汝觀色法及諸聲法、香法、味法及與觸法，相狀分明以對五根，非意所攝；汝識決定依於法生，汝今諦觀法法何狀？若離色空、動靜、通塞、合離、生滅，越此諸相終無所得。」「如果你阿難的意識心是從法塵中出生的，」是以法塵爲因，不是從如來藏中出生的，「世間（主要是指人間）所有法都不離五塵，」因爲人間的一切法塵全都是由五塵來顯示的。本來五塵中並沒有法塵，但因爲有情的意根與覺知心意識能取五塵而作種種分別，才會有法塵，所以法塵全都是依有情的心而有；但是若沒有五塵，單單是有情的意根與覺知心，也不可能會有法塵，所以「世間諸法不離五塵」。世尊接著說：「你阿難可以觀察看看：色法、聲法以及香、味、觸等法，全都是法相狀態很分明地對應五根，這五種有色之法都不是意根所攝取的法塵。」譬如色塵青黃赤白是面對眼根，聲塵男音女聲、風水天籟、貓狗羊聲分明地對應耳根，不會對應其餘五根；至於香塵、味塵乃至觸塵，觸塵只對應身根，不與眼耳鼻舌意根相對，這就是「相狀分明」。五塵的法相與狀態是非常分明地面對五根，各自對應五根而不相混亂，卻都不會對應意根，所以五塵全都不會被意根所攝取，不是意根所攝受領納的範圍。

「如果你阿難的意識決定是依於法塵而生——是由法塵出生的，你現在可以詳細而正確地觀察看看啊！你可以細觀法法何狀？」要請阿難現前觀察五塵的法相狀態，看看五塵是否眞的能出生意識覺知心？也就是說，五塵一定是要能與意根接觸，才算是與意根相應，才能由五塵出生覺知心。但覺知心是心，不可能由非心的五塵來出生的啊！五塵既然不能被意根接觸，五塵自己又不是心，那又怎能出生意識呢？意識是覺知心，是心而不是色法，當然不可能被色法五塵所生；何況五塵又不能被意根所接觸，又怎能自己單獨出生意識心呢？所以當阿難將五塵一一加以詳細觀察，看五塵法法何狀時，發覺五塵都沒有辦法被意根所接觸；意根只能接觸五塵上所顯的法塵，沒有辦法被觀察出來有接觸五塵啊！所以五塵確實是無法出生意識覺知心的。

世尊又舉五根所對應的五塵來說明：「如果離開色塵中的物質與虛空二

相，離開聲塵的動相與靜相，離開香塵的通透與堵塞二相，離開觸塵的相合與分離二相，離開味塵的出生與消滅二相，超越了這五塵的色空乃至生滅諸相時，終究是沒有五塵可得——是沒有五塵可以被領受的。」意識覺知心一樣是要有根與塵相對才能出生的，若說是由五根面對五塵時來出生意識覺知心，那麼就應該五根能接觸法塵，才能出生意識覺知心；可是五根並不接觸法塵，當五根接觸五塵時卻又是各自出生了五識中的一識，譬如眼根觸色塵時只能出生眼識而不能出生意識覺知心，耳鼻舌身識也是如此各自出生了五識中的一個識，都沒有辦法出生意識心；「諦觀法法何狀」時，一定會發覺這個道理與事實；「諦觀法法何狀」時也一定會自己證實：法塵確實是依附在五塵上面才顯現出來的，而這個法塵卻是只有意根才能領受到而不是五色根所能領受到的。然而意識的出生一定是依法塵爲緣才能出生，不是依五塵爲緣而出生的，所以五根當然無法出生意識；而五塵上的法塵卻都是由意根來相應的，不是由五塵來相應的，當然也不可能是由五塵來出生意識，所以若是有人主張由五塵或法塵來出生意識覺知心，那是講不通的。

　　而意根對法塵的領受是很粗糙的，不可能自己領受以後就直接作出決定，一定要有意識對法塵詳細了知以後，意根才能作出正確的決定。譬如大地震時，意根領受極粗糙的法塵時，並不知道應該如何回應，必須把意識喚醒來了知，於是就趕快把意識拉起來；意識生起而了知情況說：「這是大地震！不趕快逃命就會死掉。」意根就下決定：「趕快！跑啊！」然後立刻奪門而逃。這就是說：意根只能接觸法塵，只能極粗糙的了別有無大變動，沒有辦法諦觀法法何狀，當然無法作出正確的決定。所以若要諦觀法法何狀，只有意識能夠作得到。假使有人說，意識是從意根中出生的，那麼意識就該只能以意根為界而無法了知六塵；可是意根明明沒有辦法諦觀諸法相狀，連了知都作不到，而意識卻可以了知意根所知以外的六塵境界啊！顯然意識界不同於意根界；但如果說意根就是意識，那又何必建立另一個意識界呢？只要有意根界就夠了，因為意根本身就能分別了，何必再建立意識界？

或許有人就偏偏要這樣主張，因為密宗應成派中觀的六識論者都是這樣主張的，認為意根就是意識。可是問題來了：第一、人間應該就沒有睡覺這個法了。第二、睡著時還有沒有意識心在？第三、違背聖教量。第四、違背常識上及醫學上的認知。首先，睡著無夢時，若是還有意識存在，而意識存在時是一定會有五種別境心所法不斷運作的，那麼睡著無夢時只需在床頭以錄音機播放善知識宣講佛法的錄音帶，那你睡著無夢時一樣可以聽聞及理解很多佛法了，但那時還算是睡覺嗎？那麼人間都應該沒有睡覺這個法了！

第二：睡覺的定義就是意識中斷而暫時不存在了！若是人類只有六個識，那麼當人們睡著以後，沒有意根也沒有第八識如來藏時，究竟還有沒有心存在？若是沒有心存在時，應該睡著以後身體就壞掉了，因爲沒有心存在的身體就是屍體，八小時內一定是漸漸毀壞而不可能再醒過來的，是應該一睡即死的。若說眠熟以後還有心在，而且是意識心，可是意識心存在時是一定有五個別境心所法的，就一定會對六塵有所了知。然而睡著無夢時卻是沒有覺知心來了知六塵的，可見眠熟時是沒有意識存在的。當六識論者主張人類只有六識時，遇到眠熟的狀態時就無法自圓其說了！若要說眠熟位只是意識睡著了，仍然存在而不間斷，那時的意識究竟是在何處而說是還在？又與意識存在時必有五別境心所法運作的聖教與常識相違背，可就自語相違了。

第三：若六識論者主張說意根就是意識心，說意識心不現行時是還存在的，只是變成意根而不動了，因爲他們說**意根就是意識種子**。然而，聖教中說意識現行時是要意根觸法塵時才能出生及存在的，若意識出生以後意根不繼續觸法塵時，意識就無法存在的。這意思是說，意根不存在時就不會有意識存在，所以意根不可能是意識滅謝後的種子，因爲「種子說」的意思是：

意識存在時意根不存在，意根存在時意識不存在。而且，當人們在清醒位時，意根是與意識並行存在的，都同樣是現行識而不是存在之時可以休息不動的識；在《楞伽經》中也說意根是「現識」，現識是時時刻刻現行不斷的，是不會有一剎那中止不動的，當然意根現識不可能是意識落謝後的種子。如果意識即是意根──如果意根即是意識種子──那麼眠熟以後意識成爲種子而不是現行的識，那麼眠熟時的意識種子（意根）就不可能觸法塵，因爲在種子位中功能停止了，就不可能了知應該清醒過來時的法塵，而不會有意識覺知心現行了；因爲種子位是沒有功能的，意識種子是必須有另一法來促發才能現行而成爲意識的，也因爲意識覺知心必須有意根不斷接觸法塵才能繼續存在的；當意根只是種子而不是現行識時，又有哪個心可以觸法塵而促使意識覺知心現起及繼續存在呢？所以達賴喇嘛、印順法師等密宗黃教六識論者，都是違背聖教量的愚人。

第四：違背常識上及醫學上的認知。在一般人的常識中，以及醫學上的認知裡，都已經確認意識是生滅性的，是在眠熟及悶絕位中都不存在的。當覺知心中斷或斷滅時，一般人都會主張說那是眠熟或悶絕了，或者說是死亡了。因爲意識已經不存在了，醫學上也是依照意識覺知心的存在與否來定義是否昏迷不醒的。當悶絕位意識不現前時，醫師都會認定那個人意識不存在而加以急救。當眠熟及悶絕位中沒有意識時，若此時意根只是意識的種子而不能運作——不能觸法塵時，醫師施以急救之後，又如何有現行的心可以領受法塵的變動而促使意識重新現起而醒過來呢？如果人人都只有六識，而意根只是意識的種子時，不論醫師如何急救，意識種子（意根）是不會與急救時產生的法塵大變動相應的，那就不可能醒過來了！如果堅持要說仍然可以醒過來，就該屍體被施以急救時，也應該一樣可以醒過來才是。所以六識論者的說法是違背常識及醫學上的事實而無法自圓其說的。

所以睡著的時候是不可能有意識來繼續修行的，密宗講什麼夢瑜伽，那其實是說夢話。夢中還是有獨頭意識的，並非沒有意識存在而能修習三乘菩提的相應行，但前提是夢中所修的必須是正確的三乘菩提。若是眞要講夢瑜伽，我才有夢瑜伽，他們都沒有夢瑜伽；因爲我在夢中整理很多很多的佛法，也深入思惟了很多很多的佛法。當我醒著時都沒有時間，必須打電腦寫書，沒有時間；但是當我在夢中，就可以思惟整理，所以我才有夢瑜伽。密宗喇嘛們的夢，都是住在雙身法中，是在追求欲界中最大貪愛的顚倒夢，哪有三乘菩提的瑜伽？瑜伽是相應的意思，與三乘菩提相應的時候才能叫作瑜伽。

密宗喇嘛們的夢境裡都只是把下流當作風流，只有欲愛相應，全無聲聞菩提相應可說，何況是大乘無上的菩提相應。

所以說，法塵不可能離開色空、動靜、通塞、合離、生滅的五塵，法塵就是在五塵的色空、動靜……等法上面顯現出來的，離了五塵就沒有法塵可說了。如果主張意識就是意根，也就不必另外建立意識界了，就應該意根本身能分別法塵，那麼睡著無夢時也應該是一直都在了知六塵的。而五塵上的法塵是一直存在的，如果有人說意識是從法塵中出生的，那麼眠熟位中就應該一直都有意識存在，就該一直在了知六塵，人間就沒有睡眠這個法了。若說意識確實是從法塵中出生的，也應該法塵本身就是意識，意識是應該以法塵為界——以法塵的功能差別作為意識自己的功能範圍；那麼就讓法塵自己去分別諸法就行了，又何必要由意根作為因緣來出生了意識以後才能分別法塵呢？由法塵自己分別就好了，就與意識無關了，那麼對法塵所作的種種分別與了知，又與你有什麼相干？全都是法塵自己在分別的了！

因此，如果有人主張意識是從法塵中出生的，可是事實上法塵不可能獨立存在的，因為法塵是依附於五塵而存在的，也是因為有意根才會有法塵出生於意根心中——若無意根就不會與五塵上面所顯現出來的法塵相應，所以法塵是不可能獨自出生與存在的。因此，如果說意識是從法塵中出生的，意識又如何能單獨存在？因爲法塵是依五塵及意根爲因緣才能出生的啊！（註）所以一旦超越意根與五塵時，法塵就不存在了！所以「越此諸相終無所得」：一旦離開了色塵的色與空、聲塵的動與靜、香塵的通與塞、觸塵的合與離、味塵的生與滅，終究是沒有法塵可得的啊！又如何能主張意識是由法塵所生的呢？如果還堅持意識是從法塵中出生的，而法塵卻是從五塵中出生的，那是不是要把意識分屍爲五個？然後說這部分意識從色塵而生，那一部分意識從聲塵而生……等？是不是要把意識分屬於五塵了？所以說，離開了五塵的色空、動靜……等法相，終究沒有法塵可得啊！那怎麼可以說意識是從法塵而出生呢？（作者註：此是依道種智所說。若依聲聞菩提，則不說是因爲意根觸法塵爲緣而有外法塵、內法塵等。又不同層次有情觸五塵時所了知之法塵，亦隨其意根意識層次差別而不完全相同。）

「生則色空諸法等生，滅則色空諸法等滅；所因既無，因生有識，作何形相？相狀不有，界云何生？是故當知意法爲緣生意識界，三處都無；則意與法及意界三，本非因緣，非自然性。（本如來藏妙眞如性也）」佛又說：「如果說意識覺知了別之性是由法塵出生的，應該是意識出生時同時會有色聲香

味觸以及法塵出生，是意識出生時就會有五塵同時出生，也就有五塵中的色空、動靜……等法塵相同時出生；」因爲意識既是由法塵出生的，當意識出生時一定是同時有色空、動靜、合離……等法塵存在，而被意根所接觸及領受到，這時就說意識出生了。這其實是說，當意識被法塵出生時，五塵與虛空等法是同時被法塵出生來等候意識的出生，所以在這樣的前提下　佛質疑說「**生則色空諸法等生**」。但事實上不然，所以意根不是意識，當然更不是意識的種子，否則就會有問題啦！譬如眠熟時意識不見了，只剩下意根，而意根只是意識的種子。但種子不是現行位的心，所以是無作用的，就不可能對法塵有簡單了別的作用，一定是種子流注出來而成爲現行識時才會有作用。也就是說，睡著無夢時一定還有法塵在，也一定還有意根這個心現行而在了別粗糙的法塵，並不是成爲意識種子而不運作的。因爲，若沒有意根現行運作（六識論者說意根只是意識的種子而不在運作），或者單有意根現行運作而沒有法塵存在，任何人都是不可能從眠熟位中醒過來的。一定有法塵在，也有現行位的意根在運作而不只是意識的種子，有現行位的意根不斷運作接觸法塵，然後由意根覺察法塵上的重大變化，或是覺察到色塵明暗的大變動，意識才會被意根喚醒而眠覺。

如果意識是從法塵出生的，應該睡覺無夢時一樣也有覺知心存在才對；因爲如前所說法塵是由意根在五塵的色空、動靜……等法相上面相應而有的，若沒有意根領受五塵上面的色空動靜等法塵，就不會有法塵可說的了！所以法塵是因爲有五塵才有的，也是因爲有意根才顯現出來的；既然法塵是所生所顯的法，當然不能生其他法，自然不可能出生意識覺知心。然而竟有人主張意識覺知心是法塵所生的，那就不需要如來藏來出生六塵，也不需要有意根來顯現法塵，就應該說法塵是常住的，說意根即是法塵，法塵即是意根。而眠熟位仍然有六塵存在，但法塵不是心，又如何決定要不要使意識心中斷或現起呢？若法塵能生意識，它可以自行決定要不要使意識生起或中斷，就不必由意根決定，也不必以意根爲俱有依，那麼眠熟位中還要意根存在作什麼呢？因爲這時應該意識就是法塵，或者說意識被法塵掌控著。如此一來，既然意識是法塵所生，而法塵是從五塵所顯，正當睡著無夢時應該有情覺知心即是五塵，因爲意識必然以法塵爲界，而法塵又以五塵爲界，那麼法塵就是意識啊！可是事實上有沒有這樣呢？根本就沒有啊！明明睡著無夢時只有意根在相應法塵，那時意識並沒有現起而沒有具足六塵可以被有情了知。所以意識現起的時候一定是色空諸法等生（同等出生、平等出生），因爲法塵其實是由意根心藉五塵所引生的，五識都是不與五塵上的法塵相應的。雖然眾生覺知心中斷而眠熟時，十二處仍然存在著；但覺知心中斷而眠熟時，眾生心中（第七識意根與第八識如來藏）並沒有十二處所顯的色空諸法可言。所以意識滅的時候，色空諸法當然等滅——一定平等而滅，只剩下色空、動靜、通塞、合離、生滅上顯示的極簡單法塵，由意根所領納；不會有色空、動靜、通塞、合離、生滅上的微細法塵，更不會有色聲香味觸等五塵存在，因為意識已經不存在了，只剩下極簡單的法塵而沒有繁雜的色空諸法存在了。因此說，清醒位意識的出生，必定要伴隨著前五塵，不可能離前五塵而單獨出生意識，因為法塵是在五塵上顯現的。除非定力很好而入了二禪以上的等至位，意識才可以中斷五識而離五塵繼續存在，而那是因為定力的關係。即使意識入了二禪等至位中不觸五塵，但是那時所住的定境法塵還是得要依五根與五塵而存在，意根還是繼續領受五塵上的極粗糙法塵，只是你的意識不促使意根生起五識去觸五塵而已。

這樣瞭解了沒有？有些人還是聽不懂這是什麼意思。這就是說，必須要透過明心的證悟，然後也有了定境的實證，一部分又一部分去體驗及理解；但是對於還沒有體驗及理解到的部分，得要透過經教中 佛所說的義理來瞭解，然後自己再去體驗。如果經教讀不懂，就得依止善知識來修學。以上所說的意思是說：要瞭解意識、意根的內涵。意根是時時伴隨法塵存在的，正是因爲有意根才會有法塵；若沒有意根時，就會只有五塵而無法塵被意根領受了。但意識的現起卻必須要伴隨意根和法塵，若是離開了意根，連法塵都不可能顯現出來的；而法塵得要依靠著五塵與意根才能顯現出來；換句話說意根是在五塵所顯現的法塵中接觸，只能接觸五塵所顯的法塵而不能詳細分別法塵，不能對法塵作種種的思惟、分析、歸納、統計……等，所以意根無法作判斷，意根了別法塵的慧心所極差。

意根就像是公司的總經理，意識就像是業務經理；業務經理必須作種種的分析，總經理只是坐在總經理室翹起二郎腿，等候業務經理把內容分析處理好了，總經理才依照業務經理的方案來決定要做或者不做。而董事長正是第八識啊！第八識如來藏是一切種子的擁有者，董事長一天到晚巡視整個公司，只要總經理跟祂報告就可以了！以現代術語說，就是所有權跟經營權分開；董事長如來藏只管擁有五陰十八界全部，卻從來不分別五陰十八界及各種所得，然而意根、意識賺了很多錢或虧損了很多錢時，全都算是董事長如來藏的，包括意根與意識也都是董事長所擁有的，但是董事長卻從來都不干預；將來公司結束時（就是捨報時），所有的營利享用與虧損，都由董事長如來藏在下一世實現給下一世的五陰、十八界來享受快樂或痛苦。

因此，若有人說，意識是從法塵中出生的；但是法塵究竟從哪裡來的？法塵從五塵與意根來的。而五塵與意根又是從哪裡來的呢？是由如來藏變現出來的；所以法塵是被生法，被生法是不可能出生意識覺知心的。所有眞正想要修學佛菩提道的人，都應該要瞭解，意識的根本因並不是法塵，意識的根本因也不是意根，法塵和意根只是意識出生的藉緣而已，意識還是從如來藏心體中出生的；因此若說意識是以意根爲因而出生的，道理不能成立。若有人說，意識是以法塵爲因而出生的，這也不能成立，如同前面辨正之中已經廣說其過失了！當意識出生時「色空諸法等生」，當意識斷滅時「色空諸法等滅」；因爲要有意識出生時，有情心中才能夠有五塵及色空諸法的出生；要在意識斷滅時，有情心中的色空諸法也就隨著平等斷滅了。然而五塵上的色空等諸法的粗相，其實是由意根觸五塵上的法塵時才出生的；而意根是由如來藏所出生的，法塵卻是依意根觸五塵而出生（顯現）的，法塵所依的五塵也是由如來藏出生的；這樣看來，意識出生時所依據的因（意根、五塵、色空等法塵）其實都不是本然存在的，所以說「所因既無」。

在「所因既無」的事實中，卻又「因生有識」；「因生」而「有識」時的意識，當然更不是具有常住不壞、不依他法而生的常住自性，所以意識只是依於意根、緣於法塵而存在的假有心，又能「作何形相」而說意識覺知心是實有的呢？意識既然不能「作何形相」而不能說是真實及常住不滅的心，當然也就「相狀不有」了！既然「相狀不有」，意識界又應該從何建立而說是實有法呢？所以佛說「界云何生？」「由於這些緣故，應當知道所謂意根與法塵作為藉緣而出生了意識的功能差別，其實真要探究起來，意根、法塵及意識界這三個法，根本就沒有自己真實存在的處所可說。」然而在這三個法都沒有真實常住處所可說的時候，卻又明明可以出現在有情眼前而運作著——明明又有意根、法塵、意識的不同功能差別現行，可以被有情所認知，當然背後一定是有一個眾生所不知道的常住法存在及運作著，才能使生滅無常而無自體性的意根、法塵、意識等三個法現起及運作。單憑意根、法塵、意識的功能是無法自己存在的；所以佛說：「則意與法及意界三，本非因緣，非自然性。」意思當然是在重複提出剛開始講十八界時所提出的大前提了：

云何十八界本如來藏妙真如性？

也正因為有如來藏，人的五陰、十二處、十八界才能好像無中生有一般從母胎中出生了；也正因爲有如來藏不斷運作祂的妙眞如性，才能使有情生長、成人、老化、死亡；全都是由如來藏在背後流注往世所造的善惡業種子而執行因果，所以「善有善報，惡有惡報；不是不報，時候未到。」因爲眾生其實都是住在自己的如來藏中造業及受報啊！只是眾生都不知道這個眞理，都看不見這個現量境界，所以不但世間的大惡業敢造，連無根誹謗賢聖及抵制正法的三界中最大惡業都敢造啊！

所以，「**意法爲緣生意識界**」，這是說因緣法。可是因緣法只不過是現象界中的法，只要有人能夠詳細說明，眾生就可以聽懂而確實觀察這個因緣法；但這因緣法的理解與現觀，只是二乘菩提中的法義，都不牽涉到法界實相如來藏心的實證。法界的眞實體性就是如來藏第八識，如來藏恆時運作祂的妙眞如性，才能有三界中各種法界的萬法生起與變異、滅壞。依第八識如來藏妙眞如性的不斷運作，才能夠有意法爲緣生意識的因緣法；因爲意根與五色根、五塵等法，全都是從如來藏中出生的，才能有五塵上的法塵被意根所接觸而顯現了法塵及出生意識覺知心。若是離開了第八識如來藏，就不可能還會有**意法爲緣生意識界**的事情；所以一旦離開了第八識如來藏的妙眞如性，就沒有緣起法，也沒有緣滅法，三界中的一切緣生法就全都不存在了。

因此　佛作了一個結論：「意法為緣生意識界，三處都無；」因為意根自己沒有辦法自己存在，何況是意根藉五塵為緣而顯現的法塵，以及意根觸法塵為緣而從如來藏中出生的意識覺知心呢！

如果意根不需要依阿賴耶識就可以自己存在，顯然意根就是終極之心，也應該就是實相；但是這樣一來，大家都不必拜懺了！什麼大悲懺、三昧水懺、梁皇寶懺、八十八佛洪名寶懺……等，不管是什麼懺，全都不必再拜懺了！因為意根就是有情處處作主的自己啊！既然自己就是最終極的心，不必依止第八識如來藏而可以自己存在，就表示所造一切業的種子全都是由意根自己所收藏的。這樣一來，一切有情都可以自己決定收藏或捨棄哪些種子了！凡是惡業的種子，造了惡業就隨即把惡業種子丟掉，只留下清淨業與善業的種子，那麼因果律也就不存在了，一切三惡道眾生當然也不可能繼續存在的了。可是明明三界中的因果律卻是繼續在執行而無法被誰改變的，三惡道有情仍然必須繼續受生於三惡道中，號稱全知全能的一神教上帝依舊要繼續在輪迴及因果報應之中受報；由此可以證明，意根不是最終極的實相心，當然就不可能是持種者。最終極的實相心當然是持種者，持種者才是執行因果律者，當然也一定是萬法的生起者。

連意根都不可能是最終極的心，仍然是與五塵法塵一樣被如來藏所出生的；至於假藉意根與法塵作爲因緣才能生起及存在的意識功能差別，當然更不可能是實有而常住的法，當然是有生之法，所以佛說：「是故當知意法爲緣生意識界，三處都無；則意與法及意界三，本非因緣，非自然性。」意思當然是說，意根、法塵和意識界這三個法，本來就不是單憑因緣所能出生的；當然更不是從虛空中無因無緣而自然出生的自然性，意思就很清楚地指出事實了：本來全部都是由如來藏以妙眞如性而出生的。

【阿難白佛言：「世尊！如來常說和合因緣，一切世間種種變化皆因四大和合發明；云何如來因緣自然二俱排擯？我今不知斯義所屬，唯垂哀愍，開示眾生中道了義無戲論法。」**爾時世尊告阿難言：**「汝先厭離聲聞緣覺諸小乘法，發心勤求無上菩提，故我今時爲汝開示第一義諦，如何復將世間戲論妄想因緣而自纏繞？汝雖多聞，如說藥人、眞藥現前不能分別；如來說爲眞可憐愍。汝今諦聽！吾當爲汝分別開示，亦令當來修大乘者通達實相。」**阿難默然承佛聖旨。】**

講記：阿難迴心大乘以後聞佛說法，到這時還沒有悟入佛菩提。不像你們去禪三，三天就悟了！他現在還沒有悟，還是在聲聞果中，佛菩提果還沒有證得。他聽來聽去，其中有許多法與聲聞法所講的一樣：五蘊、六入、十二處、十八界都不眞實，可是又說蘊處界等法都是如來藏的妙眞如性；講完蘊處界全都是如來藏的妙眞如性以後，又說五蘊、六入、十二處、十八界都不眞實，所以阿難等人就越聽越迷糊了！聽不懂，只好回過頭來再問；佛也爲他解說了很多，他還是弄不清楚，只好再三地問。不懂就得要一直問，千萬別裝懂嘛！於是阿難尊者又問：「世尊！如來您常常講解和合因緣，說一切世間法種種的變化，都是因爲地水火風四大和合而發生、而明現，顯然世間一切法全都是因緣和合而自然出生的；爲什麼如來今天卻把因緣與自然兩個法則也排擯掉？這似乎與您以往所說的諸法因緣生、因緣滅的自然法則互相違背，我聽了很久，如今反而不知道這個如來藏妙眞如性的道理究竟要歸屬到哪裡去。」

也就是說，阿難尊者當時聽不懂 如來所說十八界是因緣和合而自然生，卻又說是如來藏的妙眞如性，不單純是因緣生與自然性。於是就請求 世尊：「唯願如來哀愍我們這一些眾生，爲我們這些眾生們開示中道，」也就是不偏於斷常生滅等二邊的實相法。因爲聲聞法緣起性空的道理，是要滅盡五陰十八界的，表面看來似乎是落入斷滅一邊，好像是戲論，實際上也不了義，所以阿難尊者請求說：「請如來為我們開發顯示不墮兩邊而且究竟了義的無戲論法。」就是說，阿難想要的是一切法界中最究竟、最終極的法——了義法；沒有一法能超過祂、上於祂，才是了義，是終極的實相法。無戲論，是所說出來的全都是第一義法，全都是法界中的實相法義。俗語說「言不及義」，其實是從佛法中引申出來使用的；凡是所說的大乘法講不到第一義，就說是言不及義，就叫作戲論；所說的聲聞法、緣覺法如果講不到解脫道的眞義，那也是戲論，也稱為言不及義——所說全都講不到解脫道的眞正義理。

解脫道雖然已經不是戲論，眞的可以使人出三界，但其實仍然不是第一義，從第一義諦的層次來看時仍然是戲論。只有佛菩提道既是中道，又是了義；而說法者本身必須是實證者，所說才能遠離戲論。解脫道的實證者所說，只能及於解脫道，及不上第一義諦，因為解脫道的法義並不了義，不能觸及法界的眞實體性啊！所以部派佛教聲聞法中的凡夫論師，總是對大乘法義的討論互有所諍，諍來諍去全都言不及義；凡屬言不及義的說法就會有漏洞，不免會常常被人質疑，就不得不再三再四修正說法，於是看來就有所演變了！這就是聲聞法本質的部派佛教中的凡夫論師們，所說大乘法義不斷演變的原因。然而那些說法的不斷演變，本質仍然是部派佛教時期的聲聞凡夫僧對大乘法義的猜測之說，與同時存在的大乘佛教諸菩薩前後一貫的說法並不相干，不能取作大乘佛法演變的證據；彌勒的《瑜伽師地論》、無著的《顯揚聖教論》、世親的《攝大乘論釋》、玄奘的《成唯識論》等，全都是依八識論清楚述說眞如心如來藏的本來自性清淨涅槃等常住不變的內涵，異於佛護、清辨、安惠、般若趜多的六識論，即是明證。

古時的大乘佛教諸菩薩們，並未被部派佛教所函蓋，部派佛教全部是聲聞法上座部中的凡夫僧妄想猜測佛法及羅漢法而分裂出去的，所以部派佛教的所有部派，本質全屬聲聞羅漢法而無菩薩所修的佛法；因爲各部派全都是從聲聞法的上座部分裂出去，而不是從大乘佛教中分裂出去的。並且大乘佛教諸菩薩們從來不曾分裂過，始終一脈相傳卻是不絕如縷。因此，那些部派佛教中的凡夫僧對大乘法義的猜測與弘揚，其結果與歷史過程，都不能、也不該算到歷代大乘菩薩們的頭上來。而大乘佛教諸菩薩們，仍然外於部派佛教聲聞法而繼續不斷地弘揚著，並未受到部派佛教聲聞凡夫僧們所說錯誤的大乘法義所影響；直到今天的正覺同修會中諸菩薩們，仍然在各大山頭假藉大乘佛教名義所弘揚的錯誤的聲聞法之外，繼續在弘揚第八識大乘佛教了義正法。**這情況與古時大乘佛教外於部派佛教聲聞法的弘揚狀況如出一轍：各大山頭**（喻聲聞法部派佛教）**打著大乘佛教的名義而弘揚聲聞解脫道**（而且內涵也是錯誤的），**社會人士也大多認為各大山頭即是大乘佛教，而正覺同修會**（喻古時大乘佛教諸菩薩）**仍然外於各大山頭而繼續弘揚大乘佛教第八識正法，卻仍然被聲聞法本質的各大山頭繼續打壓著，眞是古今如出一轍。**（編案：此是二〇〇二年二月所說，此書整理出版時各大山頭只能消極抵制了。）

這本來就是佛教三乘菩提弘揚過程中的歷史事實，是三乘菩提各自弘揚著。但是聲聞法中的凡夫論師們總是想要強出頭，不懂裝懂來解釋及弘揚大乘佛法，所說當然會常常被菩薩們指正，於是就必須不斷地修正以前錯說的大乘佛法；其實他們所造的大乘論，本與大乘佛教諸菩薩所弘揚的大乘法義無關，而諸菩薩弘揚的法義，至今仍然有充分文獻可以證明，是古今前後一貫而不曾有所演變。只是後來的佛學研究者不知道這個眞相，研究的時候取材錯誤—錯將聲聞法的部派佛教對大乘法義的猜測所說出來的錯誤法義—當作是大乘佛教諸菩薩所弘揚的法義；又誤會大乘經論中的眞實義理而加以曲解，昧略了眞正菩薩所弘揚的法義古今前後不變的事實，然後就說大乘佛菩提道的法義一直在演變。於是就在他們錯誤取材及錯誤解讀出來的理論上，作出了錯誤的結論：**大乘佛法是佛陀滅後數百年，從聲聞法中發展演變以後才出現的，大乘經典非佛說**。其實都只是管見與臆測之說。

然而聲聞法的修證，只需要斷我見、我所執、我執，不必實證法界實相的如來藏心，只需要相信無餘涅槃中仍有如來藏心常住不滅就夠了，所以一切不迴心的阿羅漢們都相信涅槃中有**本住法**常住不壞，絕對不會否定第八識的存在，但他們不需要實證第八識。既然不證第八識如來藏，當然就不懂法界的眞實體性了。一切法界的體性是什麼？就是如來藏的妙眞如性啊！因此說，阿難尊者所要求的還眞是高層次的妙法，不是只想要問解脫道的法義；阿難想要問清楚的是中道的、了義的、無戲論的第一義諦，是佛菩提道的法義，並不是聲聞羅漢法的解脫道法義，而是能使人成佛的大乘佛菩提道中道了義正理。

這時　世尊就向阿難說：「**你先前厭離了聲聞、緣覺等人所修的小乘諸法，發起了大菩提心，殷勤地求證無上的佛菩提法，所以我現在才會爲你開示這些第一義諦妙理。我爲你開示的是第一義諦而不是聲聞緣覺小法，你爲什麼還要將世間正理中所說，都不能觸及第一義眞理，屬於戲論妄想的因緣法來纏繞、繫縛自己呢？**」無上菩提，是說這種菩提—覺悟—是最高層次的，再也沒有別的覺悟可以超越它了。二乘菩提叫作聲聞菩提、緣覺菩提，可是聲聞菩提、緣覺菩提並不是無上菩提，因爲二乘的覺悟無法探究到一切法界的眞實體性；由於探究不到一切法界的本源，所以不是無上的菩提。雖然二乘菩提也是菩提—一樣被稱爲覺悟—覺悟了二乘菩提就可以頓出或者漸出三界，但並不是無上的菩提；只有佛菩提道中所覺悟的，才能使人漸次成佛，才是眞正成佛之道，才能說是無上菩提。也只有無上菩提，才能說是第一義的眞實道理。

至於密宗說他們的法叫作金剛法，所以自稱金剛乘，也說他們是最上菩提。可是我們說密宗所謂的菩提，根本就不是菩提，因爲與二乘出世間的覺悟或者大乘世出世間的覺悟都不相干。如果眞要稱呼密宗的法義爲菩提，可以叫作**無下菩提**，因爲三界中再也沒有一個修行的法道比它更低下的。人家是想辦法要離開欲界愛，密宗卻是從欲界愛中還要再求欲界愛中最堅固、最執著的淫樂，那是欲界中最粗重的貪著，是欲界愛中層次最低下的惡行而非修行。密宗把欲界中層次最低的世間法拿來放到二乘菩提出世間法的上面，這還覺得不夠，還放到大乘無上菩提之上，妄說那是比成佛之道更高的修行法門。其實，說穿了，密宗的無上瑜伽、大樂光明、樂空雙運等名詞所說的雙身法遍身受樂境界，不過是閨房中採陰補陽的行淫密技，就只是雍正等皇帝晚上在後宮使用的御女術罷了！根本就與修行無關，因爲不但不能成佛、成阿羅漢，連斷我見證初果都不可能，而且來世還會成爲魔子魔民；最後下墮三惡道中，因爲密宗是師徒、父女、母子、兄姊、人獸亂倫的。所以只能夠說密宗是無下的世間法，根本就稱不上菩提，更別說無上了。

密宗那種法義的理論與行門怎麼可以叫作金剛呢？宗喀巴說，因爲有淫合時的第四喜不變大樂，說雙身法中的淫樂堅固不壞而且常住，所以叫作金剛，眞是自欺欺人之譚。宗喀巴自欺之後又來欺人，於是密宗就依這個說法，就自稱爲金剛乘。必須是永遠堅固不壞的，才能叫作金剛；然而密宗所謂堅固不壞的金剛，其實是日日中斷的，怎能稱爲金剛呢？唉！怎麼說它呢？所以他們是以隨便作方便，以下流爲風流，根本就談不上菩提的。因爲菩提是覺悟的意思，而密宗裡的所有法義都談不上覺悟，因爲都是引導大眾向下執著及沈淪的，未來世想要保住欲界的人身都很難，怎能談得上覺悟呢？所以密宗所傳的法，不管中觀法或者所謂的報身佛——即身成就「報身、法身」的即身成佛法，其實全都是無下之法，世間再也沒有什麼宗教的修行法義會比密宗更低下的。

言歸正傳，這段經文所講的無上菩提，是指十方三世一切法界的眞相，因爲十方三世一切法全都是從這個實相法如來藏中出生的，再也沒有任何一個法可以超出於祂；而且二乘的菩提、大乘的菩提也都是在這個如來藏法上面才會存在，全都是依附於這個法界實相的如來藏心才能夠有——才能夠出生以及顯示出來；若是外於如來藏心，就沒有法界實相可說了！因爲十方三世一切法界全都是由如來藏妙心所出生的，若是離開了如來藏妙心時，就全部歸於斷滅空了，哪還能有蘊處界呢？既然沒有如來藏可出生蘊處界，又哪來的緣起性空可說、可證呢？所以教導眾生實證如來藏妙心的法義，確實是可以使人證悟法界實相的，證悟法界實相就覺悟佛菩提了，也就正式進入佛菩提的內門了；證悟佛菩提以後，二乘菩提也就唾手可得了，因爲二乘菩提只是佛菩提道實證過程中的副產品。

說到這裡，佛責備阿難說：「因爲你發心勤求無上菩提，所以我現在才爲你開示第一義的道理，」「第一」是說沒有別的法能夠超越祂，因爲所有世出世間一切法都從祂而生，當然都應該歸屬於祂，所以祂是第一。「既然你是想要求證第一義的眞實理，而我如今爲你開示了第一義的道理，你爲什麼還要將世間法蘊處界緣起性空的戲論妄想（也就是將聲聞法中）的因緣法來纏繞自己、綁住自己而放不開呢？」這就是說，聲聞法中所說的蘊處界緣起性空等因緣法，全都是依世間法蘊處界的緣生緣滅、無常故空而說的，全都屬於世間法蘊處界的範圍，不離蘊處界的緣起性空，與法界實相無關——與蘊處界從何處生起、爲何會有緣起性空的實相正義無關。阿難當時還落在聲聞初果的見地中，還不曾實證蘊處界生起的根源，所以不知道蘊處界緣起性空的因緣觀仍然是戲論、仍然屬於世間法—只是世間法蘊處界的眞實理—世俗諦；所以就把世俗諦套在世出世間法的佛菩提道第一義諦正理中，以世俗諦的道理而想要瞭解第一義諦的法界實相，當然是無法弄清楚的。

世尊又說：「你阿難雖然是一個多聞底人，跟隨在我身邊而聽我解說了很多的聲聞法與佛法，」而且阿難尊者聽了就能憶念不忘，能夠隨即一字不易而誦出來，「可是你阿難雖然多聞，卻好像那個在爲人介紹種種草藥的人一樣，當人家把他所介紹眞正藥草拿到眼前的時候，他又不認得，沒有智慧加以分別是或不是，所以如來說你阿難眞的是可憐愍底人。你現在就詳細地聽聞，我如今將要再爲你們作出各種分別而打開示現給你們來看清楚，這也可以促使未來修學大乘法底人們能夠通達眞實相。」阿難聽聞 佛陀這麼指示，於是默然秉承 佛陀的聖旨，不再發問。接著 佛就深入開示說：

【「阿難！如汝所言：四大和合、發明世間種種變化；阿難！若彼大性、體非和合，則不能與諸大雜和，猶如虛空不和諸色。若和合者，同於變化，始終相成，生滅相續；生死死生，生生死死，如旋火輪未有休息。阿難！如水成冰，冰還成水；汝觀地性：粗爲大地，細爲微塵至鄰虛塵，析彼極微色邊際相，七分所成；更析鄰虛，即實空性：阿難！若此鄰虛析成虛空，當知虛空、出生色相。汝今問言：由和合故出生世間諸變化相；汝且觀此一鄰虛塵，用幾虛空和合而有？不應鄰虛合成鄰虛；又鄰虛塵析入空者，用幾色相合成虛空？若色合時，合色非空；若空合時、合空非色；色猶可析，空云何合？汝元不知如來藏中性色眞空，性空眞色；清淨本然周遍法界，隨衆生心應所知量，循業發現。世間無知，惑爲因緣及自然性，皆是識心分別計度，但有言說，都無實義。」】

講記：佛又從四大來講解第一義諦，因爲阿難前面有問到一切世間種種變化皆因四大和合而發明，所以佛就講解四大與如來藏妙眞如性之間的關係：「阿難！猶如你剛才所說的，由於有地水火風四種極微的大種元素和合的結果，因此發生了、出現了世間可見的種種變化；」世間都是由於地水火風四類大種的互相和合，才會有種種不同的法相；差別只是四大的分量互相有所增減而產生了差異，因此就有世間種種法相上的不同。

所以在我們禪淨班的課程中，親教師們都會教導你們：色蘊中，比如說骨頭，一般弘法者都只說是地大。可是骨頭中難道沒有水大、風大、火大嗎？當然有！又譬如身中的血液乃至鼻涕、眼淚等等，全都是水大呀！而這個水大中難道沒有地大、火大、風大嗎？當然是有！所以我們的親教師們上課時都會舉例說明色身中的地水火風：雖然說骨頭屬於地大，但也含攝了其餘三大；雖然說血液屬於水大，也含攝其餘三大；也就是說，四大本來就是互相混合在一起的，只是比例上有成分多與少的差別，因此而形成各種不同的世間相。如果不是四大混合在一起，根本就不可能有眾生這個色身；所有的色身一定都要四大來混合，而其中由於四大的比例、成分增減的差異與偏重，所以某個部分成爲毛髮，某個部分成爲牙齒，某個部分成爲指甲，某個部分成爲血液，某個部分成爲內分泌等等，就有了種種的變化，但是全都具足四種大種的成分。因此說，由於四大互相和合時有偏多偏少的差異不同，所以發生及明現了世間的種種變化。

「**如果地水火風等四大種的體性是不能互相和合的，**」也就是說，地大不能與火大結合在一起，水大與火大不能結合在一起，而風大與地大不能互相結合在一起；意思就是說，地水火風的每一種元素都不與其他三種互相和合而結合在一起，「就好像虛空不跟種種的色法和合在一起一樣；」如果身中的地大、水大、風大不跟火大和合，身體還能保持一定的溫度嗎？身中的火大既然不能跟身體中所有其餘三大和合，那麼身中將會只有局部（也就是火大的部分）是溫暖的，其他部位都是冰涼的；就應該流淚的時候淚水也是冰涼的，因爲火大不跟水大和合嘛！可是爲什麼眼流淚出來時還是溫暖的呢？而且也應該肌肉是冰涼的啊！因爲肌肉屬於地大，而地大不跟火大和合嘛！可是明明身中的四大是和合的啊！所以全身肌肉都是溫暖的。然而四大本身卻沒有自己和合爲身體的能力，因此不能單說因緣和合而成；是由於如來藏心具有妙眞如性，才能把四大藉各種因緣和合爲我們的身體。

地大如果不跟水大和合，人死了爲什麼會腐敗而流出屍水呢？正因爲有水在地大中結合在一起。所以有些人修行了以後搞怪，不在道業上用心，卻想死了以後要成爲肉身舍利，所以就要搞怪啊！要怎麼搞怪呢？他生前做了許多事，要把屍體乾燥。身體如果不乾燥，也就是不脫水的話，就沒有辦法成爲肉身舍利啊！而且捨報前兩三天必須停止固體食物，以免留在身中發酵，就會壞了肉身舍利。所以大部分的肉身舍利都是搞怪來的，包括香港月溪法師那個肉身舍利。你們如果看見他剛開缸的那個相片，眼睛瞪得像牛眼一樣，嘴巴張開很驚訝的樣子，而且嘴是歪斜的，一邊高一邊低，鼻肉也全都不見而凹陷了。那其實不是肉身舍利，而是屍乾。

屍乾要怎麼做呢？死前只進流體食物，容易完全消化而尿出，都不積存在身中；死後原則上，要先在屍缸裡面放木炭保持乾燥，屍體側面也要放一些粗的紙，通常用能夠大量吸水的冥紙；還要加上一些石灰殺菌及乾燥，然後密封起來放在乾燥的地方。這樣子，屍體就會不斷地脫水，被木炭冥紙吸收。這個脫水過程得要迅速，以免腐敗。正因爲放了這些東西會吸水及殺菌，屍體脫水了以後乾燥了，變成屍乾；開缸以後再貼上一些物質把乾瘦的地方補得豐滿一點，才會像未死前的模樣，然後再上漆，最後貼金箔，就成爲肉身舍利啊！然後供起來，糊塗眾生們就大拜特拜，還不曉得在拜誰呢？

肉身舍利大部分是這樣加工製成的，只有極少數像六祖那樣的眞正肉身舍利，大部分都是加工製造出來的。然而，縱使有眞正的肉身舍利，對證道有用嗎？並沒有用啊！不該倒果爲因啊！譬如有些九官鳥，因爲主人教牠唸佛，牠就一天到晚「阿彌陀佛、阿彌陀佛」一直唸，死了也燒出舍利啊！可是牠有智慧、有證果嗎？都沒有！舍利並不代表有智慧。只要煩惱少，即使沒有斷我見的凡夫，世俗煩惱少了，死後也能燒出舍利。那隻九官鳥沒什麼煩惱，反正餓了就有人餵食物，渴了就有人弄水來，沒什麼煩惱；除非牠不安分，一天到晚想要飛出去，否則就沒什麼煩惱了。而且主人一天到晚跟牠講話，又教牠唸佛號，牠當然很歡喜啊！死後燒出來竟然也有舍利。所以，只要煩惱少，就會燒出舍利啦！但是有舍利，不代表有般若慧，也不代表已經證聲聞果。

因此說，修學佛法得要了知諸法含攝的道理，也要了知地水火風並非單純地就是地、水就是水，而是會互相結合而含攝在一起的。可是四大種互相含攝當中，由於業種的關係而由如來藏執行異熟果，於是四大的成分有了種種比例差別的變化，所以有的部分變成肌肉，有的部分變成骨頭，有的部分變成筋、毛髮、內臟等種種差異，都只是地水火風的比例差別不同而已。因此說：「地、水、火、風四大等物質的體性如果是不能互相和合的，就不能與其餘諸大互相和合混雜，那就應該要像虛空一樣不與色法和合；」虛空如果不能與色塵同時存在，不與色塵互相結合——不能容納色法；也就是說，如果虛空也是如同物質一樣是有物性的，那就會有排擠性了；譬如要把這個物品拿走時，應該要先把這物品所在處的虛空剝開；不但如此，當這個物品在開始移動處所時，還得要一面移動，同時也要把前面的虛空剝開。事實上卻不是這樣，因爲虛空是無法，所以虛空是跟色法在一起的。反過來說，虛空無法，又怎能與色法和合在一起呢？如果虛空是可以與色法和合的，那個虛空就不能再叫作虛空了，因爲那個虛空已經成爲有而不是空無了！這樣一來，虛空就「**同於變化，始終相成，生滅相續**」了，那麼虛空就與三界有一樣成爲有變易的生滅法了！時間又到了，這一段經文就等過年後繼續說明。

過年前講到四大與虛空之間的關係，我們說四大其實也是有情如來藏中的大種性自性所生的，意思是四大極微元素非壞非不壞；但是大家讀不懂，因爲法義與文字都太艱深而簡略，所以很難有人讀得懂；得要證悟後的智慧很深妙，也得要古文有一些造詣，才能眞的讀懂。《楞嚴經》有一個特色，就是文辭非常的洗鍊，簡直是洗鍊過頭了——對於現代人來說。我不曉得諸位有沒有讀過蒲松齡的《聊齋誌異》？那本書直接的說，其實就是鬼狐列傳。這本書，我從初中時代就很喜歡；我總是正課不讀，專讀這一些課外讀物。那時不讀正書總是會被罵，所以都偷偷地讀；一直到高中時我還是繼續讀，很喜愛。又嫌它太厚不好帶出門，就把書撕成兩半，撕開的地方就用牛皮紙糊起來，每次出門上學時就在火車上讀起來。所以我家書櫃裡面現在藏到底層中，幾乎是封存起來的那些書中的那本書，還是兩半的。以前都是等到大人睡了，我就伸出頭來，在蚊帳外面就著五燭光的燈泡來讀，眼睛也沒壞掉。讀了很多年以後，文筆也就稍微好一些了；而且，從初中開始，我三哥就開始教我研讀《古文觀止》，讀了很久一段時間。所以對於《楞嚴經》極洗鍊的文辭，還可以懂一些，主要還是由於已經對經義有了實證的智慧。對一般人來講，《楞嚴經》的文辭確實太深奧了！尤其對現代人來講，應該說是洗鍊到太簡略了！所以現代有很多人閱讀時，每一個字都認得就是不知道意思，這其實是很正常的。言歸正傳：

虛空是無法，怎能與四大和合呢？四大是會互相和合而集結在一起的，所以才能有偏於地大的骨頭、偏於水大的血液、偏於火大的溫暖、偏於風大的呼吸。由於四大都是物質，也都是由如來藏以祂的妙眞如性來出生的，所以能夠被如來藏攝取而結合爲身體中的各種不同物質與器官。而虛空是無法，又怎能像四大一般與各種物質互相結合在一起呢？所以虛空是不可能和合諸色的。所以佛說：「如果地水火風的體性都是不能和合的，就不可能與其餘的三大種混雜起來和合在一起，那就會如同虛空的空無一般，是不可能與任何物質結合起來的。」這是說四大之間的關係非異，因爲同樣都是由如來藏所出生的，是互有關聯而不是全無相關的。

「若和合者，同於變化，始終相成，生滅相續；生死死生，生生死死，如旋火輪未有休息。」然而若說四大由於和合似一就成爲同一個法，又會有問題了！山河大地以及有情的色身，都是如來藏把四大種—四種主要元素—互相和合起來，而身中的四大種並不是互相獨立而不和合的。這譬如一首歌詞一般：你儂我儂，把你我兩個都打碎了再混合起來，我中有你，你中有我。四大和合有點像這種意思。由於四大和合時成分比例不同的結果，就會發生及明現了世間的種種變化。如果身中的四大體性是不能互相和合的，那麼被如來藏攝取在身中的四大就應該是各自獨立的，成爲骨頭中沒有水分、溫暖、動轉之性，而血液中應當只有純水而無堅硬物質可供我們修補骨頭的磨損，也沒有溫暖可以供作運動時的依憑等等，那麼這個身體將只能是一堆無情物而不再是人了，覺知心也就無法在這個身體中出生及運作了。

假使有情身中的四大是不能互相和合的，將會如同虛空空無一般，無法與任何物質互相結合。虛空即是空無，空無是無法與其他的物質結合的；一定是有物質（不論是多麼細的物質），而且有一定的體性，才能與別的物質互相結合在一起，所以虛空是不與所有物質結合爲一體的。如果地水火風四大種的體性是不能互相和合在一起的，三界中就不可能會有二十五有等有情種類了。二十五有，函蓋了欲界人間及餓鬼道、畜生道及地獄道有情，往上發展爲欲界六天、色界及無色界的有情，而色界以下有情都有物質色身的。無色界有情是藉著四空定的力量而維持受想行識的存在，所以四大的和合，是從色究竟天以下的色界十八天以及欲界六天和我們人間、地獄、鬼道、畜生道的眾生，都一樣是由四大和合的色身。

欲界有情的色身，只是四大成分多少的差異變動，而人類的色身中是四大具足的，也是四大互相結合而有各種不同器官的；若是身中的器官不是由四大和合起來，就無法正常運作而會立即毀壞死亡。譬如毛髮，屬於堅硬的地大；可是毛髮中如果絕對乾燥而全無水分，只要輕輕一彎就會斷掉了；其餘的部分也都是如此，所以身中的所有器官都不可能是純地大、純水大、純火大、純風大，都是由四大互相和合，而依不同的比例來造成各類不同的器官毛髮等。然而人類身體中各個器官應該要有多少成分的地大，配合多少成分的水火風大，並不是由有情意識覺知心自己來決定，而是由如來藏所含藏的大種性自性來決定；而大種性自性的運作，則是由如來藏所現行的業種來決定。換句話說，都由業種來決定未來世要受什麼樣的正報（出生爲哪一類的有情），然後從正報再來產生同一類色身中的不同差別；所以即使是同卵雙胞胎，色身也是會有稍微的差異性；雖然外人往往分不清楚哥哥與弟弟，但是他們兩兄弟的配偶卻都能分得很清楚，這就顯示出他們的色身還是有相當大的差異。不論怎麼說，有色眾生都是因爲四大的和合，才會發明了有色世間的種種不同變化。

「如果地水火風四大體性是能夠互相和合的，當然就會有成分的差異不等，因此就有種種的有情色身變化，於是就有一世又一世出生及死亡；由出生與死亡互相成就的緣故，就有色身的出生與壞滅的現象相續不斷；因此有情生了又死，死了又生，這樣生生死死不斷地進行著，猶如旋火輪一般不能休歇停止。」地水火風既然是物質色法，也都是由如來藏所出生的，所以能夠互相和合，卻不與虛空和合；但是四大既然可以互相和合，當然就會如同三界六道有情一般有著種種不同的身根與樣貌，就會有許多的變化性了；有許多不同身根的變化性時，就可以在三界六道中始終相成，輪迴不斷了。

譬如身中的血液雖然屬於水大，但也可以含攝地大、火大、風大，所以才能把四種主要元素送到全身去；哪一個器官需要地大，就從血液裡面吸收了地大的成分；若是需要火大，就從血液中吸收了一些養分、能量；血液中還有風大與水大成分，道理是一樣的。因此這樣四個元素聚合起來，依著如來藏妙眞如性所含攝的大種性自性功能，依著業力而聚合了四大元素成爲整個色身；這樣看來四大又是可以聚合在一起的；既然可以聚合在一起，就不可以說非和合啊！然而地水火風四大眞的可以互相和合嗎？其實四大的和合並不是互相轉變而互相融入，只是把四大聚集在一起，結合起來成爲各別器官而有各種不同的功能罷了！

可是爲什麼我們身中的四大可以結合在一起而成爲人身呢？正是因爲如來藏妙眞如性的緣故。四大是由如來藏所出生的，然而我們無法以人工的方法把四大結合起來成爲心臟、肺臟等人體器官；縱使將來醫學很發達了，還是做不到的，還是只能利用法界中某些無法得到色身的無福德者的如來藏，主動投入細胞之中來製造某些器官，終究無法造成完整的人身；而人類也將永遠無法以人工將四大合成自己的人體器官，終將只能提供環境而由法界中的某些無福有情的如來藏，來投入細胞中製造出不完整的組織。所以說，四大其實是由如來藏出生的，同樣都歸屬於如來藏，只有如來藏才能將四大攝受而製造出有情色身，醫學家是永遠無法自己製造出有情色身的。因爲四大都是如來藏出生，同都歸屬於如來藏，所以說四大非一也是非異；不能夠外於如來藏而說四大是可以互相和合的，但也不能外於如來藏而說四大不能互相和合，因此四大也是中道性。

我們學般若，剛開始是要純粹從如來藏自體來說祂的中道性，體驗及現觀祂的中道性；但是學到後來，當你進入道種智階段以後，將會發覺所有法（包括世間的生滅有爲法），也都是中道性的；問題只是有沒有如實地深入了知中道性而已，那就是智慧的深淺廣狹差別了，其實無非是中道。依凡夫眾生而言，四大是常住不變的；現代物理學上也說物質不滅，只是轉變其存在狀態而已，而四大之間是不相和合的；因此佛說：「如果四大是可以和合的，那就同於變化，地大可以變成火大，水大可以變成風大，那麼四大本身也是始終相成、生滅相續的了。四大本身是如此的生滅相續，就難免身中的四大也會生死死生，生生死死，就應該身中的地水火風也不斷地在轉變而沒有一致性；」就會變成始終相成的現象存在，四大可以互相成就，由地大變成火大，火大變成風大，互相成就。這樣一來，十方虛空一切法界中的地水火風四大元素就沒有辦法配合眾生的需要，無法保持一定的水準，就會有時地大太多而水大太少，或者水大太多而地大太少，火大太多而風大太少……等，三界世間就無法正常存在來讓有情受報及造業了。

然而依世間相來說，或者依二乘聖者所見來說，四大極微是常住不滅的，也都各有一定的自性而不改變；但是若從實證種智的菩薩所見來說，四大其實並非常住不變，因為眾生需要的地大不夠時，如來藏自然會變生更多的地大出來，其餘三大也是一樣的道理，所以三界中的四大物質是時時都在變化中的。這樣看來，一部分地大鄰虛塵被如來藏變空時，卻另有一部分水大鄰虛塵被如來藏變生，來適應眾生的需要，其實也是沒有一定自性的；只是在被變生出來以後維持其一定的自性，因此說四大極微還是有其變化性。但因四大極微鄰虛塵是由如來藏所生所滅，因此也可以說四大是常住不變的，因為已被攝歸常住的如來藏妙眞如性了，當然應該說四大極微鄰虛塵既非常住不變，亦非生住異滅；二者之間不同說法的差別，只是因應不同層次的學人而有不同層次的說法。

所以四大極微之間其實非一亦非異，因為都是由如來藏妙眞如性所生、所住、所異、所滅；這就是說地水火風互相之間的非一亦非異，其實也是依如來藏的大種性自性來說的；四大之間是否能夠互相和合而成為有情的有根身，也是依如來藏的大種性自性來說的，而大種性自性卻只是如來藏妙眞如性中的一部分。所以四大元素是跟如來藏有一定的關聯性，因為四大如果不是依如來藏的大種性自性來變化、來運作，就表示眾生的一世色身將無法保持前後的一貫性，那麼因緣果報便無法成就，一切正報、依報都不可能成就。

如果宇宙間的四大不是由眾生的如來藏共同變生出來，還會有另一個大問題：就是剛才說的，可能宇宙間的地大全都被用光了！或者器世間不斷地被磨損掉，物資漸漸變少。可是地球過了這麼久了，有沒有磨損呢？只是高山變低一點，可是地殼卻在繼續隆起中；然而物質還是在地球，譬如樹木被燒掉了以後，只要肯再種，就繼續有樹木。若是燒掉就眞的沒有了，說樹木的地大都不見了，那麼再種時應該就不會再生出樹木中的地大成分，或是樹木越來越小了，因爲地球上的地大減少了。但明明不是這樣啊！所以，樹木被燃燒以後，其實只有地水火風等元素被拆解開了，地大回歸地大，火大回歸火大，水大回歸水大，風大回歸風大，四大的基本元素還是存在啊！

這是因爲共業眾生的如來藏中有大種性自性，維持著這些共業眾生所需要的一個標準，地水火風等四大該有多少，自然就會跟著維持一定的水準；因此說，地水火風四大和如來藏非異也非一，不能說四大就是如來藏，也不該說四大與如來藏是異。所以宇宙中的四大極微，不能說是常住不滅的，也不能說是一直都沒有生住異滅。因此說如來藏和地水火風之間是有關係的，但這個關係是從有情眾生如來藏的大種性自性所產生出來的物質現象，讓眾生可以有舞台來造業與受報，卻在同一世中維持著身中四大的一定自性而不改變；這就是如來藏**大種性自性**的精神所在，而大種性自性只是如來藏妙眞如性中的一部分。並且四大基本上是不可能互相轉易的，只能互相和合而造成山河世間及五陰世間，所以四大互相之間不一；但若是完全不一，就不可能和合在一起成為有情的五陰世間；所以四大之間是不一亦不異的，因為全部都是由如來藏變生出來的，本來就屬於如來藏的妙眞如性。如果不是這樣理解，就會落入物理學家所知的範圍中，當然是無法親證實相法界的。

如果四大是可以互相融合而不是和合在一起，眾生就會如同旋火輪一般都無法休息，將會一直生死不斷。但是因為地水火風互相之間不一亦不異，才能各自存在而又能互相和合為有情的五陰世間；正是因為全都屬於如來藏的妙眞如性所變生的，才能如同現象界這般不會發生問題。也正因為四大與如來藏之間有不一的地方，所以阿羅漢才能夠不讓大種性自性再繼續運作——不受生於三界中，才能入涅槃而不會成為斷滅空；而所有已入涅槃中的阿羅漢們，他們證果以前如來藏所變生而存在宇宙中的那一份四大極微，將不會再存在於三界中，他們的如來藏以前所變生的那一份四大也就跟著消失於宇宙中了，因此就不能說四大極微鄰虛塵是常住不滅的。因此地水火風與如來藏非異也非一，非生滅也非不生滅，這才是究竟說；所以四大極微常住不壞，是針對二乘愚人或未悟、未入地菩薩所作的方便說。因爲世間的成就是由共業眾生如來藏的業種，導致大種性自性的運作，使得某一處虛空中的地水火風開始出生與聚集，形成了一個世界出來；當這個世界毀壞時，共業眾生就可以往生到新世界去受報而又造業。因此說，四大非生滅亦非不生滅，與如來藏非一亦非異。佛接著說：

「阿難！如水成冰，冰還成水；汝觀地性：粗爲大地，細爲微塵至鄰虛塵，析彼極微色邊際相，七分所成；更析鄰虛，即實空性：阿難！若此鄰虛析成虛空，當知虛空、出生色相。汝今問言：由和合故出生世間諸變化相；汝且觀此一鄰虛塵，用幾虛空和合而有？不應鄰虛合成鄰虛；」佛接著又說：「譬如水冷凍以後變成了冰，」只要溫度降到零度再稍微降低一些，水就開始變成冰；冰硬到可以殺人，所以住在寒帶的人都要把屋頂弄斜一點，免得冰雪積壓下來，重量太大，屋子會壓垮，所以大部分用斜頂；可是屋簷如果積雪多了以後，出太陽時就開始滴水，就在屋簷下變成很多個冰錐，成爲上大下小的冰錐，一根一根掛在屋簷；如果屋主不勤快，沒有常常除掉，有時候有人倒楣走在屋簷下面，剛好那個冰錐太重而斷裂了就掉下來，剛好就砸中了腦門，從頂門上插進去就死掉了。水冷凍了就可以殺人，這就是冰，因爲它很堅硬啊！

「可是冰雖然那麼堅硬，當天氣漸漸熱了，或者有時出大太陽曬久了，冰還成水——又還原而變成了水；」當水成爲冰的時候，又有地大的體性；可是溫暖而溶解了，又是水大的體性，可是水的本質還是水啊！只是形態容許轉變。佛又吩咐阿難尊者說：「你再觀察一下地大這個元素的體性，」地大元素是一種很微細的堅硬物質，如果地大積聚到很粗大的時候，就變成大地；卻還是有許多微細的地大是無法以肉眼看得見的，如果未來發明了很精密的儀器，可以將粗的地大磨到鄰虛塵的階段，一定得要用最高倍數的顯微鏡才能看得見。最微細的地大就是鄰虛塵，不曉得現在物理學界有沒有找到鄰虛塵了？他們全都沒把握。本來講原子是最細的物質，後來發覺原子不是最細的，還有中子；然後又有質子，又有電子，一直發展下來，丁肇中找到了J粒子（J就是丁的意思），當初可能以爲是最微細的物質，是夸克的一種；後來又有人找到另一種夸克，可是找到的人敢說他的發現就是最細的物質嗎？他也不敢講，還是有人繼續在尋找。

「析彼極微色邊際相，七分所成」，假使還想要再剖析極微鄰虛塵和合而成的色邊際相，也就是可以被發覺出來的物質相，其實這個極微鄰虛塵所成就的物質邊際相，是由七分鄰虛塵所合成的。鄰虛塵，表示它是最微細的物質；把物質研磨到最細，已經沒有辦法再更細了，再細下去就跟虛空一樣的了，這才是最小的物質。這就是說，這種最微細的物質已經到了物質的邊際，再細下去就成爲虛空了。虛空與物質之間就以這個最小單位做爲界限，物質最微細的分位就只能到這裡爲止，沒有辦法再更細分了，就叫作鄰虛塵；意思是說它和虛空相鄰，是最接近虛空無物的法相了。「更析鄰虛，即實空性」，若是要再將鄰虛塵加以分析，其實是無法再分析的，因爲再分析下去就只能是虛空的空無之性了，不能再稱爲色法了。所以 佛說：「假使能夠再把鄰虛塵加以分析，其實結果必然只能是虛空的無性了。」所以鄰虛塵是極微細物質的邊際，是物質最細的分位，沒有辦法再作細分了；如果有人硬要再加以細分下去，就成爲虛空無法了，所以鄰虛塵就是物質的邊際相。

接著 佛從這裡來作一個辨正：「阿難！如果這個鄰虛塵再把它分析，」是假設還可以再分析，不是說眞的可以再分析，所以說「若此」。「如果鄰虛塵還可再把它分析而眞的變成虛空，那就應該認定虛空可以出生各種物質的法相出來。」既然最微細物質可以再細分下去，可以變成虛空，那就應該虛空也可以同樣變生成就物質啊！因爲在這個錯誤的理論架構下，虛空與物質是不需要有如來藏妙眞如性就能互通互變的；所以在這個前提下才說「當知虛空、出生色相」。可是，事實上鄰虛塵可以再分析爲虛空嗎？而虛空能不能無中生有而出生色相呢？

佛接著開示說：「如今你阿難問我說：由於地水火風和合的緣故所以出生了世間無量無數的變化相。那你暫且觀察一下，究竟是要用多少虛空來和合成爲一個鄰虛塵呢？」因爲有人主張鄰虛塵可以再析成虛空，同樣的邏輯，當然虛空應該也可以和合而成爲鄰虛塵才對，所以 佛提出問題來了：如果鄰虛塵可以再分析到最後變成空，當然虛空與鄰虛塵之間應該是沒有邊際而可以互通才對。於是 佛提出這個問題：是應該由多少虛空合起來可以變成一個鄰虛塵？佛當然知道阿難尊者無法回答，因爲塵就是塵，是色法；虛空仍是空無，不是色法；虛空只是依物質邊際而施設的名詞，並無實法，不可能有自性而與塵互通、互變。但是也許有人喜歡狡辯，可能會從另一方向來主張：「虛空無法固然不能合成鄰虛塵，但是可以由其他的鄰虛塵來合成別的鄰虛塵啊！」所以 佛就說：「不應該說鄰虛塵可以合成鄰虛塵。」因爲鄰虛塵既然是最微細的色法，把兩個鄰虛塵合起來就不是鄰於虛空的最微細色法了！因爲還是可以再分爲兩個鄰虛塵，那怎麼可以叫作鄰虛塵呢？

所以，不該主張鄰虛塵可以分析成爲虛空，也不可以主張由幾個虛空合成一個鄰虛塵，更不許主張兩個或幾個鄰虛塵合成一個鄰虛塵。虛空無法，縱使能合併無量無數虛空，也不可能使無法的虛空合併成一個鄰虛塵。更何況虛空只是人類將色法的邊際無物之處加以立名爲虛空，是在顯示那個處所沒有色法阻隔，所以虛空只是一個名詞而無實法，怎能合併幾個虛空成爲一個鄰虛塵呢？而且，虛空就是無色之處，無色之處是無窮無盡的，往太空中無邊際的延伸出去都是虛空，而無物無法的虛空也不可分割，如何能分割幾個虛空來合併成一個鄰虛塵呢？所以，假使有人硬要主張鄰虛塵可以再分析成爲虛空，那麼反過來問他：「你能用幾個虛空來合成一個鄰虛塵呢？」這一問，可就口似扁擔了。因爲虛空不能變成色法鄰虛塵，而色法鄰虛塵也不可能變成虛空無物。

接著　佛又提問：「又鄰虛塵析入空者，用幾色相合成虛空？若色合時，合色非空；若空合時、合空非色；色猶可析，空云何合？」這就是大乘佛法厲害的地方，科學家永遠都是弄不通的。佛說：「如果鄰虛塵是可再分析而變成空無、虛空，」而不是由如來藏來變生四大；而單獨的鄰虛塵四大如果不是由如來藏所生的，就應該是永遠不滅的，這才是法界中的定律——除非由如來藏出生與壞滅四大。在這個前提下，如果主張鄰虛塵可以再分析而成爲虛空——分析到最後變成空無，請問：「虛空與鄰虛塵既然是可以互相變換的，那麼又該用多少的鄰虛塵色相來合成一個虛空？」因爲既然鄰虛塵可以變成虛空，當然就可以由鄰虛塵和合來變成虛空，那麼請問要用多少物質的法相（幾色相的鄰虛塵）去合成一個虛空？所以佛的意思很清楚地表明了一個眞理：虛空不可能合成色法，色法也不可能析成虛空，所以物質是不滅的，只是轉換存在的狀態罷了！除非是由如來藏來生滅四大，譬如有人入無餘涅槃，使宇宙中不再需要那些人所需使用的四大極微，因此而減少了宇宙中的四大極微。

數論外道們講什麼五分論，來到這裡可就完全不通啦！因爲他們的五分論所辯論的立論根本就是錯誤的，即使很好的辯論方法也會有許多過失而無法圓滿具足回答的。所以他們的宗因喻等五分論，遇到眞正的佛法時就沒有用了。如果有人很會辯論，邏輯學很好，辯證法也很好，也許剛破參的人會被他辯倒了；但是來到我這裡時都沒有用，什麼辯證法都沒有用，我只要問這個問題就夠了：「你說四大可以不斷地分析下去，到最後當然是空無而成爲虛空了；那麼四大是色法或是非色法？四大是色法或是虛空？」這一聽，對方就知道自己的問題所在了。諸位想想看：如果鄰虛塵物質可以再分析而變成虛空，那麼色與空就應當是可以互換的，那就是鄰虛塵可以轉成空，空也可以轉成鄰虛塵。以此類推，空也可以變成物質，物質也可以變成空；那麼幾個色法（物質）可以合成一個空？因爲虛空即是色法，色法即是虛空，當然色法也可以合成虛空才是。如果眞是這樣，究竟是要用多少的地水火風鄰虛塵去合成一個虛空？事實上，當幾個鄰虛塵物質和合起來時，那應該還是物質啊！不可能成爲虛空啊！所以佛說：「若色合時，合色非空；」物質合起來怎麼會是空呢？那他們說物質可以變成空，反過來就應該幾個虛空合起來也可以變成物質啊！但是，不論幾個虛空合併起來，仍然還是虛空；而幾個鄰虛塵合併起來以後，當然還是色法物質，怎會變成虛空呢？所以，鄰虛塵再分析而成爲空無，這個道理講不通，因爲虛空與色法是無法互換的，所以鄰虛塵不論怎麼分析，分析到最後仍然是物質；而鄰虛塵之所以名爲鄰虛塵，正因爲它是最微細的色法而不能夠再被分析了。所以只有如來藏妙眞如性，才能變生或變滅四大極微鄰虛塵；外於如來藏妙眞如性，是不可能自行變生變滅，更不可能自行互換的。

佛又說：「色猶可析，空云何合？」佛陀還提出另一個問題：「假使鄰虛塵物質還有辦法再細分，然而虛空要怎麼用鄰虛塵來合併起來？」更何況說要把幾個虛空合併成鄰虛塵？虛空是無法，「無」就是空無，要怎麼把幾個空無合併起來？在社會上亂講時，大家都會說他是精神上有病；在佛門中亂說的時候，竟然沒有人說他精神有病，眞的好奇怪！譬如一個窮人來化緣：「老闆！我三天沒吃飯了，請布施給我五十塊錢吧！我可以去圓環吃一碗滷肉飯。」那個老闆說：「我就給你空無的五十元。」那乞丐一定罵老闆說：「你發什麼精神病！什麼空無的五十塊錢？」或許有人說：「空無的五十塊錢太少了，那我給你空無的一百萬元好不好？」給了空無的一百萬元，其實還是沒有嘛！所以不該說鄰虛塵可以分析成虛空，也不該主張幾個虛空可以和合爲一個鄰虛塵；因爲塵是色法，再怎麼分析以後還是色法，不可能變成虛空；虛空是無，再怎麼合併幾個虛空以後還是無，終究不能成爲色法，何況虛空又不能分割成幾個，所以虛空不可能出生四大極微。接下來 佛又說：

「汝元不知如來藏中性色眞空，性空眞色；」世尊又開示說：「你原來並不知道如來藏中含藏著的自性是能生色法的，而這個能生色法的如來藏卻又是眞實的空性；如來藏心的體性是猶如虛空一般無形無色，卻是眞實的色法，因爲祂能出生色法，名爲性空眞色。」只有如來藏的體性是眞實存在著的空性，自體猶如虛空一般，但是卻含藏著眞正的色法，因爲祂有大種性自性可以出生色法及執持色法。諸位聽了這一段經文時會覺得有些迷糊，特別是印順法師那一派人，他們讀了楞嚴以後都說這是僞經，不相信是　佛所講的。然而事實上：大菩薩都講不出這種極深妙的經典來，更別說是還沒有斷我見的印順法師。宇宙中只有如來藏心具有這種體性，一切法從這個如來藏中出生，當然也可以出生及滅掉四大色法，這是所有眞悟菩薩都可以現前觀察而證實的。以上是說如來藏的妙眞如性中具有大種性自性。

如來藏有種種功能，其中的一種功能自性叫作大種性自性。大種性的自性，是說如來藏可以出生四大元素以及攝持四大元素；八識心王之中就只有如來藏有這種自性，稱爲大種性自性。由於這個自性，才會被　世尊形容爲「性色眞空、性空眞色」。意識、意根都只是心，心是無形無色的，接觸不到色法，所以覺知心沒有辦法捉住什麼物質，也無法把任何物質聚集在覺知心中來，只有如來藏才能夠把地水火風聚集起來成爲你這個色身。前世死了以後轉到中陰身境界中，然後投胎，執取父精母血而住在母胎中；母親並沒有爲你製造色陰，只是提供一個環境，透過血液供給地水火風四種元素。然而那是你的覺知心把母體血液中的地水火風聚集起來成爲胎兒色身而出生的嗎？沒有！覺知心是色陰稍具雛型以後才出現的，在處胎四個月以後才有覺知心出現之前，那個稍具雛型的未滿四個月的色陰是誰製造的？當然是如來藏才有辦法。所以妳們這一些媽媽要記住：孩子不是妳們創造的，妳們只是提供環境、提供能源給他，其實是孩子自己的如來藏創造了他的色身。

一切有情的色陰絕對不是阿拉創造的，也不是耶和華創造的，他們沒有那個能力。如果不信，他們哪一天來找我，我就問他們：「請問上帝、阿拉！你們如何把地水火風聚合起來成爲一個人？」他們一定張嘴結舌而不能回答，因爲他們從來都沒有那個能力，當然也就講不出來了！就像《阿含經》中的記載：佛問大梵天：「有人說你創造了大地，也說你創造了他們，我且問你：你究竟有沒有創造了他們？」大梵天在 佛面前不敢撒謊：「實際上我沒有創造他們，可是他們要說我創造了他們，我也沒有辦法。」（大眾笑…）實際上，眞正的耶和華、眞正的阿拉、眞正的造物主是誰？其實是各人的如來藏。各人的如來藏中都有性空眞色、性色眞空，如來藏空性心擁有大種性自性，在祂猶如虛空的體性中具有出生及壞滅物質的自性，叫作性空眞色；

因爲如來藏以及祂的大種性自性都沒有形色、沒有顯色，連表色、無表色都沒有，但是祂有能力出生及壞滅四大，當然就有能力把地水火風聚合起來創造了色身；色身出生了以後，再藉著母乳來攝取地水火風而轉變成自己的色身，斷奶以後則是藉世間的食物來攝取地水火風轉變成自己的色身，山河大地就是這樣成住壞空的，而人類就是這樣成長與生死的。如來藏有這種變生物質、攝取物質的能力，但祂自己卻是無形無色的心，所以說是**性色眞空**。

如果沒有如來藏中的**性空眞色、性色眞空**（如果沒有大種性自性），就無法出生爲人；且別說出生，連入胎都做不到；也無法住胎，因爲連一顆小小的受精卵都無法碰觸及執持。覺知心想要執持受精卵，能嗎？縱使覺知心看得見受精卵，還是執持不了，因爲覺知心及意根末那識都沒有大種性自性——不是**性色眞空、性空眞色**的心，碰觸不了色法受精卵的。只有如來藏才有大種性自性，才能執取受精卵而住在母胎中。然後漸漸地增長演變，終於具足了胎身，然後出生爲人。如來藏所具有的這種功能就叫作**性色眞空、性空眞色**，這是如來藏中所含藏的功能性，是本有的而不是修行以後才有的。

佛說：「**如來藏「清淨本然周遍法界，隨眾生心應所知量，循業發現。」****的這種功能性是清淨本然、周遍法界的。**」「**清淨本然**」，是說祂這個體性是沒有染污性的，是不夾雜貪染的；「周遍法界」，有人常常把法界誤會了，就說法界是遍滿虛空的，等你問他說：是遍滿虛空的什麼？他又講不清楚了！法界不是遍滿虛空的什麼法，而遍滿一切法界也不是指遍滿十方虛空中。請問法界的法字，是指什麼法？是指五蘊法、六入法、十二處法、十八界法、一切有情的法，而虛空並不是法，沒有自己的功能性，怎麼會是法的功能差別呢？法界就是法的功能差別嘛！虛空既然無法，怎麼可以叫作法界？虛空是依附於物質的邊際而施設的，後面還會說到，現在先不談它。

那麼法界就是講十方無盡虛空有無盡的世界，無盡的世界當然就有眾生嘛！有眾生當然就有諸法的界限，也就是諸法的功能差別嘛！這其實就是說，如來藏的這種體性，只要有眾生的所在就會有這種體性存在，是遍在有情一切諸法的功能差別中，這才能說是周遍法界。即使證得四空定以後捨報往生到四空天去，那時雖然沒有色身，但是如來藏中的大種性自性依舊是存在的，不會消失掉；將來下墮於色界或欲界中時，還是可以繼續運作出來而出生了色身的；而這個自性是無關貪染的，所以說「清淨本然周遍法界」。

也許有人會提出抗議說：「你講這個話沒道理，因為大種性自性是不清淨的嘛！為什麼不清淨呢？因為它會使人執著四大而變生了色身，然後就有了生死流轉了嘛！這怎麼叫作清淨本然？」那我請問你：「成佛以後依舊能夠變生色身而在人間遊化、利益眾生，請問那時的大種性自性是清淨或是不清淨呢？」是清淨的啊！怎麼可以說它是染污的呢？所以這個體性本身無所謂染污可言，但是由於七轉識不清淨，所以使這個自性在有貪染的環境下變生色陰而讓眾生輪迴生死，而大種性自性自己其實並沒有所謂清淨或染污可說，所以還是清淨本然的。如果七轉識本身是清淨的，如來藏這個大種性自性就不是染污的啊！而且，不管即將要出生在什麼樣的世間，如來藏的大種性自性都不會有所歡喜或是有所厭惡的，當然是清淨性的；而且這種自性不是修行以後才有的，而是本然就有的，所以世尊說是「清淨本然」。

同樣是有爲法，可以是有漏的有爲法，也可以是無漏的有爲法呀！這不是修學聲聞羅漢法或辟支佛法所能知道的，也不是凡夫位的菩薩們所能知道的，只有證悟的菩薩們才能知道，因爲菩薩們都跟著諸佛修學而證悟的啊！菩薩們都是不入滅的，都是一世又一世跟著諸佛不斷地修學以後才能實證。不迴心的阿羅漢、辟支佛們怎麼想都想不通：「佛所說的這個道理，我們眞的聽不懂。」可是菩薩們聽了好歡喜：「我又多知道了一些如來藏的妙法了！」這就是性色眞空、性空眞色。而且這也是「清淨本然周遍法界」的，只要是有情所在的地方，就會有如來藏，只要有如來藏就有這種清淨性存在。

「應所知量」，如來藏這個大種性自性的功德，永遠都會隨著眾生心的所知現量，也就是依照每一個有情的覺知心所應該知道的狀況（量就是所侷限的範圍與境界），依著眾生心所能夠了知的現量，如來藏就會「循業發現」。是依照眾生心下一世所應當知道、應當領受的境界相，他的如來藏妙眞如性中的大種性自性，會循著他所造的業而爲他造就色陰，而在人間或者天道、三惡道中受生。有情受生以後出生了色陰，然後就依照所受色陰中的覺知心來領受苦樂果報。下一世出生後所應該知道的境界，就是眾生心的「應所知量」；所以眾生心的「應所知量」，就是指眾生造業後，在下一世應該知道的境界相、應該領受到的境界相。

「循業發現」，如來藏會隨著眾生所造的業，遵循業力、遵循眾生心下一世應所知量來發明、來顯現下一世的境界相。譬如造極惡業的眾生，從地獄中受報完畢上來以後應該得到的餘報是餓鬼道的境界相，於是如來藏妙眞如性就依眾生心應所知量，以大種性自性而循業發明及顯現爲餓鬼道眾生的五陰，讓那個造惡眾生繼續領受餘報，就是「隨眾生心應所知量，循業發現」。餓鬼道的苦果受完了，若是來世應該去當細菌的，他的大種性自性就變生一個細菌的色陰出來，讓他的覺知心只能領受細菌的境界相；細菌的境界相就是他下一世的應所知量，他應該了知的六塵範圍是大受侷限的，範圍非常小而極端地無智慧。

人的境界與智慧，細菌都無法想像的，甚至都不知道有人的境界相。每一個人身中都有無數的細菌，假使有神通能夠與牠們溝通（當然是不可能的，因爲牠們的智慧差太遠而無法溝通），看牠們所能知道的境界是什麼？根本就不知道什麼，細菌心境（心量）所能知道的就只是那麼一點點境界；而牠們如來藏的大種性自性，正是「隨眾生心應所知量」而使牠們只能攝持細菌微細色身，所能了知的境界相就是那麼狹小的範圍，所知的六塵也是不具足的。當細菌的大種性自性爲牠們造作了細菌身時，其實都不離如來藏大種性自性「隨眾生心應所知量」而「循業發現」的正理。

「世間無知，惑爲因緣及自然性，皆是識心分別計度，但有言說，都無實義。」一切有情的五陰所能了知的內容是千差萬別、互不相同的，各有不同的所知範圍；這些範圍、侷限、現量，就是有情眾生各自的「應所知量」，而如來藏完全是循著有情前世所造的業行而自然地發明顯現出來——循業發現。但是世間人總是沒有智慧，愚癡迷惑而不能理解法界的事實眞相，就以爲說：「這全都是因緣際會而發生的。」有的人則說：「這個純屬自然性。」爲什麼說是因緣及自然呢？他們說：「人本來就是會依因緣而出生的嘛！出生了以後隨著因緣自然就會死嘛！所以緣起性空，一切都是因緣生、因緣滅，這是很自然的事嘛！」我們就說這種人是因緣法中的自然外道。

因緣法中的外道，現代佛門中有沒有呢？有！而且名氣很大，就是印順法師。因爲他講一切法緣起性空，說緣起法就是全部佛法的根本，這就是藏傳佛教應成派中觀的中心思想所在，都是六識論者，是沒有斷我見的凡夫們的論議。他們又每年召開「印順導師思想研討會」，能研討出什麼道理來呢？只是聚在一起互相取暖罷了！如果想要知道印順的思想，只要把藏傳佛教應成派中觀的矛盾理論弄通了，就知道印順法師的全部思想了，就可以成爲印順思想的專家。除了應成派中觀的六識論思想，印順並沒有任何思想可說，何必勞師動眾每年花幾百萬台幣去辦印順思想的研討會呢？眞是浪費。

還有一種外道說：「人投胎以後自然會出生眼耳鼻舌身，這是很自然的嘛！這是自然性，沒什麼可奇怪的，也沒有什麼道理可探討的。」這就叫作自然外道，他們都說這就是自然性。他們認爲：就好像孔雀生來就這麼漂亮，烏鴉生來就是烏黑的，天鵝生來就是雪白的，玫瑰生來就是有刺的，全都是自然性，沒有道理可說；所以人當然就生人，種瓜一定得瓜，種豆必然得豆嘛！這是自然的，本來就這樣，沒有道理可言。那我們就說這種人叫作自然外道。他們永遠都不明白如來藏妙眞如性中的大種性自性的道理，不明白「性色眞空，性空眞色」的道理，所以說這一些人是世間無知底人，因此 佛說「世間無知，惑爲因緣及自然性」。

世尊又說那些人都是「識心分別計度」，都是用意識心去分別，偏偏分別出來的結果又都是誤計，也就是完全認知錯誤了。在錯誤的前提下，作出揣摩而想要了知。「度」字要讀作「墮」，或者讀作「奪」，意思是說愚人自己在猜想、在揣摩其中的意義，而不能實際正確地證知其中的眞理。所以他們「但有言說，都無實義。」他們的說法就只是言說，都無法說到眞實的義理。印順法師的思想正是如此，但有言說，都無實義。因爲全部都是從識心分別計度得來的，不是由於眞正親證而講出來的。所以自從印順寫書弘法以來，一直都有人評論說印順法師只是個學問僧——是專門作學問底人，不是有修證的人。但他的徒眾們一直在主張印順是有修證的人，我今天還是要把他推翻，用理證及教證上的證據把他推翻，說印順所說的法義全都是識心計度，不是有修證的說法，正是 佛所說的「但有言說，都無實義」。

【「阿難！火性無我，寄於諸緣；汝觀城中未食之家欲炊爨時，手執陽燧，日前求火；阿難！名和合者，如我與汝一千二百五十比丘，今為一眾；眾雖為一，詰其根本各各有身，皆有所生氏族名字；如舍利弗、婆羅門種，優盧頻螺、迦葉波種，乃至阿難、瞿曇種姓；阿難！若此火性因和合有，彼手執鏡於日求火，此火為從鏡中而出？為從艾出？為於日來？阿難！若日來者，自能燒汝手中之艾，來處林木皆應受焚；若鏡中出，自能於鏡出然于艾，鏡何不鎔？紆汝手執，尚無熱相，云何融泮？若生於艾，何藉日鏡光明相接，然後火生？汝又諦觀：鏡因手執，日從天來，艾本地生，火從何方遊歷於此？日鏡相遠，非和非合，不應火光無從自有。汝猶不知如來藏中性火眞空、性空眞火，清淨本然周遍法界，隨眾生心應所知量；阿難當知，世人一處執鏡，一處火生；遍法界執，滿世間起；起遍世間，寧有方所？循業發現。世間無知，惑為因緣及自然性，皆是識心分別計度，但有言說，都無實義。」】

講記：地大說過了，接著說火大。佛說：「阿難啊！火大的自性是無我性的，是沒有自體性的，因為火大是寄於諸緣而存在的。」火性是依靠著種種不同的所緣物質而存在著。換句話說，火大沒有辦法單獨存在，而是必須託於種種所緣的物質才能存在的；譬如火大存在於地大、風大、水大之中，不是自己單獨存在著，所以佛說「火性無我，寄於諸緣；」佛解釋這個道理說：「你來觀察看看，在這個室羅筏城中還沒有吃飯的人家，當他們準備要炊飯時，手中執持著陽燧……」陽燧就是用水晶磨成的凸透鏡。古時候沒有玻璃，都是用水晶磨成的，有錢人家陽燧比較大，透光性能也比較好；沒錢人家陽燧就比較小，透光性能也比較差。「那些人家拿著陽燧，在太陽底下聚光求火；」當然有很多種方法可以求火，如果沒有太陽時，陽燧就用不著了，就得換別的方法，譬如鑽木求火。

佛說：「如果有人說火大是跟其他三種元素可以和合成爲同一個大種，我就以這個譬喻來說明：就好像我在這裡跟你們一千二百五十位比丘合爲一眾，這麼多人聚集起來叫作一眾，而這個『眾』雖然是只有一個，但是你如果探究這一眾的根本，其實我們一千二百五十一位（因爲包括世尊在內）每一個人各各都有自己的身體，每一個人也都各有所出生的宗族及名字，譬如舍利弗是婆羅門種族，優盧頻螺是迦葉波種族，乃至阿難你，屬於我瞿曇種族的姓氏；阿難！如果這個火大的自性是因爲和合其他的三種元素而有的，那麼當人家想要煮飯的時候，拿著陽燧在太陽底下，把陽光聚焦來照射艾絨時，這個火是從陽燧（凸透鏡）中生出來的呢？或是從艾絨中生出來的？或者是從太陽那邊生出來的？」

艾絨，知道是什麼嗎？現在很多人都不曉得了，但學過中醫的人就會曉得，特別是學過針灸的人。我以前在學生時代是個雜學的人，也是博而不精，卻是門門可通又都不精；但是你若要說些什麼，我都會比你多知道一點點，大概就是這樣。但是如果遇上了專家，我就只能稍微講幾句，儘量少講，但還是有話題可以說。古時的針灸醫師做艾絨時，都要去割取艾草。古人說：「七年之疾，求三年之艾。」換句話說，若是七年以上的陳年久病，得要用艾絨灸三年才能治癒。古時中醫師用的艾絨卻跟想要引火來煮飯的艾絨不一樣。古時中醫師用的艾絨很講究，必須要在端午節以前採收的才能用；過了端午節以後採收的就太粗糙了，不能用；現代中醫師都不自己製造艾絨，所以也不太講究這個品質了。艾草採收回來以後先把骨幹除掉，再把艾葉曬乾了以後，裝入布袋中又搓又揉，再把葉屑去掉，剩下的艾葉纖維再搓再揉，再去掉更細的葉屑，最後就變成純白而微細的纖維，好像棉花一般，叫作艾絨；再把精製後的艾絨用宣紙捲成一條又一條的，叫作灸條。

針灸是兩個法，一是用針，二是用灸。針是旋插入穴道內，聚氣而起作用；灸則是用艾絨來烘，刺激穴道，叫作灸。這艾絨如果是端午節以後採收的，古時講究的中醫師是不肯使用的，就只能給一般人家拿來點火用。點火前就把艾絨弄成一小團，放在一堆比較細的乾草上面，然後拿著陽燧（就是水晶做的凸透鏡），在太陽底下把陽光的焦點聚集在艾絨上面；當艾絨受熱而燒起來了，接著就用嘴吹一吹風，就會把乾草也燒起來；然後再添加樹葉，最後燒起樹枝，這叫作日中求火。古時有太陽的時候，用這樣求火最省力啊！古時是沒有現代火柴的，更別說是打火機、瓦斯爐、電爐了。如果要用木頭去取火，那可就累了，往往鑽到手瘦才能求得火種，所以有陽光時當然就應該用陽燧來取火。現在佛提出個問題來，當城中人家想要炊飯時，手執陽燧（拿著凸透鏡）「於日求火」，在太陽底下求火的時候，火是從凸透鏡中生出來的嗎？或是從艾絨中出生的？或者是遠從天上的太陽出生以後才飛過來的呢？佛提出這三個問題，這可就考倒阿難尊者了！

接下來　佛陀又開示說：「阿難！若日來者，自能燒汝手中之艾，來處林木皆應受焚；若鏡中出，自能於鏡出然于艾，鏡何不鎔？紆汝手執，尚無熱相，云何融泮？若生於艾，何藉日鏡光明相接，然後火生？」世尊提出三個問題來，然後就隨即講解。第一個問題：火是從遙遠的太陽那邊飛過來的嗎？「如果把艾絨燃燒起來的火，是從太陽那邊飛射過來的，那火自然就能把你手中的艾絨燃燒起來，不必再藉你手中的陽燧才燒得起來；而且當太陽把火飛射過來時，只要是有日光照到的地方，所有林木當然就應該同時都會被燃燒起來了。」因爲火是從太陽那邊藉著日光飛射過來的，那又何須要有陽燧來照射艾絨呢？也應該一切被日光照射到的所有林木都已經被焚燒了，然而事實上並不是如此。

「如果你因此改說火是從鏡子中生出來的，那就不需要太陽光來照射了嘛！假使確實是陽燧中自然就有火性存在而能夠出火把艾絨給燒起來，就應該那個陽燧本身的溫度是很高的，熱到燙手而反過來把陽燧自己給熔化了，然而事實上你手中的陽燧並沒有自己熔掉。不但如此，你再觀察衡量那個陽燧，它根本就沒有熱度存在啊！怎麼可能會自己熔化呢？」如果主張火性存在陽燧中，說火是從凸透鏡中生出來的，那凸透鏡一定是含藏著極高的熱量，才能生出火來，才能把艾絨燒起來；然而這個講法不通，因爲任何人手中拿著凸透鏡時（古人的陽燧一般是沒有把手可以握住，通常是用兩指直接拿著陽燧的兩側邊緣），根本沒有感覺到凸透鏡的熱度嘛！「那你如果改說艾絨的火是從艾絨自己之中生出來的，」說火是由艾絨自己出生的，「那又何必藉著太陽與陽燧來使陽光在陽燧的上下互相連接，然後才會有艾絨上的火苗出生呢？」所以也不能說火是由艾絨自己生出來的。但也不能說火是從凸透鏡中生出來的，因爲陽燧並沒有熱度；同理，也不能說火是從太陽中生出來的，因爲太陽並沒有把日光照到的一切林木都燒起來。

然後　佛又開示：「汝又諦觀：鏡因手執，日從天來，艾本地生，火從何方遊歷於此？」佛又問阿難說：「你再詳細觀察看看，凸透鏡是因爲有你的手拿著它，才能照射艾絨；而太陽的光明是從天上照射下來的，並不會燒到任何林木；至於被燃燒起來的艾絨，則本來是從土地中出生的；」生火的因緣有三個，一個在天上，一個是手中拿著的，另一個是由土地中出生的，「那麼，火又是從什麼地方遊歷之後才來到這艾絨之中而燒起來的呢？」是從天上來的嗎？是從凸透鏡中出生的嗎？或者是從土地中生出來的呢？既然有火出生了，當然一定有火性存在啊！然而火性是從哪裡來的呢？這可眞的不容易回答，如果要說是因緣，當火燒過了以後，火性消失了，等一下想要再燒火的時候一定是燒不起來的，因爲火性是因緣生的嘛！而剛才火燒完了，火性就跟著消失不在了，怎能重新再燒起來呢？

如果有人說：「這不是因緣法，這是自然而有火性存在。」如果火性是自然性，就不應該要有三個法和合的因緣才能出生火苗啊！應該是自然就會無因而出生了火苗來，事實上卻不是如此的。意思就是說：火性其實正是如來藏的大種性自性嘛！這三法若不是有如來藏，就無法存在，火性就滅失了，又怎能出生火來？這就是說，眾生的如來藏心有大種性自性，就會引生出身中的火大功能，也會因爲眾生的需要而引發出身外的地水火風等功能，全都因爲眾生需要這些法性。

「日鏡相遠，非和非合，不應火光無從自有。汝猶不知如來藏中性火眞空、性空眞火，清淨本然周遍法界，隨眾生心應所知量；阿難當知，世人一處執鏡，一處火生；遍法界執，滿世間起；起遍世間，寧有方所？循業發現。世間無知，惑爲因緣及自然性，皆是識心分別計度，但有言說，都無實義。」

佛陀接著開示：「太陽跟人們手上拿的凸透鏡相差那麼遙遠，凸透鏡跟太陽既沒有相遇於同一處所，也沒有混合起來成爲同一個物質，怎麼能夠在艾絨中生出火來？然而火畢竟生出來了，而艾絨中的火與光明不應該無因無緣而從火性中自己出生。你阿難到如今仍然不知道如來藏心中有性火眞空、性空眞火；」如來藏心的妙眞如性中本有無形無色的眞實火性存在，山河大地宇宙之間的火性，本來就是共業有情的如來藏妙眞如性中的大種性自性的功能，所以火大的自性是存在於如來藏心中的；但火大的自性並無實體，純屬如來藏心妙眞如性的大種性自性所生，所以是性空眞火；雖然如來藏心中的火性無形無色而名爲空性，但是這個空性所攝的火性才是世間眞正的火。

據道家的說法：「我們某位祖師修行眞的太好了，他有三昧眞火。」但是我說：「那個三昧眞火其實還是假火。」因爲道家那個三昧眞火也會消失的，只要道行退失了，三昧眞火就不見了。但是，道家如果有人眞的修成三昧眞火了，他的三昧眞火是從哪裡來的呢？其實還是從如來藏妙眞如性中的大種性自性的火大引生出來。如來藏心雖然體性眞實是空性，無形無色，但祂才是世間所有一切火大的根源所在，因爲三界世間的一切色，都是有情的如來藏共同變生出來的。如果不是有情如來藏中有性空眞火，世界形成時就不會有火大存在，而三界一切物質的存在就成爲無中生有了，那麼還有誰能夠探討宇宙的起源呢？物理學家、天文學家們的一切探討，可就全都成爲無意義的了，因爲宇宙中的物質竟是無中生有的，而有情竟然會是由無心的物質來成就的，豈不是滿口荒唐言呢！

有些科學家杞人憂天，他們知道太陽的熱量是因爲核融合而產生的，就說核融合大概可能維持多少億年之久，因此而憂心多少億年以後人類該怎麼辦？我說這眞是杞人憂天。當太陽的火大能量開始減弱，不足以供應地球眾生生存時，就表示地球眾生如來藏妙眞如性中的大種性自性已經在運作，漸漸在可以形成新世界的虛空中開始形成全新的世界了，何必我們來緊張呢？到將來幾千億年後娑婆世界沒有火源了，別的地方新世界中已經在準備咱們需要的火源了；那時就往生到新世界去，由著業力牽引著——循業發現，有情們自然就可往生去新世界了嘛！緊張什麼呢？

可是科學家不瞭解這個道理，他們的眼光是很短淺的，只從這一世所有的知識來觀察；而我們看的是過去無量世和未來的無量世，所以我們都不擔心。未來無量世後的子孫自然有他們的福氣，他們的福氣業報會導致在另一處虛空中又有新世界形成，到那時又有新的銀河系世界出現，自然會有新的地球與太陽運作，又可以在那邊生存了，根本不必緊張——這當然也是循業發現。所以說他們是杞人憂天。不過，他們後來爲人類造成的地球生態浩劫提出建言，卻對當代人類很有幫助，我們當然也該加以隨喜及讚歎。

這段經文的意思是說，性空眞火是恆常不滅性，因爲如來藏妙眞如性的大種性自性是常住法，不會因爲用過了以後就一日一日的磨損耗減。由於眾生如來藏妙眞如性中的大種性自性始終存在不壞，使得宇宙中的火大不會減少，只會轉換時空而已。而且這種火大的功能是無我性的，不會執著由自己來示現，而都寄託於各種色法物質之中來存在著，乃至會存在於水大之內，只要眾生心應所知量，是已經應該知道水大之中也有火大時（譬如把水分解成爲氫與氧時），遇緣就會現行而出生了火，這也是隨眾生心應所知量而循業發現。所以，在其餘三大裡面都有火性存在著，只是人們會不會運用罷了，因此 佛說：「火性無我，寄於諸緣。」然後又說：「清淨本然周遍法界。」只要有眾生的處所，只要是眾生的諸法功能存在之處就會有火大存在；當眾生有需要而且福業也能發現火大時，火大就會現行而成爲火，來讓眾生使用。換句話說，若是眾生心中不知道怎麼用時，這個大種性自性中的火性就不會現行，就沒有火可用；所以火大是隨著眾生心應當所能了知的範圍與限量，就會在眾生心的運作下出現了火，所以佛說：「隨眾生心應所知量，……起遍世間，……循業發現。」

佛陀隨即又開示說：「阿難！你應該知道，只要有世人在某一處手執著凸透鏡，在太陽下聚焦引火，就會有一個地方有火出現；假使有許多人在人法界中遍處手執凸透鏡，在太陽下聚焦引火，人間法界中就會遍滿世間生起火來；像這樣到處遍滿世間都有火出現，怎麼能夠說火是住在哪一個固定的處所呢？所以人法界中有火生起時，全都是循著人們覺知心中應該及所能知道的業行，而使火發明以及現起的——循業發現。」換句話說，假使人法界中的所有人都還不該懂得如何用火時，所有世人就都不會擁有生火的智慧，這時的人類就是還沒有福業可以使用火的愚癡眾生。當人類擁有可以使用火的福業時，自然就會循著這個福業懂得生火及用火了；所以火在人間被人們所用的現象正是循業發現，人類不是無緣無故就能懂得生火及用火的。

所以，當人類生火及用火的福業成熟了，自然就能自己生火及用火；這時只要有一個人在某一個地方拿著凸透鏡在聚集陽光求火，某一個地方就會有火出生，而那個火並不是儲存在那一處和那一人身中，也不是從太陽那裡送火過來的。如果是遍滿大地的人法界中，每一個人都手拿凸透鏡來聚集陽光求火（現在則是以點火器來生火用火），就會在每一個地方都有火出生，這就叫作「遍法界執，滿世間起」。「起遍世間」，是說只要人類用火的福業成熟了，遍滿世間的人類都在生火用火時，自然就會遍滿人類世間都有火被普遍生起；而這些火並不是固定從某一處移過來的，而是循業發現的。

所以說，火並沒有固定在美洲、亞洲、非洲或者歐洲，也沒有固定在太陽才有，當然也沒有固定在凸透鏡或艾絨之中；只要人類的福業足夠使用火，而且只要有人在陽光下拿著陽燧聚光求火，就會有火出生，因此說起遍世間，不受處所的限制或侷限，全都是循業發現。如果某一個地區的眾生都不知道陽燧的作用，表示他們的福業果報使他們還沒有製造陽燧的知識與材料，就不會有火出生而被他們使用。譬如現在有凸透鏡可以使用，價格也不貴；但是以前陽燧並不便宜，大多是用水晶磨成的，而且以前水晶算是寶物，屬於七寶之一，所以陽燧並不便宜。現代是用玻璃製造凸透鏡，可是古時玻璃同樣很貴，古時的玻璃也是七寶之一；現代玻璃被拿來做玻璃窗了，家家戶戶都用得起，這也是眾生的福業所致。

所以，人們的福業足夠了，循業發現的結果就是使大家都能把玻璃拿來做成窗戶使用，也可以製成家居生活日常所用的普及物品，甚至於拿來作為桌墊。古時若是能拿到一大片玻璃，那可是天下至寶；但是循業發現的結果，現在人們有這個福業而導致眾生都可以便宜地使用玻璃，如今家家戶戶桌子上都可以墊玻璃，這也是循業發現。火大出現在人間就是循業發現的，道理是一樣的。然而這個循業發現的道理，世間人不知，外道們不知，二乘阿羅漢、辟支佛等聖人也是不知。

二乘無學聖人雖然叫作聖者，但是在大乘佛法中，他們卻仍然不是智者，只是愚人——雖聖而愚。如今聽聞　佛陀解說《楞嚴經》，才知道自己所不懂的法界實相中，竟然還有這麼多法義；也正因爲如此，所以佛說：「世間人由於對這個實相無知，心中迷惑而自己推測猜想，就說火性是因緣生的法性，不是常住的；或者就說火性是世間的自然性，只要夠熱了就會生起火來。其實都是在意識心的層面中作了錯誤的認知與執著，他們所說的內容全都只有言說，都只是世俗人的戲論，都是沒有眞實的道理。」火只是一個現象，而火的自性並沒有一個固定的處所，而是寄緣於各種物性之中，卻都是從如來藏妙眞如性中出生的——火性仍屬如來藏的妙眞如性。火大說完了，佛陀接著又開示水大的自性：

【「阿難！水性不定，流息無恒；如室羅城迦毘羅仙、斫迦羅仙及鉢頭摩訶薩多等諸大幻師，求太陰精，用和幻藥；是諸師等於白月晝，手執方諸、承月中水；此水爲復從珠中出？空中自有？爲從月來？阿難！若從月來，尚能遠方令珠出水，所經林木皆應吐流，流則何待方諸所出？不流，明水非從月降；若從珠出，則此珠中常應流水，何待中宵承白月晝？若從空生，空性無邊、水當無際，從人洎天皆同陷溺，云何復有水陸空行？汝更諦觀，月從天陟、珠因手持，承珠水盤本人敷設，水從何方流注於此？月珠相遠，非和非合，不應水精無從自有。汝尚不知如來藏中性水眞空、性空眞水，清淨本然周遍法界，隨眾生心應所知量；一處執珠，一處水出；遍法界執，滿法界生；生滿世間，寧有方所？循業發現。世間無知，惑爲因緣及自然性，皆是識心分別計度，但有言說，都無實義。」

講記：現在講到水大，佛說：「水的體性是沒有決定性的，有時流動，有時止息，總是變來變去而不會恆常不變。」水總是有時停息、有時流動，譬如放在桌上杯子中停留了一會兒，當你口渴了把它喝下去，它又在你身中流動了，所以沒有一個決定性，水總是或流或息而沒有常恆不動的法相。「譬如室羅城中的外道，迦毘羅仙、斫迦羅仙、缽頭摩訶薩多等大幻師們，」大幻師，在我們中國古時，就像那些鍊外丹的人一般，其實只是懂得一些化學的道理，但是都祕不外傳，專門用來騙人。古時一般人化學知識不夠，所以就會有一些懂得鍊金術的人專門用來騙人。這些我們以前舉過例子，這裡就不再重講了。

「迦毘羅仙等大幻師們，想要鍊外丹時就得要求取太陰精，」太陰精有兩種說法：在這段經文中所講的是露水，可是在中國道家有一派鍊內丹的人，他們說的太陰精，是說女人月經即將結束時，最後那兩天微薄稀少的月水。不論是哪一種太陰精，總之用太陰精來鍊丹藥的，都是屬於鍊外丹。至於道家鍊內丹的人，有一部分人要用到女人的太陰精，與中國黃帝的洞玄術或素女經所說的大致相同。你們將來讀到《狂密與眞密》的第三輯前面與第四輯後面，都會讀到這一部分，因爲西藏密宗喇嘛教的法門不外乎雙身法的採陰補陽。但是我們在那上面沒多少著墨，因爲主要不在談那個，而是側重在法義的辨正上面。（編案：此是二〇〇二年初所說，《狂密與眞密》四輯已於二〇〇二年八月出版完畢。）所以，女人月事最後兩、三天的月水，也叫作太陰精；依道家鍊丹的人來講（因爲道家跟藏傳佛教一樣，道家有一般俗話叫作房中術，正式名稱爲洞玄術，他們的《素女經》就是講這個法門，跟藏傳佛教雙身修法的理論是一樣的），他們也是要用女人的太陰精。不過這段經文講的太陰精，是有月亮的晚上在空曠處承接所得的露水。「迦毘羅仙等人在明月上求太陰精——露水，拿來揉和成施展幻術時所應使用的藥品；」也就是他們想要表演幻術時，其實就是變魔術時，必需用來配合的化學藥品，「這一些人於白月晝，」白月晝不是指白天，而是有很白的月亮時（也就是有很明亮的月亮時，那晚的月亮很明亮，看起來好像白天一樣），是陰曆十三、十四日到十七、十八日爲止，而且是沒有一絲一毫烏雲的晚上。

「手中持著方諸，」也就是持著方形的水晶。古時「諸」與「珠」通用，所以「方諸」就是「方珠」。「站在月下，承接月中水；」由於太陰精如此難得，所以他們認為所能鍊成的丹藥一定是很名貴的；因為每一個月之中只有幾天可以承接到太陰精，而且那幾天又要剛好沒有烏雲遮月，所以太陰精很難得而珍貴，用太陰精鍊成的藥物當然也是很珍貴的。「方諸」，是一種由水晶製成的方形物品，但是要把十二個邊都磨圓才能使用。外道們的方形水晶下面有個承盤，用來接取方諸吸收水氣凝結後流下來的露水。這方諸也有圓形的，也就是直接用水晶球來收取露水；先用陶瓷製成圓盤，中央有一個圓洞，下面再用瓶子來收集露水；圓盤中央的洞上就放置一顆水晶球，可是這個洞有輻射狀的凹槽，讓露水可以流下去瓶子中。方諸都是用水晶製造的，因為玻璃的冷度比較差，凝結露水的能力當然不如水晶。外道們用這一類收集露水的方諸，在空曠處放在月光下，放置三、四個時辰之後，方諸或水晶球上便凝聚了一些露水，於是滴下來聚集在承盤中或瓶子中，這就是太陰精。

「然後就把太陰精收集起來，用來揉和幻術所用的藥物。」月亮又名太陰。古人認為太陰水是從月亮下來的，所以稱為太陰精，說是月亮的精華，所以方士們裝置方諸來承接月中水。既說是月亮之水，當然要在有很亮的明月夜來收集了；其實在無月的晚上一樣是可以收集到露水的，但是他們會說那不是太陰水，就說那是露水。什麼時候可以收集到最多的太陰水呢？每當南方氣流來了，那幾天一定會有很多太陰水；如果是北方大陸高氣壓南下，月亮再怎麼明亮，還是不容易收集到太陰精，因爲空氣中的水氣很少。古時的方士不知道那只是露水，或者明知而籠罩人，說是太陰精。但是我們現代人都知道水不是從月亮來的，只是空氣中的水分遇到涼冷的水晶而凝結出來的露水罷了。接著 佛陀針對外道求太陰精的事情，提出了三個問題：「方諸凝結出來的水，是從方諸裡面流出來的呢？或者是虛空中自己擁有的水呢？或者像方士們所說眞的是從月亮流下來的？」因爲古時的方士認爲火熱是從太陽照射過來的，當然太陰精也是從月亮流注下來的。如今 佛提出這三個問題來，當然早就知道阿難尊者沒把握能回答，所以 佛又以問代答：

「阿難！若從月來，尚能遠方令珠出水，所經林木皆應吐流，流則何待方諸所出？不流，明水非從月降；若從珠出，則此珠中常應流水，何待中宵承白月晝？若從空生，空性無邊，水當無際，從人洎天皆同陷溺，云何復有水陸空行？汝更諦觀，月從天陟、珠因手持，承珠水盤本人敷設，水從何方流注於此？」「阿難！你如果說太陰精是從明月流下來的，明月尚且能使距離這麼遠的方形寶珠流出水來，那麼月光所經過的林木也應該全部都會吐流出水來；既然連林木都能經由月光照射而吐流出水來，又何必等待有人使用方珠以後才會流出太陰水呢？若林木在月光照射下流不出太陰水來，這就明白表示太陰水並非從明月降注下來的。若說太陰水是方珠流出來的，那麼這顆方珠就應該常常都在流出太陰水來，又何必等待有人在晚上大家睡著以後再用方珠來承接明月夜的太陰水呢？如果改說太陰水是從虛空中出生的，然而虛空的法性是沒有邊際的，那麼太陰水也應當是沒有邊際地存在著；這樣一來，從人間到天上的所有世間就應該同樣都被太陰水所陷溺了，那又如何還能有水族眾生、陸行眾生以及在空中飛行的有情呢？你阿難可以再詳細觀察，明月遠在天邊一個角落，方珠是因爲人手來安置或執持著，而承放方珠的水盤本是人類所敷設的，那太陰水又是從什麼地方流注到這裡的呢？」

這意思就是說，水大非和合也非不和合，顯出水大的中道性。如果主張太陰精——也就是露水，是從月亮降流下來的；既然是從月亮藉著月光流下來的，尚且能夠從那麼遠的地方，使得方諸、水晶球出水；同樣的道理，也應該月光所經過的林木，都應該有許多太陰水吐流出來，當然不必等待有人拿著方諸站在月光下來求水了。如果林木在月光照耀下都不吐流，也就明白地顯示出來：水不是從月亮流下來的。古時佛陀早就說不是月水而是露水了，跟現代人的科學知識相符合。一切種智就是能使人有智慧來判斷事物的眞相，當年古人所不知道的，佛陀都知道。

依照外道方士所說，水是從月亮來的，才叫作太陰精，其實只是露水，不是從月亮降下來的。如果有人改說太陰水是從方形寶珠生出來的，那就應該方形寶珠常常都會有水流出來才是，爲什麼還要等到中宵明月過半時，才把方珠放到空曠處，才能收集到太陰精？可見太陰水也不是從寶珠中流出來的。既不是從月亮來，也不是從寶珠中來，不免有的人會這樣想：「那就是**從空中出生的囉！**」可是，如果是從空中出生的，而虛空無邊無際，虛空中的水自然也應該無邊無際，那就直接從空中取水就行了，事實上卻不可能。而且，虛空既然是無邊無際的，虛空若是有水，那麼水也應該沒有邊際才是，那就應該從人間到天上的所有人、天，都同樣被水所陷所溺，又怎麼還會有我們所看見的水行者、陸行者、空行者等三種呢？應該全部是水行者，不可能還有陸行者、空行者了。

所以有智慧者都不該隨著人家亂信亂講，當我們詳細諦觀時，一定會發覺佛所說的事實眞相：月是從天空升上來的，遠在天邊；方珠是因爲有人類的手所執持，距離很遙遠，不可能從月亮那邊流水來到這顆方珠上面。而承接方珠露水的水盤又是人類敷設的，這樣子，水是從什麼處所流到眼前這個方珠來的？佛提出這三個問題來，眞相究竟如何呢？請待下週分解。

上週最後是探討水的體性，反問阿難：水從哪裡來？太陰水是從明月流過來的呢？還是從虛空中流出來的？或是從方珠中生出來的？或者是因人工而有的？提出這些問題以後，佛陀接著開示說：

「月珠相遠，非和非合，不應水精無從自有。汝尚不知如來藏中性水眞空、性空眞水，清淨本然周遍法界，隨眾生心應所知量；一處執珠，一處水出；遍法界執，滿法界生；生滿世間，寧有方所？循業發現。世間無知，惑爲因緣及自然性，皆是識心分別計度，但有言說，都無實義。」這一段同樣是說明水性不是從空中出生，不是月生，也不是人工所生，而是眾生的如來藏中有大種性自性的水大自性，所以宇宙中才會有水；如果眾生如來藏中沒有水大的種子自性，宇宙中就不可能會有水讓眾生受用。在前面經文佛的開示中，也已經證實既不是因緣而生也不是自然性。佛陀開示說：「月亮和方珠之間相隔非常遙遠，月亮與方珠既不互相碰觸在一起，也不曾混合爲一體，所以太陰之水——水精，不應該沒有一個所從來之處所而自己就有了。」

譬如我們家裡的牛奶，都得要有個來處，要有杯子、水、奶粉，再加上人工來和合之後，才會有牛奶可以喝，這叫作和。

另一種是合，也就是兩個固體性的東西黏在一起，合併起來成爲一個固體。譬如地板，是由木板與水泥地合併在一起，成爲完整的地板。既然月亮和方珠二個法，既不是你中有我、我中有你地和起來，也不是如同兩個固體合併而聯結成爲一體，那麼水精——太陰水，就不該說是無緣無故而自己無中生有。因爲太陰精既不從空生，不從月生，也不是從人工或者手中出生，更不是從方珠中直接出生的，顯然水性是自己存在的。然而，說水性自己存在著，又會成爲無中生有；無中生有的道理卻是不可能成立啊！所以，水精不可能是無因而生，否則就變成無因論外道的說法了。

如果水可以無因而生，應該我現在也可以無因出生另一個蕭平實；當我講經累了就由他代講一會兒，我先休息一下。若是眞的可以如此無因而生，也應該會無緣無故就有一切法遍生；可是現見三界中的一切法確實不能一時遍生，一定是有因有緣時才會有某一個法出生或壞滅。同理，水精既然不是從各種因緣中的某一緣而生的，那又是從什麼而生？所以 佛說：「**不應水精無從自有。**」不該沒有一個所從來的地方，而說水精是自己本有的。然後就說：「你阿難尚且不知道如來藏的體性中自然有水大，卻又是眞實底空性；」如來藏眞實空性中本有水性，也就是眾生的如來藏空性中自然已有水大的大種性自性；「這個空性中的水性雖然不是具體的水，是依附於如來藏的種子而有的，因此叫作空性之水，是從如來藏空性中出生的，所以叫作性水眞空。而性水眞空其實也是性空眞水，因爲必須其性是空，才可能是眞正的水大，才能永遠不會減少而滅失不存。」

如果水大的體性不是眞實的空性，那就不可能是眞實的水大，而是生滅無常的，是一般人所知底水，時間久了以後一定會減少而壞失。譬如物質的水，如果用水壺裝著把它燒，大火燒上一陣子就燒乾了，所以這種物質的水不是如來藏大種性自性中的眞正水性。眞正的水性—眞水—是燒不完的，所以十方三界眾生（無量無數眾生），特別是物質世間人間的眾生，每天燒掉及喝掉多少水以後，整個宇宙中的水並沒有減少，因爲是由眾生如來藏大種性自性中的水大來變現出來的，是眞實空性中的眞實水性所變生的，所以永遠都不會滅少。即使每天被燒掉以後，水大仍然只是變換一個方式而繼續存在宇宙當中，所以也不會壞滅；因爲是眞實空性所變生的，名爲性空眞水。所以，由空性如來藏所變生的水大一直存在著，這種空性所變生的水大才是眞正的水，性空眞水是永遠都用不完的。所以佛說：「性水眞空、性空眞水，是清淨本然而周遍一切有情法界之中，」這不是物質的水，卻能產生物質的水；「這種水大並不間雜任何的雜質，就這樣清淨本然地周遍於一切有情法界之中，」周就是沒有一處沒有，遍就是普遍都有，不管是什麼層次的眾生法界之中，只要有眾生存在之處，就會有水大存在著，當那個法界中的眾生是必需有水才能生存的，自然就會有物質的水出生，能供給那些法界中的眾生使用。只有眾生法界之中才會有各種法，若沒有眾生，就不會有法；所以在《佛說不增不減經》卷一中，佛說：「舍利弗！甚深義者即是第一義諦，第一義諦者即是眾生界，眾生界者即是如來藏，如來藏者即是法身。」正是這個道理。

「隨眾生心應所知量；」如果沒有眾生就表示沒有如來藏存在，沒有如來藏就不會有任何一法出生與存在，何況能夠有水大？當然也就不會有物質的水存在了！所以眾生界即是法界，法界即是如來界，如來界即是眾生界，講的就是這個道理。而三界中何處需要有水，何處不需水的存在，也都是隨著眾生心而決定的；所以三禪天的眾生不需要用水，那裡就不會有水存在。而人間有情若需要有水來用時，也會隨著眾生心的所知而求到水來用。由於眾生的心所能知道的取水智慧不同，就會得到不同的水量與水質，這就是隨眾生心應所知量而獲得應該有的水。所以當眾生心知道怎樣可以獲得太陰水時，「只要一個處所有人持著方珠求水時，那一處就會有太陰水流出；如果遍滿所有眾生法界中的眾生都持著方珠求太陰水，就會遍滿眾生法界中都出生了太陰水。像這樣出生的太陰水，遍滿眾生法界世間，難道還能指出某一個特定的方向與處所才會有太陰水嗎？其實都是循著眾生的業力而發起示現的。」

眞的是「隨眾生心應所知量」而「循業發現」，就確實是「一處執珠，一處水出；遍法界執，滿法界生」，全都是「循業發現」的。眾生如何受用水大？說穿了都是循業發現而有各種不同的領受。譬如人間受用水大，地獄有情也有受用水大啊！但他們遇水時卻都是苦受；而人類遇水時，或苦受、或樂受、或不苦不樂受；欲界天人遇到水時，大部分是樂受；色界天人譬如二禪天以下，遇水的時候是定水所潤的樂受；眾生像這樣發現水大，全都是循業發現的。但是天界也有因水而受苦的時候，只是在發生水災的時候才會受苦，而水災也只到二禪天爲止，不及三禪天。換句話說，色界天的天人生活如果需要有水大時，不純粹是苦受，但是一般而言多屬定水所潤而獲得樂受；只有水災時淹到二禪天去，那時二禪天人遇水才是苦受。三禪天及以上諸天就都沒有水災，因爲他們平常不需定水滋潤受樂；用不著水，也就不會有遇水受樂的境界了，當然也跟著不會有水災的痛苦了。

這就是說，四大都是「隨眾生心應所知量」而「循業發現」。所以不論出生在什麼地方，都會依照各人所能感應而能夠了知的境界，來出現以及獲得應該有底水，使眾生住在那個境界中領受苦樂憂喜捨受，這就是「隨眾生心應所知量」。譬如人間的「隨眾生心應所知量」，某一個地方有一類眾生，知道白月之夜拿著方諸放在空曠之處，就會有太陰水出現，所以就取來受用，那也是「隨眾生心應所知量」啊！不知道的人當然就不可能獲得太陰水了，那也是「隨眾生心應所知量」啊！如果人們「遍法界執」，當然也就「滿法界生」，到處都會有太陰水出生了，並非某一個固定的地方才會有太陰水，所以是「生滿世間，寧有方所？」全都是「循業發現」。

三界中的生活境界全都是「循業發現」，譬如生到四禪天時，那裡根本沒有水，因爲他們的生活中完全用不著水，所以四禪天也就不會有水災。四禪天也不會有風災，因爲四禪天人根本就不用呼吸，他們活在沒有空氣的境界中，又怎麼會有風災呢？當他們的業（修得第四禪時住在定中是不需要呼吸的，住在四禪天中也是不需要呼吸的）這個業既是不需要呼吸的，於是「循業發現」的結果就是沒有空氣，所以四禪天中哪裡還會有風災呢？全都是「循業發現」。可是不知道眞相的人，就會亂講：「這都是因緣生啦！」也有愚癡人就說：「那是自然性，因爲四禪天中自然是如此的，沒有原因啦！」這就是 佛所說的：「世間無知，惑爲因緣及自然性，皆是識心分別計度，但有言說，都無實義。」

學佛以後否定第八識而專講因緣法的人，正是這種愚癡無知者，開口閉口都是因緣生、因緣滅，老是講緣起法。可是他們眞的懂因緣生、因緣滅嗎？眞能懂得如何緣起緣滅嗎？其實都是不懂的。這種世間人很多，不但是外道裡面很多，佛門之中也很多，近代標準的代表人物正是呂澂與印順法師。因爲印順等人所說的因緣觀，全都是外於如來藏而說的因緣觀。他們那種外於實相心而說的因緣觀，根本就不符合四阿含緣起性空正理，完全不懂蘊處界萬法是以什麼因才能藉緣生起的道理，都是外於法界眞實理體而說因緣法的心外求法者。凡是外於法界根本實相體性來說因緣觀的人，都是 佛所說的「世間無知，惑爲因緣」的人。現在佛門中這種外道很多啊！譬如以不正確的聲聞法取代佛菩提道的印順派人物，又如南傳佛法中否定第七、八識的人，本質都屬於因緣觀外道，不是眞正的佛法。

這一類佛門外道在現代佛教中存在已久，都屬於這種因緣觀外道。要是有人不信，可以把印順法師和他的追隨者所講的，取來跟因緣觀外道比對，你會發覺他們所說完全一樣，都沒有差別，同樣都是以六識論爲主軸而講出來的因緣觀，只是所用的名詞不同，而他們最多只能講到世俗法蘊處界的生住異滅，根本不懂緣起性空。這樣講，可能有人更不服氣，那我們就講清楚一些：緣起性空有兩個部分，一是**緣起**，二是**性空**。**緣起**是說藉緣而起，所以出生了蘊處界；**性空**是說其性無常生滅，所以終歸於空無。然而，**緣起法**不必有常住法持種而單單是藉父母四大等緣來生起蘊處界嗎？是如同他們所說由父母及四大爲緣而純憑機遇率來成就有情的蘊處界嗎？或者是必須有一個能持種受熏的常住心來入胎，由祂藉父母四大爲緣而出生了有情的蘊處界呢？**性空法**也是如此，總不能無因無緣而使蘊處界生住異滅吧？如果純粹只是以色蘊爲因緣來漸漸老死，那就不該有各人壽命互相不同的狀況了，應該是所有人的身體都一樣在使用年限到了才會死亡，應該不可能會有人瑞以及早夭者才對。而且，**性空**，不是在說蘊處界全部都是生住異滅的嗎？既然前世蘊處界不來此世，此世蘊處界不去未來世，爲何還能有因果報應呢？

那又怎麼能說是性空呢？當有情蘊處界全都是藉緣而起，沒有常住心持種受熏去到未來世，那麼此世的業行又與下一世的果報有何關係呢？因果律就不應該繼續存在了！他們這樣的因緣觀，豈不等於斷見外道一樣了？也是和外道底因緣觀所見相同了！

佛陀所說的因緣觀、緣起性空觀，都是依常住法、本住法，也就是依能生名色的本識來說因緣觀；佛所說的二乘涅槃正是依能生名色之本識如來藏來說的，從來不是外於如來藏而講二乘涅槃；如今四阿含諸經俱在，都還可以舉證出來。所以，不瞭解者總是誤會四阿含諸經是六識論的法有，有了這種邪見就迷惑而說阿含解脫道講的是因緣所生法生住異滅。其實，四阿含所講的都是如來藏藉各種因緣而出生名色，因緣所生底名色即是生死流轉的根本，因此不該外於能生名色底如來藏本識而說因緣法，也不能外於如來藏而說二乘涅槃。所以我說那些所謂的阿含專家們都不瞭解，其實都是誤會阿含，哪能稱爲阿含專家呢！那些所謂的阿含專家，正是這段經文中說的「世間無知，惑爲因緣」底人，當然「皆是識心分別計度，但有言說，都無實義」。

另外，還有一分外道，一樣不懂如來藏的性水眞空、性空眞水，就說方珠放在月下時自然就會有水，他們說：「這個是自然性嘛！只要白月之夜，有方珠放到空曠無人處，自然就會有水，這是自然性。」這就叫作自然外道。因爲，三界中一切法都不是無因無緣而自然生、自然有、自然變、自然壞，全都有因有緣才會出生、存在、演變、壞滅。譬如方珠表面凝結底太陰精，一定要有方珠、人工、明月、空氣作爲所緣，而且還要有如來藏中的性水眞空、性空眞水作爲根本因，否則三界中是不會自然就有水的，何況方珠表面能凝結成水？所以「世間沒有智慧底人，」也就是那些對如來藏大種性自性迷惑無知底人，「不論是把太陰精誤以爲是因緣生，或是誤以爲自然性底人，全都是識心分別計度，」都是以意識心在作虛妄分別，作出了錯誤底判斷，然後心中虛妄揣測，「就說是因緣性，或者亂說是自然性，」所以他們的說法全都是徒然只有言說，都沒有講出眞實底義理。

譬如印順法師在《性空學探源》書中（印順常常用探源兩字來作書名，但他所探出來的源頭其實都是在探外道源頭，根本探不到佛法的源頭；因爲他所說的法跟外道因緣法一樣，主張一切法都是因緣生——**無因唯緣**的因緣生），認爲沒有如來藏，只是無因而起的蘊處界緣起性空。印順又舉證《阿含經》的經文，提出他的看法：入涅槃以後是一切法空。偏偏印順所引證的經文卻是在說涅槃以後不是一切法空，所以印順是斷章取義、扭曲經義。印順又援引經文，然後主張說：所以涅槃是不可知的、不可說的。既然無法了知，也無法為人解說，請問隨他修學的大眾要怎麼證涅槃？這也是印順說法似是而非的例子，怪的是印順那些門徒竟然還會相信。

而且印順引述有關開示涅槃的經文時，常常掐頭去尾、斷句取義；前幾句有關聯的話不同時引述，後面有關聯底經文也不引述，偏偏被印順省略掉的前後經文卻都是息息相關而不可分割的法義；印順這樣掐頭去尾，只剩下他想要的文字表面道理。可是經文中所說修證涅槃的這位比丘，後來也成為阿羅漢；這位比丘（好像是闡陀比丘）去問阿難尊者，因為他不認同「一切諸行空寂，不可得，愛盡、離欲、涅槃」，他不認同一切法全都滅盡後的斷滅空。因為如果眞的是一切法都滅了，蘊處界我都空掉以後，又是誰知涅槃？是誰入涅槃？而涅槃豈不成為斷滅空？於是他找了幾位比丘談論，諸比丘都沒辦法跟他說明；後來他想：「佛陀已經入滅了，阿難大德是佛所認可的，一切大德比丘也都認可。」於是那天托缽完了以後，就往阿難所在的國度走去；他走了幾天才到，我不知道。後來遇見了阿難尊者，阿難轉述　佛的開示說：「如實正觀世間集者，則不生世間無見。如實正觀世間滅，則不生世間有見。」（編案：《雜阿含經》卷十）這已經說明一件事實了：凡是落入世間有底人，或是落入世間無底人，都不是如實正觀世間集、世間滅底人，都是誤會世間集與世間滅底人，意思是說滅盡蘊處界後的無餘涅槃不是斷滅空。

可是當時外道們不瞭解，佛門中的凡夫比丘們也不瞭解，如今佛門中的外道見者也一樣不瞭解，才會有印順一派人主張一切法空，說一切都滅盡以後就是涅槃、就是佛說的無我，所以涅槃中的境界是不可知也不可說底。印順把根本識否定了以後，有情底蘊處界就全都是**無因唯緣生**的了，就與外道講的因緣觀一模一樣，全無不同。那麼我們就把它拿來註解，寫在《楞伽經詳解》中，讓大家瞭解印順的引證是如何地斷章取義；所以我們把印順所引述經文的前幾句及後幾句都列出來，大家一目瞭然，就知道無餘涅槃中不是斷滅空，而是從如來藏來施設二乘涅槃的嘛！並不是把如來藏推翻掉、否定掉而講涅槃。

所以阿難尊者說明了以後，闍陀比丘就成爲初果人了！那時阿難尊者已經是阿羅漢，也已經是證悟底菩薩。闍陀比丘只是聽阿難轉述　佛陀的開示，就證初果；繼續聽完阿難尊者一席話以後，也證得阿羅漢果了。你看！阿難尊者講得清清楚楚，爲什麼印順主張說不可能講得出來？確實是可以說得清楚、講得明白的：涅槃中的無境界境界，確實是可以說得出來的。古時如此，我們《邪見與佛法》書中不就很清楚地講了嗎？印順怎麼可以說是講不出來底？講不出來，就表示印順沒有涅槃的證量嘛！所以我在《楞伽經詳解》中把它作了說明以後，大眾才會瞭解什麼是眞正的佛法。

同樣底道理，涅槃絕對不可外於如來藏而說、而證，即使不必求證如來藏底定性聲聞聖人，也不許外於能出生名色的本識如來藏而說有涅槃。小乘法中如此，大乘佛菩提也一樣不許外於如來藏而說、而證。佛在這部經中也告訴我們，有情身中與身外的一切四大，本是如來藏妙眞如性中的大種性自性所變生的，也會由如來藏來變滅。如今有情身中的四大已經講了地、火、水三大，全都是如來藏的妙眞如性，不是單從外法因緣而生，而是由如來藏藉外法作爲因緣而生。當然更不是自然性，而是從如來藏心中藉著外法因緣才能自然出生。這個由如來藏藉緣自然出生的意思是：不必有一個具足五蘊的人在母胎中進行工作、運作、加行，只要有如來藏受持了受精卵，如來藏自然就能在母胎中攝取四大來製造色身。

就好像我常常說的：「妳們當過媽媽的人，妳們從來沒有生過兒女；只是提供造身的環境，讓兒女的如來藏製造他們自己的色身。」妳們有沒有誰是懷孕時每天觀想或加行，讓肚子裡的兒女長出手來，長出指甲？有沒有？

沒有人敢說有嘛！所以是兒女的如來藏自己從妳的血液中攝取了地水火風來創造色身，而不是由妳每天爲他們一點一滴創造出來的。如果上帝來了，我一樣是跟他這麼講；如果上帝抗議了，我就問他：「耶和華！請問你怎麼創造人？你說給我聽聽看。」他一定講不出一個所以然。

上帝假使說：「我用泥巴捏成人的樣子，然後吹一口氣，泥人就變成一個眞實底人，這個人叫作亞當。我怕他沒有伴，於是再從他身上抽下一根肋骨，把它變成夏娃。」原來妳們女人都是亞當變成的，都是亞當身上底附屬品。究竟對不對呢？當然不對！因爲亞當與夏娃被趕出伊甸園時，伊甸園外已經有很多男女在生活了！所以只有基督教底信徒才是上帝創造的，我們都不是上帝創造的，我們都是本來就生活在伊甸園外底人（大眾笑⋯⋯），是啊！你們大家去讀《舊約》，上面是這樣講的嘛！我有一本人家用過四十幾年的《舊約》，上面確實是這樣講的啊！

所以說，宇宙中的地水火風四大，全都是如來藏妙眞如性中的大種性自性底功能；是如來藏所蘊含的功能差別，並不是由誰去製造的。那你們在媽媽肚子裡生長而出生了以後，也別說是自己創造了自己，因爲你們的五蘊都沒有這個能力，全都是由你們的如來藏來創造出來的。因爲那時意識都還沒有生起、還不存在，怎麼知道要創造自己？又如何有能力創造自己？所以說，蘊處界全都非自作、非他作。既然非自作、非他作，便成就了中道義。一切法莫不是中道，如果有了種智，不論宣說什麼法，全都是中道。若是剛才見道三、五年，若是往世證悟以來不久，可就沒有辦法這樣處處契合中道義了。因爲有一些地方還是會想不通，也就是對於實相般若還沒有到通達位。接下來要講風大了：

【「阿難！風性無體，動靜不常；汝常整衣入於大眾，僧伽梨角動及傍人，則有微風拂彼人面。此風爲復出袈裟角？發於虛空？生彼人面？阿難！此風若復出袈裟角，汝乃披風；其衣飛搖應離汝體，我今說法會中垂衣，汝看我衣風何所在？不應衣中有藏風地。若生虛空，汝衣不動何因無拂？空性常住、風應常生，若無風時虛空當滅；滅風可見，滅空何狀？若有生滅，不名虛空；名爲虛空，云何風出？若風自生彼拂之面，從彼面生，當應拂汝，自汝整衣、云何倒拂？汝審諦觀：整衣在汝，面屬彼人，虛空寂然不參流動，風自誰方鼓動來此？風空性隔，非和非合，不應風性無從自有。汝宛不知如來藏中性風眞空、性空眞風，清淨本然周遍法界，隨眾生心應所知量；阿難！如汝一人微動服衣、有微風出，遍法界拂，滿國土生；周遍世間，寧有方所？循業發現。世間無知，惑爲因緣及自然性，皆是識心分別計度，但有言說，都無實義。】

講記：在這一段經文中佛說：「阿難啊！風的自性並沒有眞實自在的體性，」意思是說風不是可以自己存在的，得要依靠如來藏中的風大種子才能存在，風是沒有自性的；地大種子所生的堅硬物質，水大種子所生的水，火大所生的各種溫暖或火熱，全都如是。風若是有自體性，就能自己存在，那它應該在動中、靜中都永遠是常；然而風卻是變來變去，不斷在搖動之中。爲什麼風不斷地搖動？都是因爲眾生心不能安止；只要眾生心不能靜下來，風就會一直動，永遠沒有停息底時候，所以佛說：「風的自性是有時動而有時靜，不是永遠動或永遠靜，所以不是常住法。」

佛又說：「你阿難常常先整理僧衣以後才入於大眾之中，你的僧伽梨角，」也就是僧服的衣角，「往往觸及身旁眾人，那時就會有輕微底風拂過那些人底臉上。」譬如打坐共修時，監香老師如果穿著海青從你身旁走過，海青衣角往往會從你臉旁拂過去，那時你就會覺得有一陣微風拂過臉上。這時世尊又以此爲例，提出了三個問題：「這時拂人的微風，是從你阿難袈裟衣角生出來的呢？還是從虛空中發生出來的？或者是出生於被風所拂底人們臉上？」佛提出了三個問題。如果有人輕率地選了其中一個答案，可就錯了！緊接著，佛又作了開示：「阿難！此風若復出袈裟角，汝乃披風；其衣飛搖應離汝體，我今說法會中垂衣，汝看我衣風何所在？不應衣中有藏風地。」佛開示說：「這時拂過旁人臉上的風，如果是從你阿難所穿袈裟的衣角中出生的，那你身上穿著僧服時就應該不是眞的穿著僧服，而是身上只披著風；因爲僧服能出生風，僧服就應該是風嘛！僧服若不是風，怎能有風跑出來呢？如果有人就這樣認定僧服能出生風，或者直接認定僧服即是風，問題又來了：「如果你阿難硬要說是穿著風，或者主張風是從僧服中生出來底；那麼你阿難就是穿著風，這時你的衣服就應該一直有風不斷地吹出來啊！這樣一來，你的僧衣就應該一直飛搖著，最後只要一不小心，就應該會飛離你的身體而離去了。但是你可以詳細觀察，我釋迦牟尼如今坐在說法大會之中，我這個衣服下擺是垂下來的，都不會動，你且看看我衣服中底風是藏在哪裡？你不應該說我的衣服中有個藏著風的地方啊！」你看！如果主張風是從僧服衣角中出生的，這第一個說法已經被破除掉了，顯然阿難衣角拂人臉上的微風，並不是從袈裟的衣角中出生的。

當滅；」佛又談到第二個問題：「如果認爲你阿難衣角引起的拂臉微風，是從虛空中出生的，那就應該虛空中時時刻刻都有風啊！爲什麼現在你阿難的僧衣不動的時候，虛空中卻沒有微風來拂旁人的臉？」當然這是在沒有風吹動底時候說的。「如果拂及旁人臉上的微風確實是出生於虛空中，而虛空的體性是常住法，」因爲虛空是恆時遍處都在的，「那麼虛空中當然應該隨時隨地都會有風出生的。這樣一來，假使如同現在沒有風的時候，應該虛空也就隨著風的消失而跟著消滅了。」可是虛空明明還在，並沒有因爲風消失而使虛空跟著消失。風大講的是大種性自性中的風大種子，由風大種子出生了空氣，風則是由空氣的移動而產生，當然不可以說風就是虛空，往往有一些愚人把風當作虛空。

有情身中的風大也應該要界定清楚，風大固然可以幫人動轉，但是動轉本身不一定是風大；如同虛空與空氣的關係，空氣存在於虛空中，而空氣可以被人吹來吹去，但不可以說虛空也可以吹來吹去。所以身中的風大有時固然是講動轉之性，但有時不一定是講動轉之性；如果風大就是動轉之性，那麼我拿了眼鏡盒動一動，是不是說這個眼鏡盒也有風大動轉之性呢？又如馬達也會動轉，那麼馬達的動轉是否也能說是風大呢？當然不可以。可是卻因爲身中有風大，所以有情才能動轉；然而動轉本身卻又不是風大，因爲風大只是動轉之性所依的眾法之一，所以動轉不一定等於風大。也因爲風是由物質的風大流動形成的，不是虛空，所以也不能說虛空即是風。至於虛空、空大，下一經文中自然會說，現在且先不說它。佛說：「風如果是由虛空出生的，風顯然就是虛空；當風消滅或停止不吹的時候——風消失了，應該虛空也就跟著消失了。」可是虛空常住，永遠不滅，怎麼可以說虛空有滅呢？而現象界中所看見的是，虛空無滅，風卻已經滅了！所以，若主張風是從虛空出生的，這個道理也不能成立。接下來佛又說：

「滅風可見，滅空何狀？若有生滅，不名虛空；名爲虛空，云何風出？」又是三個問題：「當你阿難衣角引出的微風滅了的時候，這風滅了的現象是可以看得見的；而風停了、滅了以後，虛空也應該跟著滅掉了，然而虛空滅了是怎麼個狀態呢？」要如何才能看得見虛空滅了的模樣呢？假使硬要狡辯說虛空會隨著風的停止而消滅，又會有新的問題出現，「虛空若是眞的會有生滅，那麼虛空就不可以稱爲虛空了！如果你還要把風滅時說爲虛空滅，而風就是虛空，問題是當虛空隨著風滅掉了以後，風又要如何再從虛空中出生呢？」這是一定的道理，如果風滅了所以虛空就滅了，那麼虛空就成爲有生滅的啊！有生滅的法就不能說是虛空，而虛空也就成爲非常了！可是虛空明明無滅，誰都無法說明虛空如何滅，也都無法說明虛空滅後是什麼狀況。如果風就是虛空，當風滅了以後，而說仍然還是有虛空存在，那就應該還有風在吹才是；可是虛空滅了以後，虛空不存在了，風又該如何從虛空再度生出來呢？所以說，虛空不等於風，不該說虛空就是風；若主張虛空即是風，這道理是講不通的啊！接下來 佛又開示說：

「若風自生彼拂之面，從彼面生，當應拂汝，自汝整衣、云何倒拂？汝審諦觀：整衣在汝，面屬彼人，虛空寂然不參流動，風自誰方鼓動來此？」

「如果你阿難改說風是自己從那位被袈裟角拂到的人臉上出生的，那麼拂臉的風既然能從那個人的臉上出生，那個風就應該會反過來拂你阿難的衣服才對啊！那麼當你阿難整理僧衣時，爲什麼卻是倒過來拂那個人的臉？而不是從他臉上來拂你阿難底衣服呢？」明明是阿難整理僧衣而使風拂過旁人的臉上，當然不是從旁人臉上生出風來倒拂阿難的僧伽梨角；所以若是主張風從被拂者的臉上出生，是講不通的。所以 佛又教導阿難尊者：「你阿難應該詳細而正確地觀察：整理僧衣是在你阿難這一邊的事，臉是在旁人那邊，是分成兩邊的；但虛空仍是寂靜底模樣而不參預風的流動，那麼風又是從僧衣角、旁人底臉、以及虛空等三法中的哪一個裡面生出來？而能鼓動風勢來到被拂者的臉上？」風是從哪裡鼓動起來而到達這裡的？眞的是問題重重，所以佛又開示：「風空性隔，非和非合，不應風性無從自有。」所以風大這個物質，非是生滅法，非不生滅法；非是因緣法，非不因緣法。佛開示說：「風和虛空兩個法的體性是不同而分隔的，並不是風融和在虛空中，也不是虛空與風黏貼起來成爲一體，」如果風是融和在虛空中，是兩者互相混合猶如水跟奶粉融和一樣，那就應該風與虛空是同一個了；那麼風停止而消失時，虛空也應該跟著一併消失才對，所以風與虛空不可能混合成爲同一個，因此佛說「風、空，性隔」，所以「非和」。這是說，風與虛空不會融和成爲同一個法，永遠是各自獨立的——性隔。

「非合」是說風與虛空也不是黏貼起來成爲合併的一體。如果風與虛空的關係是合併體，那麼當風要拂到那一邊去，就必須把那一邊的虛空同時移換到這邊來，讓風可以過去。然而虛空根本就不可能移動啊！因爲虛空不是實有法嘛！怎能說風可以和虛空合併成一體呢？當風與虛空的體性是互相隔開而不能融和或合併的，顯然風不是從虛空中出生的，風也不是虛空。然而，風確實是常常存在著，當阿難要禮佛之前整理僧衣時，衣角拂過旁人臉上時，確實是有風拂過旁人的臉。然而風究竟是從哪裡來的？既不是從僧衣中出生的，也不是從旁人底臉上出生的，更不是由虛空出生的，可是「風不應該沒有一個從來之處。」因爲任何一法的出生與存在，都有其來處，不可能無因自生、無因自存，當然得要探究風從哪裡來？

「汝宛不知如來藏中性風眞空、性空眞風，清淨本然周遍法界，隨眾生心應所知量；阿難！如汝一人微動服衣、有微風出，遍法界拂，滿國土生；周遍世間，寧有方所？循業發現。世間無知，惑爲因緣及自然性，皆是識心分別計度，但有言說，都無實義。」佛說：「你阿難宛然不知，」說阿難像這樣子清楚分明地顯示他眞的不懂風的來處，「如來藏中妙眞如性之大種性自性中的風大功能是眞實空性，這種空性的自性雖然空無形色，卻眞的是眞實風大；這種眞實風大是清淨而且本來就存在著，是周遍於眾生底諸法功能差別之中，隨著眾生心的感應而在眾生心所應了知的智慧境界中，自然地發生、應現出來。」

不應該風性無緣無故、完全沒有一個根源就自己產生了，否則就落入無因而生諸法的謬論中了。如果風大可以無因自生，那就應該諸法也都可以無因自生，可就天下大亂了！然而我們所見世界中，從來不曾無因自生諸法，所以世界才能井然有序地運轉及存在。若是諸法都可以無因自生，那麼明天一早醒來時，就可以無因自生十個太陽，無因而把世界燒壞。也可以明天一早醒來時，家人忽然全都無因消失，卻又忽然無因出現了許多從來不認識的家人，因爲都可以無因自生啊！所以，無因自生的說法是沒道理的，只有愚人才會接受諸法無因自生的說法。

這也就是說，風大本來就是從如來藏中出生的，若沒有眾生如來藏妙眞如性中的大種性自性的風大功能，宇宙中不可能會無因而生空氣來讓眾生使用。阿難當時也是和一般人一樣不懂，所以佛開示說：「你阿難到現在還不知道如來藏妙眞如性中有這種性風眞空、性空眞風，是清淨而且本然存在於眾生的諸法功能差別中，是隨著眾生心應當所能了知的智慧現量，而循著眾生的智慧與業力來發生及現前的。」因爲是由眾生如來藏心的妙眞如性中出生的，所以當眾生需要多少風——空氣，而眾生的福報是該有那麼多的風時，宇宙中自然就有如來藏所變生的風（空氣）存在，足夠眾生使用。

由於這個緣故，所以風是不會減損而逐漸稀薄的。如果風會磨損、減損，那麼經過這麼多億年來，眾生一直在使用風，豈不是一直在磨損而減少許多空氣了嗎？可是一直到現在，風（空氣）仍然沒有減少，沒有越來越稀薄。且不說這個地球幾十億年這樣被人們用過來，就說十方虛空無量無數底世界中有無量無數有情，同樣是從無始劫以來就不斷地在使用著，爲什麼卻還是沒有減少風？這意思就是說，這是性風眞空，是眞實空性如來藏中的眞實風大所出生的，是以如來藏中的性空眞風爲根本，不是一般人所知的會磨損的物質性的空氣呀！空氣是可以被出生的，但空氣的出生，是由眾生如來藏的大種性自性中的風大自性所出生的，是要攝歸如來藏的妙眞如性之中。

換句話說，一定要有眾生如來藏妙眞如性中的大種性自性，才會有物質的世間；有了物質世間而聚集了如來藏風大在宇宙中變生出來的空氣，才能夠在人間有空氣被眾生所使用。然而卻是「隨眾生心應所知量」而可以被某些眾生轉換的。譬如只要有一些植物，加上一些水分，再加上熱度——譬如太陽光的照射，然後就會有氣體出現。這也是可以試驗的，譬如有人弄來一個魚缸，不必一定養著魚；在裡面鋪一些沙、石頭，放滿水，再把水草種下去；不必一定用太陽光，只要用燈光或者日光燈照射一段時日以後，你來坐在水缸前面觀察，可能每過半分鐘、幾分鐘，就會有小氣泡從水底升上來。這表示已經有空氣產生了！這空氣是誰製造出來的呢？人嗎？人並沒有在裡面灌入空氣啊！那麼氣泡是從哪裡來的？從水而生嗎？從日光燈而生嗎？從水草而生嗎？從人工而生嗎？或者是從水中的那些石頭生出來的嗎？都不是，這叫作性空眞風，也稱爲性風眞空；人只是去創造出妙眞如性的風大自性運作所需的環境罷了，然後眾生如來藏妙眞如性中的大種性自性的風大自性，就開始自己運作而出生空氣了。

當眾生如來藏中的業種感應到這樣的環境了，而眾生的業果是應該領受這樣的福報，如來藏妙眞如性中的大種性自性就會這樣運作而產生了空氣。有了空氣就會有風，沒有空氣時就不會有風了！所以風從哪裡跑出來的？當然是從空氣的移動而產生的；但是空氣又如何能產生出來？當然還是由共業眾生如來藏的大種性自性來運作而出生的，那就是風大。所以風的來源就是空氣，空氣的來源就是如來藏妙眞如性。但是人間風的產生，其實都是循業發現；如果眾生的生活境界是不需要空氣的，就不會有風；如果眾生需要空氣也需要風，那就隨著眾生心的智慧應該而且是所能知道的現量境界，而可以加以改變的。

所以佛說：「阿難啊！就好像你一個人稍微搖動所穿底僧衣，就會有微風生出來；如果遍滿各類法界的眾生也都像你這樣拂動衣服時，就會遍滿所有國土中都有風出生。而這樣的風是周遍世間法界的，你能說風是只有哪一個地方才有的嗎？」所以到處都會有風，只要「眾生心」的「應所知量」懂得如何弄出風來，那個地方就會有風；所以風是沒有固定方所的，全都是「循業發現」，也就是循著眾生心應所知量的智慧業與果報業，來發生及現行各類不同的風。這眞的是「循業發現」，如果眾生的業報是不應該有大風，就不會有大風來摧殘眾生。

人間風是很強的，因爲人間的空氣密度高；如果到了初禪天，風的密度是很稀薄的，已經是似有若無了！若是再上升到四禪天時，根本就沒有風了！因爲那裡沒有空氣，所以連壞劫的大風都吹不到。但是那裡就沒有風大嗎？還是有，只是沒有空氣罷了！四禪天人的天身中還是有極微細的風大存在，那就是妙眞如性中的大種性自性的風大種子，卻已不是空氣了。如果沒有極微細的風大種子繼續存在，就沒有辦法有時進入等持位中，來三禪天中領受身心俱樂的三禪境界。上地可以領受下地境，所以這也是四禪天人的業，這也是循業發現。四禪天人的風業只剩這些，所以三禪天以下的劫風不論如何大，都吹不著四禪天人底宮殿。若是到了色究竟天，也就是色界頂，就只剩下影像，更不會有三禪天中物質性的空氣和四禪天中的風大運作了。

再過去是無色界，連心所變的微細色塵影像都沒有了，何況能有色陰的風大在運作？這也是循業發現。但是他們如來藏心中妙眞如性中的大種性自性並沒有壞滅，仍然是有風大存在著，只是不現行、不運作了。

如來藏累積、蘊藏下來的是什麼業種，如來藏就依據那個業種來出生應該領受的依報境界相，正報也就跟著那樣出現，所以風大也是循業發現而周遍世間的。也許有人這樣說：「不對！到了無色界時，哪裡還有風大？」無色界還是有啊！如來藏中有性風眞空、性空眞風啊！怎麼會沒有呢？如果生到無色界以後就會沒有，那你將來重新生到人間時，就不應該還能有風大運作，就不該會與風相觸，不該還能領受風吹的苦樂受，因爲你如來藏中的性空眞風—風大種子—在生到無色界以後已經滅失了；後來重新回到人間時，如來藏中既然沒有性空眞風底風大功能，如何還能領受風的流轉境界呢？所以還是有風大存在著，只是在無色界中沒有色身也不需要呼吸，所以暫時不流注出來而沒有風吹罷了。這都是由於業緣變換而使如來藏中底性空眞風是否能夠流注出來罷了，因此叫作循業發現。

佛說：「然而世間無知底人全都迷惑於這個實相正理，就妄說是因緣所生，或者妄說是自然性，其實本來都是如來藏妙眞如性中的大種性自性在運

作，藉著各種因緣才能自然地產生了風；所以那些愚癡無知人所說的單純是因緣生，或者說單純是自然性，都只是意識心在表象上所作的分別，只是錯誤的揣摩、臆測而講出來的各種的言說，都沒有眞實義——所說都無法觸及眞實底道理。」因爲風大也是依如來藏妙眞如性中的大種性自性，配合因緣而自然地出現了人間的風，所以風不是無從自有、無因而生的。四大中的風大講完了，接下來要講空大：

【「阿難！空性無形，因色顯發；如室羅城去河遙處，諸刹利種及婆羅門、毘舍、首陀兼頗羅墮、旃陀羅等，新立安居，鑿井求水：出土一尺，於中則有一尺虛空；如是乃至出土一丈，中間還得一丈虛空；空虛淺深，隨出多少。此空爲當因土所出？因鑿所有？無因自生？阿難！若復此空無因自生，未鑿土前何不無礙？唯見大地、迥無通達？若因土出，則土出時應見空入；若土先出，無空入者，云何虛空因土而出？若無出入，則應空土元無異因；無異則同，則土出時空何不出？若因鑿出，則鑿出空，應非出土；不因鑿出，鑿自出土，云何見空？汝更審諦，諦審諦觀！鑿從人手，隨方運轉，土因地移，如是虛空因何所出？鑿空虛實，不相爲用，非和非合，不應虛空無從自出；

若此虛空，性圓周遍，本不動搖，當知現前地水火風，均名五大，性眞圓融皆如來藏，本無生滅。阿難！汝心昏迷，不悟四大元如來藏，當觀虛空爲出爲入？爲非出入？汝全不知如來藏中性覺眞空，性空眞覺，清淨本然周遍法界，隨衆生心應所知量；阿難！如一井空，空生一井，十方虛空亦復如是圓滿十方，寧有方所？循業發現。世間無知，惑爲因緣及自然性，皆是識心分別計度，但有言說，都無實義。」

講記：四大講完了，接著是講空大。地水火風空識，這六法是構成有情的基本元素。這裡講的是第五法空大，是指虛空的自性無色無形，不是指如來藏空性的無色無形，所以不是講般若諸經所說的空性。空，對有情是極重要的法；若沒有空，不但是有情不能生活，連生存都不可能，因爲尙且無法進食、消化、排泄，何況能生存？而空的體性沒有形狀，不是物質，這個空講的就是虛空。虛空的體性非物質、沒有形狀，但虛空的存在，是因爲色法（物質）而顯現出來、施設出來的法性，所以在聲聞法的《俱舍論》中說虛空叫作**色邊色**。是從色法（物質）的邊際，是依物質旁邊無物之處來施設爲虛空，所以是依物質而有的法性，名爲色邊色——依附於物質一邊的色法。對體認這個空的智慧，只存在於高級有情底覺知心中。

譬如一個眼鏡盒，如果裡面是塡滿了物質，就把眼鏡盒所在的邊際，也就是眼鏡盒外面無物體的地方稱爲虛空，所以眼鏡盒外的虛空顯然是依色法眼鏡盒而建立的；這樣的空，既是依附於色法而有的法，當然是附屬於色法，所以虛空在聲聞法《俱舍論》中就說是色邊色，是依附於色的邊際而施設的法，因此是歸屬於色的法相。可是，有很多人認爲觀念中底虛空是空無，現在才發現原來虛空還是色法中的法相，是依無物之處而人爲立名爲虛空，或名爲空；所以 佛說：「**空的自性是無物體也無形狀的，是因爲色法物體而顯發出邊緣以外無物之處名爲虛空。**」如果不是因爲物體色法的存在，怎麼能說物體邊緣以外叫作虛空？這與無物體存在的無止盡虛空，是有所差別的，因爲這是高等智慧的有情依物體邊際而施設出來的法相，不是無情無物底虛空。物體是有隔礙底法，會擋住某處使人不能通過，那個處所也沒有辦法再讓別的物體在同一處存在，不能讓另一個物體在同一個處所容身，就表示那個處所沒有虛空。正是因爲物體阻隔，才把沒有物體阻隔的地方——一切物體的邊緣之外叫作虛空，顯然虛空是依物體而有的，所以說虛空「**因色顯發**」，當然要叫作色邊色。

佛陀接著開示說：「**就譬如室羅筏城距離河流遠遠的地方，**」若是很靠近河流的地方，稍微挖一下就有水流出來了，但是距離河流若是很遠了，往下挖井時，就不會才剛開始挖土就有滿滿的水。在距離河流遠遠的地方，「每當有刹利種、婆羅門、毘舍、首陀、頗羅墮或者旃陀羅等人，由於新建了房子來安居，因爲離河很遙遠，不便每天來回河邊取水，於是他們就雇人來鑿井求水；當他們在鑿井時，往地下挖土一尺深的時候，這一尺深的泥土被挖走而無土時，那裡面就有一尺深的虛空。就像這樣繼續再挖下去，乃至從土地中把泥土挖掉一丈深了，土中就可以得到一丈深的虛空；這個泥土中的虛空究竟會有多麼淺或是多麼深，全都是隨著出土的數量多少，來決定土中的虛空是淺或深。」

這段經文中佛又提出三個問題：第一、把土挖出來，井中就有虛空；這水井裡面底虛空是因爲土而出生的呢？或者是因爲人工的挖鑿而出現了虛空呢？或者水井裡的虛空是無因自生的呢？還是三個問題，但這三個選擇題都不該選，你只能放棄；絕對不能選擇其一，選了就墮於負處。至於應該另外加註的第四是什麼呢？當然還是如來藏妙眞如性所生，所以佛陀接著就以問代答：「阿難！若復此空無因自生，未鑿土前何不無礙？唯見大地、迥無通達？」

世尊先從第三個問題開始提問：「井中底虛空是不是無因自生的？」佛說：「如果這水井中的虛空是無因無緣而自己出生來的，」既是無因自生的，那就應該不必動手挖井了，當屋主房子蓋好之前，可能就會有一個井自動出現在那邊，因爲可以無因自有嘛！可是，「在屋主還沒有挖土開井以前，井中的虛空爲什麼不會出現？爲什麼只能遍見整個大地之中都沒有這種新挖出來底虛空，而使整個廣大土地內部全都沒有一處可以通達無礙呢？」大地之泥土中都是有隔礙的，無法使人在土地中通達無礙，土地中是有阻隔而無法通達無礙地行進的。從另一方面來說，假使井中虛空可以無因自生，當然也是可以無因自滅的；那麼今天新開底水井，可能明天就會無因自滅而不復存在；也可能不想有井的地方，譬如在房間裡，明天突然無因出生了一口水井。所以，無因而有井中虛空，無因而滅井中虛空，都是有很大矛盾的。

佛陀接著答覆第一個問題說：「若因土出，則土出時應見空入；若土先出，無空入者，云何虛空因土而出？」「如果是因爲土挖掉了，因此而出生了井中的虛空，那麼當土被挖出去的時候，應該看見有虛空進入原來有土的地方才對。」也許有人會這麼說：「對啊！應該有的。譬如有一個容器是完全密合的，當我要把同樣形狀、同樣體積的物品從這邊擠進去時，必須要在另一邊先打一個洞，讓裡面底空氣可以出去，我這邊的物品才能塞進那個容器裡面去啊！」那可就誤會了！因爲他講的容器裡面有隔礙的物質是空氣，不是虛空。在另一邊打了洞，所以能把跟容器同等體積、同樣方圓的物品從這一邊塞進去，是因爲把裡面的空氣從另一邊放出去，是從這一邊放進物品同時把容器裡面的空氣擠出去，而不是把裡面的虛空推出去。因爲虛空並不是物質，怎麼會有物質功能來佔據容器內的空間呢？所以能擋住物體進入容器的是空氣，是風大集成的空氣作用而不是虛空。所以挖土時並沒有虛空進去土中，但是有空氣進去了。當屋主挖土時並沒有看見虛空進去被挖掉泥土的位置，因此，如果是因爲土挖掉而出生了虛空，那麼當土挖掉時就應該同時看見有虛空進去被挖掉土的處所。「如果說是泥土先出來，然後才有虛空進入被挖掉土的處所，可是卻明明沒有人看見有虛空進去原來泥土的處所中，那又怎麼可以說虛空是因爲土被挖走而出生的呢？」

「若無出入，則應空土元無異因；無異則同，則土出時空何不出？」所以井中的虛空並不是單單有土就能出生的，而是井中的泥土被挖掉以後才有的；可是，「當土被挖掉以後，原來泥土所在之處就出現了虛空，這時如果說虛空是沒有出入的，那就應該虛空與泥土原來（本來）就是沒有不同的因，」

也就是說，依這種說法時，泥土與虛空應當是同一因才對，那就是說泥土與虛空是同一法而不是二種法了！「既然泥土與虛空並無不同——泥土就是虛空，」那麼當泥土被挖出來時，應該會有虛空跟著泥土同時被挖離井中才是；可是明明泥土被挖出來時，虛空並沒有被同時挖出來啊！所以佛接著質問說：「當泥土被挖出來的時候，虛空爲什麼沒有跟著泥土被挖出來呢？」所以也不該說虛空沒有出入，不該說泥土與虛空是同一個物品。接著 佛陀又開示第二個問題：

「若因鑿出，則鑿出空，應非出土；不因鑿出，鑿自出土，云何見空？」

「如果說井中虛空是因爲人工挖鑿泥土而出生的，就應該說井中虛空是由於人工的挖鑿而出生，那井中虛空就應該不是出生於泥土之內才對；假使因此而改說井中虛空不是因爲人工挖鑿的緣故而出生的，那麼人工的挖鑿自然是只能移出井中的泥土而不能同時出生虛空，那麼當你挖鑿出泥土的時候，又怎麼能夠看見井中底虛空呢？」當井中底泥土被挖出一尺深的時候，井中就有一尺深底虛空，所以井中虛空不是從被挖掉的泥土中出生的，因爲井中的虛空沒有隨著泥土被挖走。可是若說井中的虛空與人工挖土的事情無關時，當然人工挖鑿的結果只會把泥土挖掉一尺深，而不會有井中一尺深的虛空出現才是。因此說，井中虛空與被挖掉的泥土，並非有關，也非無關。因爲井中虛空固然不是由被挖掉的泥土所出生的，也不是由人工挖鑿所出生的；但是若沒有泥土被挖掉，若沒有人工的挖鑿，就都不可能會有井中的虛空出現。所以井中虛空不該說是泥土所生，也不該說是人工所生，其實該說是如來藏妙眞如性的體性。

「汝更審諦，諦審諦觀！鑿從人手，隨方運轉，土因地移，如是虛空因何所出？」「你阿難可以更加詳細地觀察，以檢查的方法深入而正確地加以觀察：挖鑿泥土這件事情是隨從於工人的手，隨意地在各種方向運轉，」手可以隨意從四面八方來運作，「而井中的泥土則是因爲有大地才能移動處所，」如果沒有大地，挖水井時要從哪裡挖出泥土？而井中的泥土挖出來以後要往哪裡移放？所以才說「土因地移」。「像這樣的狀況，請問你阿難，虛空是因爲什麼而出生的呢？」

「鑿空虛實，不相爲用，非和非合，不應虛空無從自出；」「挖鑿的人工、虛空、實有的泥土，這三者不能互相抵用，是不能混和爲同一法，也不能合併成一體，」泥土是實有物體的法，而虛空是虛無的無法，所以虛空與泥土不能取來互相抵用，因爲性質不同而不能和合。泥土與人工，或者虛空與人工，情況也是一樣，都不能互相取代，也不能互相和合為同一法；因為挖鑿時的人工是有情之法，不可能與虛空及泥土互相混用。確實是如此，虛空不能拿來當泥土用，泥土不能拿來當虛空使用；虛空不能拿來當人工使用，人工也不能拿來當虛空使用；泥土不能拿來當人工使用，人工也不能拿來當泥土使用，所以說「鑿空虛實，不相為用，非和非合」。可是，這樣一來，虛空又應該如何才能出生呢？總不該說井中虛空是無因自然出生的吧？所以佛問阿難說「不應虛空無從自出」。

講到這裡，還沒有證悟底人，可就越聽越發地迷糊了！膽子很大底人，就敢認為《楞嚴經》的道理根本是亂講一通，一定是中國人創造的偽經。甚至於有人也許這樣子想：「蕭老師！你這些話有問題了！因為邏輯上講不通啊！哪裡有這樣的講法？」可是等到後來破參了，才會知道：原來根本就沒問題，而是自己誤會了。除了佛及證悟底菩薩以外，一切眾生所知的六識心，以及眾生所不知的意根這個心，都沒有辦法攝取四大，也就無法在身中留出空隙，就不能使身體正常了。所以欲界有情身中最重要底心，就是能攝取四大的心。請問：意根能攝取四大嗎？不行！因為意根是心，無形無色，不能碰觸物質。意根想要拿一個物品時，都得要藉助於身體；若沒有身體時，意根什麼都拿不了。可是，如果有人要堅持說意根是物質，不論說是頭腦或是腦神經，那敢情好！當他死了以後意根當然是要跟著壞滅的，那他死了就滅除意根了，那當然正是滅盡五陰而成爲入涅槃了。可是，有那麼簡單嗎？如果眞是如此，那麼古來所有凡夫也都早就可以入涅槃了！因爲所有凡夫們死了以後頭腦或腦神經，全都一樣壞爛滅掉的；根據《阿含經》及大乘經中底說法，凡是已經滅掉意根的人都是已經入無餘涅槃的聖者；然而事實上根本就沒這回事！因此不可說意根是頭腦或腦神經。

也許有人說：「意根是物質，是腦神經，死後可以滅掉；但是我的覺知心可以入涅槃啊！而我的覺知心是可以受持各種物質的。」那可就完全違背佛陀的聖教了！因爲 世尊在阿含中說，阿羅漢入涅槃時是滅掉識陰六識全部的，所以覺知心是完全滅掉而且永遠都不會再有覺知心出現的了。再從理上來說，覺知心也是無法碰觸物質的心；心是無形無色的，怎能碰觸物質呢？不信的話，就用覺知心試著拿物品看看；如果不藉著色身，你覺知心還拿得了嗎？全都拿不了的。又請問他：「當你前世剛入母胎時，中陰身就滅了，那時還沒有頭腦及腦神經，所以還沒有覺知心；」覺知心要到四個多月時才能夠出生，也只有初分的功能，都還要再學習，也不懂如何拿物品；「那時剛入胎，覺知心都還沒有出現，在那時能執持什麼呢？連執持四大都不行，」因爲覺知心自己都還不存在；「沒有心住持在受精卵中或者胎身之中，胎兒之身又如何能夠存活？只要一天、二天之中沒有心住持於受精卵中，就隨即爛掉了，而那時覺知心是仍然不存在的，所以媽媽早就把你流產掉了，你還能生長嗎？」當然是不可能生長的，所以對方也是無法回答的。

只有如來藏才能夠執持四大，才能夠成就色身及各種色法，並且都知道把色身某些處所留下虛空通道，以便流通食物、糞便、血液、空氣、淋巴液……等液體、固體或空氣。這只有如來藏才做得到，不論是誰的覺知心都做不到，連號稱全知全能的耶和華、阿拉都做不到。所以說，只有如來藏有妙眞如性，祂的妙眞如性中有大種性自性，具足四大種、空種、七識種，才能夠做得到。如來藏能夠既虛又實、既實又虛，七轉識（意根與識陰六識）全都沒有辦法，都是虛與實不相爲用啊！同理，人工開鑿的動作與虛空，二者也是不相爲用的；並且是不相和合的，怎有可能出生了井中的虛空呢？然而，泥土被人工挖出時，井中的虛空畢竟還是出生了，這個井中底虛空，總不能無因無緣就自己出現了吧？然而，井中虛空究竟是怎麼出現的呢？佛接著又說：

「若此虛空，性圓周遍，本不動搖，當知現前地水火風，均名五大，性

眞圓融皆如來藏，本無生滅。」爲什麼十方虛空會無窮無盡？因爲眾生法界無量無邊嘛！眾生法界既然無量無邊，如來藏妙眞如性所顯空境當然也就無量無邊，所以虛空無窮無盡。而科學家、天文學家們，還一天到晚在枝末上面探討；他們說哈伯望遠鏡還不夠瞧！以前說太厲害了，現在卻說哈伯望遠鏡能夠探討到的，只是一個小小的局部而已。據說現在又發明一種新的望遠鏡，比哈伯所看到的更遠。但他們所能探索的畢竟非常有限，就目前他們所探索的天文景觀來看，哈伯太空望遠鏡攝錄下來的景觀，剛好可以印證《華嚴經》中的說法；只不過，《華嚴》說的世界比較大（平實導師以手劃了一個大圓圈），而他們現在探索到的大概只有這樣大（平實導師以小指甲的末端來表示），只探索到這麼一點點，所以他們不可能瞭解如來藏妙眞如性底道理。

但我們從種智就可以瞭解華嚴世界，不必藉太空望遠鏡就可以瞭解了！虛空體性是圓滿普遍的，是遍於一切眾生界的；只要有眾生法界就會有虛空。當然，這個虛空是指世界的邊緣而言，仍然是依物體邊際來講虛空；離開物質世界而遙遠的虛空——宇宙中全體物質世界以外的無止盡虛空，並不包含在這段經文所說底虛空中；因爲華嚴世界海以外無止盡的無世界存在的虛空，並不是佛法中所說底虛空，因爲那對一切有情都無意義。佛法中所說底虛空，是這世界與其他世界中間無物阻隔的空無之處，或是此物與彼物中間無物阻隔之處；不是指世界海以外無窮無盡底虛空，因為那些虛空都與有情的生死流轉無關，更與有情們追求解脫或成佛的一切理證及事修無關。

而虛空是依物質邊際無物之處而說的，是遍於一切有情所知的物質周邊的；「這樣的虛空，體性是圓滿周遍，而且是本來就不動搖的，因此大家應該要知道，現前的地水火風加上現在所說底虛空，就叫作五大；而這五大各自的功能性全都是眞實常存而圓滿融洽，不會互相排斥，其實正是如來藏中擁有的功德，本來就不曾有生滅。」如果地大不是如來藏妙眞如性中的大種性自性中的一種，而是純物質，那麼地球多少人砍了多少樹用掉；又用木柴燃掉多少火大，也有很多人呼吸而用掉許多空氣，也不斷地喝掉許多水，那麼四大是應該越來越少才對啊！那就變成越來越少而有窮盡的時候了！可是宇宙中的四大為什麼卻是不曾增減而一直還是這麼多呢？都因為四大其實是眾生如來藏中有性空眞色、性空眞水、性空眞火、性空眞風的緣故。既有如來藏中的四大種子及空大，能出生山河大地及名色，當然就會有各種虛空的存在，於是就證明確實有五大了。眾生如來藏蘊含了這一些功能差別，這些種子運作而聚合起來以後，便成就山河世間及名色，讓眾生來領受正報及依報，所以說「性眞圓融皆如來藏」。因此而說虛空不是無從自出，不是因空而出，不是因人工開鑿而出，當然也不是因土而出，正是如來藏的體性。而如來藏本不生滅，所以如來藏所持的五大也是本來就沒有生滅可言了。

「阿難！汝心昏迷，不悟四大元如來藏，當觀虛空爲出爲入？爲非出入？汝全不知如來藏中性覺眞空，性空眞覺，清淨本然周遍法界，隨眾生心應所知量；阿難！如一井空，空生一井，十方虛空亦復如是圓滿十方，寧有方所？循業發現。世間無知，惑爲因緣及自然性，皆是識心分別計度，但有言說，都無實義。」佛開示了上面的法義，隨即做了一個結論：「你阿難心中還是昏迷不覺，還沒有悟得地水火風四大本來就是如來藏的功能；所以你應該要觀察，挖井時的井中虛空是有出生或是有進入？或者是既出生也有進入？或者非出也非入？在鑿井時，井中的虛空是隨著泥土離開井中了呢？或者是因爲泥土離開而使虛空進來井中的呢？或者虛空根本就沒有出去與進來呢？你阿難完全不知如來藏種種功德中的性覺眞空，性空眞覺，」也就是說，如來藏妙眞如性能夠運作大種性自性，這種六塵外的知覺性才是眞覺，而這種眞覺正是眞實底空性；也唯有如來藏妙眞如性這種空性才會是眞覺，與六識覺知心只能在六塵中運作底妄覺完全不同，所以佛陀稱之爲「性覺眞空，性空眞覺」。

「而如來藏中的這種性覺眞空、性空眞覺，是清淨性而本然存在的，也是周遍於一切有情法界之中的，」只要有一有情存在，就會有這種性覺眞空、性空眞覺存在，「而這種虛空是永遠隨著眾生心所應當了知的智慧現量——阿難啊！就好比有一個井被人從大地中挖空出來時，這個被大地所含攝的虛空就出生在一個井中；而十方虛空也正是像這樣外於山河大地而存在著，同樣都是圓滿十方法界，」一方眾生法界中有這種性覺眞空、性空眞覺，十方眾生法界中也同樣有這種性空眞覺、性覺眞空，就這樣圓滿於十方有情法界之中，「難道還會被某一個方向及處所限制嗎？而這種性空眞覺、性覺眞空，也都同樣是循著眾生心應當所知道的智慧業來發生及現前的。」當然完全沒有一個處所可以限制這種虛空的存在，也全都是循業發現。

譬如細菌或昆蟲一類低等動物，乃至較高等的猿猴貓狗等動物，牠們能理解四大或空大嗎？都不能理解。這是因爲牠們的智慧業太低，導致牠們的智慧業無法發起及現行這一類認知虛空的智慧。所以，人們可以知道有這種虛空而不知道是如來藏的性空眞覺、性覺眞空，可是悟了以後有善知識教導，就能現觀這種虛空都是如來藏妙眞如性。而凡夫也可以知道有這種虛空，只是不能知道這種虛空全都是如來藏妙眞如性；若是低等動物則是只知道受用這種虛空，卻從來都沒有認知這種虛空的智慧，所以牠們心中是沒有虛空觀念的，牠們就無法了知這種虛空了。所以，需要有什麼樣的虛空，能造成什麼樣的虛空而供眾生所用，都是由眾生各自循業發現的。

當這裡的眾生挖起一個大湖的泥土，這裡就有一個大湖的虛空出現而可以容納整個大湖的水；那邊眾生挖起十個井的泥土，那邊就有十個井的虛空；這一類的虛空就在眾生心的工作下出現了，這都叫作循業發現。只是世間人沒有智慧而不能了知全都是如來藏妙眞如性，卻都可以知道挖土以後會有虛空出現在被挖掉泥土的土地中；若是不知這個道理的旁生有情，就無法造出這種虛空。較高等的動物卻是可以造出這種虛空的，譬如大象無水可喝時，會去某處沙土中挖成深坑而出現了沙土中的虛空，不久就有水可喝了，這個虛空當然也是循業發現。

然而有一種特殊的循業發現，卻是只有證悟後才會知道的；譬如入胎後的如來藏能夠使身體中的某些處所預留虛空，以供流質通流全身等，這也是循業發現。是由於往世造了應該成爲人的業，所以如來藏妙眞如性，就循業造成人身而預留了某些虛空在身中，使人類因此可以存活受報及重新造業，同樣是循業發現。這種如來藏妙眞如性循業發現的道理，世間少人能知，所以「世間無知底人，心中迷惑不知而妄計爲因緣生，或者妄計爲人身的自然性以及挖土必生虛空的自然性，」都不知道這其實都是如來藏妙眞如性藉著各種因緣而自然地出生了虛空；不懂這是如來藏妙眞如性循業發現底道理，「所以他們都只是用意識心在事相表面做出各種分別、誤計、揣度，全都只有言說而沒有眞實義理可言。」

換句話說，講得再玄再妙，都只能叫作玄學，不是義學。而佛法說底全都是義學，都是眞實可以親證的啊！如果宣講時玄妙到不得了，而結果卻都沒有辦法證得，那其實只是玄學而不是義學。玄，就是烏漆麻黑，黑暗到讓人永遠弄不清楚；因爲都只是言說而無法實證的玄想戲論說法，才叫作玄。但是佛法絕對可以讓人實證而弄清楚的，而且是隨著修證的層次深淺高低差別而各有不同，並不是一悟了就全部具足知道，所以必須悟後起修。經由悟前的修行，確實可以一步一步地趨向實證，證悟之時也就可以實證了嘛！所以是義學。實證後所講出來的法就有眞實義，不是玄想猜測所得底理論空談，因此說佛法有眞實義。若是沒有證量而只是用意識思惟分別出來的說法，就是戲論，因爲言不及義——所說底法義都講不到第一義。既然講不到眞實義，所以叫作言不及義。因此佛說：「那些猜測玄想而指稱虛空的出現是因緣生或自然性的人，所說的內容都沒有辦法觸及第一義，他們所說都無眞實義，就只是言說。」

【「阿難！見覺無知，因色空有；如汝今者在祇陀林，朝明夕昏；設居中宵，白月則光，黑月便暗，則明暗等，因見分析；此見爲復與明暗相、并太虛空爲同一體？爲非一體？或同非同？或異非異？阿難！此見若復與明與暗及與虛空元一體者，則明與暗二體相亡——暗時無明，明時非暗；若與暗一，明則見亡；必一於明，暗時當滅；滅則云何見明見暗？若暗明殊，見無生滅，一云何成？若此見精與暗與明非一體者，汝離明暗及與虛空，分析見元，作何形相？離明離暗及離虛空，是見元同龜毛兔角；明暗虛空，三事俱異，從何立見？明暗相背，云何成同？離三元無，云何成異？分空分見，本無邊畔，云何非同？見暗見明，性非遷改，云何非異？汝更細審，微細審詳，審諦審觀：明從太陽，暗隨黑月，通屬虛空，壅歸大地，如是見精因何所出？見覺空頑，非和非合，不應見精無從自出；若見聞知性圓周遍，本不動搖，當知無邊不動虛空，并其動搖地水火風，均名六大，性眞圓融皆如來藏，本無生

滅。阿難！汝性沈淪，不悟汝之見聞覺知本如來藏，汝當觀此見聞覺知為生為滅？為同為異？為非生滅？為非同異？汝曾不知如來藏中性見覺明，覺精明見，清淨本然周遍法界，隨眾生心應所知量——如一見根見周法界，聽嗅嘗觸覺觸覺知，妙德瑩然遍周法界，圓滿十虛，寧有方所？循業發現。世間無知，惑為因緣及自然性，皆是識心分別計度，但有言說，都無實義。」

講記：佛又開示第六大——覺大。這個覺，文章很大，因為菩提稱之為覺。然而覺，有層次差別不同，所以有人是世間覺，也有人是世出世間覺，而極多數人是世間的不知不覺者，更別說是世出世間覺了。世間覺是二乘聖人，世出世間覺是菩薩。而且，有的菩薩覺悟了，可是層次低；有的菩薩覺悟了，層次很高，乃至於一悟之下而成佛了，同樣是覺。以上的覺是依五陰有情來說覺悟，然而若從被覺悟底**覺體**本身來說，覺，有世間低等生物的覺，高等生物的覺，終究只是識陰六識或只有識陰中二、三個識的覺知；可是落入這一類**覺體**底人，在佛菩提道中來說，都稱之為**不覺**，因為這種**不覺**底人所悟知的**覺體**，是有生必滅的覺體，不能延續三世，只能存在一世，不脫六識範疇，全都攝在識陰之內。也有人修行而一天到晚打坐，認為佛法的正修行就是禪坐，所以禪坐時要每天保持長時間的一念不生，不許昏沈，要時時覺醒著；但這是凡夫所知的覺，其實仍然是佛法中所說**不覺**底人，因爲他們所「悟」底**覺體**只是意識覺知心的離念；所以《大乘起信論》說：前念煩惱現起的時候，用清淨底後念把前一個煩惱妄念加以制服、降伏，使得後念不生而清醒地安住，認爲這樣就叫作覺，其實這種人仍然是不覺位底凡夫人。

現在佛門中的修行，幾乎都是如此靜坐來求離念，以爲離念時就是覺悟了！你們可以看看有多少人，每天修行就是打坐求一念不生，說這樣叫作覺；他們每天都要保持覺醒性、清醒性，想要不再落入昏昧之中，想要了了常知，說這樣叫作覺悟，然而 馬鳴菩薩卻說這樣叫作不覺位的凡夫人。乃至已經證悟四聖諦及因緣觀的二乘無學聖人，仍然說他們在佛菩提道中還是不覺底人，因爲他們只是證悟二乘菩提，卻還沒有證悟大乘菩提。如今 世尊要宣講的就是**覺大**——**覺體**，這個覺大在佛法中有三種不同，也就是唯識增上慧學中所說八識心王中的三種能變識的功能。也就是說，前六識有覺知性，能變生六塵影像於覺知心中，所以對六塵了知的功能就被稱爲顯境名言；意根也有祂自己的覺了性，變生了境界相的領受與執著。如來藏雖說離見聞覺知，但其實也有祂自己的見聞覺知，只是不在六塵中生起覺知，祂的覺知性不落於三界六塵中，這也是覺；這才是這一段經文中 世尊所說底**覺**

大—佛菩提底覺體—如來藏的了知性，又名佛性。如來藏因爲有此了知性而能變生各種法相，乃至變生眾生每天都在領受的六塵相分。這是唯證乃知的，非二乘無學所知，乃至證悟明心底菩薩也還無法想像臆測，唯有十住菩薩方能眼見而仍未能窮究其功德。

對於尚未實證而正在求證如來藏的新學菩薩們，當然應該爲他們說明如來藏離見聞覺知，以免他們錯將覺知心認爲如來藏而悟錯了，實相般若智慧就無法生起，也會成爲大妄語人，因此就爲他們說如來藏離見聞覺知。可是，如來藏如果眞的完全無覺無知，那問題可就大了！人們萬一生病了，也將是永遠好不了的；受傷以後也是永遠好不了的，受傷的人將會永遠是受傷的。然而世間法沒有永遠不變的，不能像耶和華講的永遠不變：**惡人下了地獄以後就永遠在地獄中受苦，沒有出離地獄痛苦的時候；好人往生天堂以後就永遠在天堂享受，永遠不會失去天堂的快樂享受**。但三界世間法沒有永遠不變的，包括耶和華自己底五陰也一樣不能永遠存在，可是他自己並不知道。

言歸正傳，「覺」有正確與錯誤底覺，是因爲所悟底**覺體**不同所致，所以絕大多數宣稱悟底人，仍然是不覺位底凡夫，不能出離世間生死苦，反而成就大妄語業。佛門中的覺，也有層次上的不同，也是由於所悟底覺體不同，是因爲有出世間覺及世出世間覺的類別不同所致。而出世間覺即是二乘聖人，他們的覺體只是覺悟世俗法蘊處界的緣生緣滅，所以斷盡我執而出離三界生死苦，不涉及覺大——如來藏的了知性。至於世出世間覺即是菩薩，菩薩的覺體是進而證悟如來藏心體，乃至進而證悟如來藏心體的覺精—覺大—佛性，成就世界如幻、身心如幻底現觀。甚至次第漸修一切種智而成爲究竟覺——成佛。佛菩提道中的世出世間覺，所悟底覺體都相同，只有如來藏心體的驗證以及佛性的眼見，和深入證知佛性內涵而發起佛性的功德，然而覺體都同樣是如來藏的功德與神力作用。

佛法中所講的覺是世出世間覺，對於即將進入大乘眞見道位的人而言，並不重視意根和前六識，而是注重在親證如來藏。一般而言，證得如來藏以後就知道有兩種覺：第一是意識覺知心證得如來藏而覺悟了佛菩提，第二是了知如來藏原來有本覺。而這個本覺卻不是一般人所知道的有生有滅底覺知，並不是覺知心底知覺性，更不是印順法師自以爲悟底直覺，那都差太遠了！眞覺是指如來藏的本覺，是從來不曾有生而本來就存在的覺，不是識陰六識覺知心有生有滅的覺。而覺知心是有生有滅底妄覺，仍然要攝歸如來藏的本覺之中，因爲還是由如來藏底妙眞如性來出生的，妙眞如性的本覺就是這一段經文中所講的**覺大**；要先有如來藏流注出妙眞如性——覺大，才會有覺知心六識的覺知性出生及存在，我們就說這個如來藏妙眞如性即是佛性——**覺大**，就是這部經中世尊爲大家解說底**覺體**。而六識心的覺知性當然是每夜眠熟以後都會暫時斷滅的知覺性，當然是妄覺，不是世尊要幫助阿難尊者等人求證底**覺體**。

「阿難！見覺無知，因色空有；如汝今者在祇陀林，朝明夕昏；設居中宵，白月則光，黑月便暗，則明暗等，因見分析；此見爲復與明暗相、并太虛空爲同一體？爲非一體？或同非同？或異非異？」佛說：「阿難！能見之性、能覺之性，其實自己本來沒了知性，這能見與能覺都是因爲色法與虛空而有的，」識陰能夠在人間覺知諸法，都因爲有六塵及色身等色法及虛空的緣故；若是離開了色身及六塵色法等，又怎麼能覺知呢？一旦離了色身，意識覺知心尚且無法出現，又怎麼能覺知六塵等色法呢？而且，單有六塵及色身等色法而沒有虛空時，有情能見能覺六塵底覺知心，根本就不可能會有了知底功能，所以才說「見覺無知，因色空有」，確實是如此。

如來藏的本覺，是一切證悟明心底七住菩薩們都可以證實的，因爲這個本覺會與證悟菩薩們相應，時時都可以驗證。然而，這畢竟只是時時可以相應而證實如來藏本覺的存在，卻仍然無法眼見這個本覺——覺大，於是般若實智功能便無法很快速提升，解脫功德受用也無法快速提升。這個本覺遍於八識心王，又名佛性；若是想要眼見這個佛性，得要有三個條件具足了才能眼見：慧力、定力、福德。當這三個條件具足了，就能眼見佛性，而且是在山河大地上親見自己的佛性，也能在他人身上看見自己底佛性，也能從他人身上看見他人的佛性。這是唯證乃知底事，不但阿羅漢、辟支佛們不懂，連眞正明心的七、八、九住菩薩們都一樣不懂。但是這個本覺在三界中——特別是在人間的現行與運作，卻一樣是不能離開色空而單獨存在，要藉眼識與色空才能顯示這個本覺佛性在眼根與色塵上面的運作，要藉耳識與動靜才能顯示本覺佛性在耳根與聲塵上面的運作；乃至要藉意識與生滅才能顯示本覺佛性在意根與法塵上面的運作。而這個本覺佛性是從來都不分別六塵諸法的，眞的是「見覺無知」，是能見能覺而無知於六塵的。這個佛性並不是六識心的知覺性，連明心菩薩們都還看不見，何況落入六識妄覺中的凡夫們，如何能夠看得見呢？

而且眼識妄覺自性這麼粗淺的法性，仍然是要有色空二法才能看得見的。也許有人會這樣說：「沒有虛空時還是可以看見啊！譬如我把眼皮搭下來，這時並沒有看見虛空，所見並不是藉由虛空才看見的，可是我仍然能看見眼皮上的青黃赤白啊！」但我告訴你，這雖然只是六識心的自性，卻仍然是因爲虛空才看見的；如果沒有外在的虛空，眼皮上面哪來的青黃赤白可見？一定是只有一片黑暗可見。這樣只見黑暗一法的時間若是很久以後，見的功能就會漸漸跟著消失了，就不再有能見之性上面的覺知心了，所以還是要依靠虛空才能有見啊！所以說，能見與能覺這兩個體性，本身是無法有了知性的，是因爲有色法及虛空，才會有眼識見性乃至身識覺性與意識知性可以存在。所以是因色空二法而有見覺之性。

而且，這裡講的見覺功能性，主要是指佛性，函蓋了如來藏在六塵外的知覺性——佛性，而且佛性也同時遍存於六識心對六塵底知覺性中，不是單指六識心對六塵的知覺性，也不是單指如來藏自己的本覺而已。所以佛性是不離意根也不離六識見聞覺知的，但卻不是六識心的見聞覺知性，而與六識覺知心的見聞覺知性同時同處，可以被十住菩薩所眼見——從山河大地上，從有情身上，都可以看得見自己這個佛性，當然也可以從有情身上看見有情們各自底佛性。而這個見覺，才是能使有情六識覺知心的覺知性現行及運作的眞覺；但這個眞覺卻從來不分別六塵諸法，所以說「見覺無知」。當這個能夠見覺—十住菩薩所見的佛性—停止運作時，就是如來藏開始離開有情色身的時候，於是開始了死亡的過程；在悶絕位及眠熟位中，六識心斷滅而沒有覺知了，可是這時佛性見覺仍然不曾剎那間斷而持續現行及運作，所以絕對不是六識心的見聞知覺性。

這個能夠見覺諸法而不了別六塵的眞覺佛性，是從如來藏心中流注出來的，祂作用於見的功能之時，卻必須在色塵與虛空二法之中才能存在及運作——不論是在悶絕位或眠熟位中。若是入無餘涅槃而滅盡色塵時，眼識種子不能流注出來了，平常對色塵中的眼識給予支持的功能就無法出現；祂對其餘五識種子也是一樣底情形。若是眼根毀壞時，這個佛性仍然存在於耳識等其他五識、五塵之中運作不斷；即使有情悶絕時，十住菩薩都還可以分明看見佛性正在有情身中運作及現行，不曾一剎那間斷過。除非死亡或入涅槃，否則是於一切時中都不曾間斷過的。而一般人所知的佛性卻是六識對六塵的覺知性，那是悶絕或眠熟時就不存在的生滅法，不是悶絕及眠熟時都仍然分明顯現的佛性，所以不是《大般涅槃經》所說的十住菩薩眼見佛性。所以我在《正法眼藏—護法集》中說，佛性不是見聞覺知，但不離見聞覺知。必須能看見悶絕位及眠熟位中有情的佛性，而且是肉眼所見分明，這樣眼見的人，才是禪宗所說的眼見佛性實證者，即是十住菩薩。正當眼見佛性時，世界身心如幻的現觀便立時成就，不必再作任何觀行，這時只需領受及享受這個現量境界就行了。

「就好像你阿難如今正在祇陀林中，早上天空清明，到了晚上天空昏暗了；設使你阿難正在晚上的中宵，」中宵就是晚上子時，也就是晚上十一點鐘到凌晨一點鐘，「如果是白月時，也就是月亮很圓滿時，就很光亮；如果到了二十九夜、三十夜，或是初一、初二夜時，都沒有月亮而成爲黑月時，可就變成黑暗而不光明的了。這樣就很清楚地知道，不論是明或暗，或者明與暗之間的增減差別不同，都是因爲你阿難能見之性而分析出來，說今晚是最明之相，再過幾天以後是不太明而有些暗了，到了月底時則是暗相而無光明了。這全都是由於能見之性而分析出明暗之間的種種差異。如今問你阿難：你這個能見之性，是跟明暗相同一體呢？或是也跟太虛空同爲一體呢？或者跟明暗相及太虛空都不是同一體？或者既是同、也是不同？或者既是異又不是異？」佛提出這四個問題來。

「阿難！此見若復與明與暗及與虛空元一體者，則明與暗二體相亡——暗時無明，明時非暗；若與暗一，明則見亡；必一於明，暗時當滅；滅則云何見明見暗？若暗明殊，見無生滅，一云何成？」佛陀接著開示說：「你能夠見到明暗虛空的這個見，如果是和明、暗及虛空本來同爲一體的話，那麼見應該就是明、就是暗、也是虛空。然而明相與暗相這兩個法的體性是會互相消滅對方的——當明來了，暗就被滅而消失了；當暗來了，明就被滅而消失了；」明與暗是會互相消滅對方的，是「二體相亡」的，所以「暗時無明，明時非暗」。

「如果你阿難這個能見，與暗是同一體的；當光明來的時候，暗已經被滅掉了，那你這個與暗同體的見，也就應該跟著暗一起被明滅掉了！當時你就不應該還可以看見光明。」「必一於明」：「你阿難如果堅持說，我這時的見是與明同爲一體的，並不是跟暗同爲一體；那麼當暗來的時候，明已經消失了，你的見既然與明同爲一體，這時的見就應該已經跟著被暗消滅的明一起消滅了，那你這時就不應該還能看見了暗。」這是說，見性即是明或暗，那麼見性就會跟著明或暗的消失而消滅，就無法明來見明、暗來見暗了。所以，不應該說能見之性是與明或者與暗同爲一體。這在世間邏輯上，或在因明學上來說，都是講不通的。因爲明與暗是相亡而不能相成的：當明相增加時，暗相必然要被明相消滅一部分；反過來，暗相增加時，明相也會被暗相消滅一部分，不能相容。

「你阿難假使這樣說，不論是在明相中或者暗相中，我的能見都沒有消失，都無生滅。可是，你剛才假設說見與明是同一體，或者說見與暗是同一體的說法，又如何能講得通呢？」所以，主張「一於明」是不對的，反過來主張「一於暗」也不對。實際上，見與明暗是相待的，不能說是生於明而與明一體，也不能說是生於暗而與暗一體。因爲「明暗相亡」而不相容，與明或與暗同體的見，當然是只能見明或見暗，不可能既見明以後又能見暗。「若暗明殊」而「見無生滅」，就已經可以證明見與明暗是相待法，不該說見就是明，跟明同一；也不能夠說見跟暗是同一，見就是暗。這樣瞭解了，當然就不會再主張見是由明或由暗所出生的，就不會落入邪見之中了。

接下來世尊又開示說：「若此見精與暗與明非一體者，汝離明暗及與虛空，分析見元，作何形相？離明離暗及離虛空，是見元同龜毛兔角；明暗虛空，三事俱異，從何立見？明暗相背，云何成同？離三元無，云何成異？」佛又解釋說：「你這個能見的精明性，與暗與明若不是同一體的話，」剛才說見精假使與明或者與暗同體時，會有許多過失；現在說如果不是與明或與暗同一體，一樣會有過失。佛法實相是不落入同異兩邊的，得要歸攝於如來藏妙眞如性時，才不會有各種過失；而如來藏妙眞如性又是可以實證的，證後又是可以現觀的，這樣才是諸法法界的實相，才是眞正底佛法，才是佛法的眞實義而不是玄學。

有一些人不懂，在網站上亂罵說：「這個蕭平實根本不懂得佛法，把什麼都歸結到如來藏去，然後他講法都通了，別人卻全部都錯了。」（編案：這是二〇〇二年講經時的背景狀況，如今已經少了。）然而他們這樣罵的原因，只是因爲他們找不到如來藏而不能通達佛法，由於找不到如來藏就這樣罵起來。但是我們陸續有一些書不斷地印出來，證實了一切法都要從如來藏來；而三乘佛法也都要從如來藏來，沒有一法能外於如來藏啊！他們找不到如來藏而悟不了佛菩提，那是他們自己的事情，別老是怪我，因爲我已經寫出來指導他們了；假使他們始終不肯信受修學，我也沒辦法。我找得到如來藏是我過去世早就悟過了，跟他們不相干嘛！如果是眞正修學佛法底人，就純粹從法義上來辨正，把我所說法，據理依教直接推翻就行了；別老是顧左右而言他，老是講一些事相上的話。應該就法論法，否則就是言不及義。

佛陀從來都是這樣的：若是有人說見精（能見之性）跟明一體，錯了；說見精跟暗一體，也錯。有人比較聰明，就說：「那我離明離暗，我的見精不與明暗相合，不是一體的。」但是，這樣子主張還是錯，必須是如來藏的妙眞如性才對。所以佛說：「你阿難如果主張說，這能見的精明性，與暗與明並不是一體的，」是說見精離明、離暗而不與明暗和合相觸，「當你離開了明和暗，也離開了虛空以後，你阿難這時分析一下能見之性是在哪裡呢？又是什麼樣的形相呢？」事實上，見精若是離了明、離了暗、離了虛空，哪裡還有能見之性存在呢？見精根本就不可能離開明、暗、虛空而可以繼續存在於人間。

若是沒有明暗與虛空，見精（能見之性）還有什麼時候能夠看見色塵呢？就是入了夢中以後才能看見。可是夢中跟醒時看見外境是不一樣的嗎？其實還是一樣，夢中一樣要有虛空，一樣要有明暗；而夢中的虛空、明暗等相分，還是從自己的如來藏中生出來的。也許有人這樣說：「那麼夢中及夢外的明、暗、虛空既然互不相同，就是有兩組明暗虛空了。」我說：「不然！」因爲，清醒位所接觸到的明暗、虛空，其實仍然不是外境，仍然是如來藏變現的內相分，只是依據外境而變現出同樣的內相分六塵，來讓有情領受而誤以爲是接觸到外境的六塵相分罷了！所以，不論夢中或夢外的相分，都一樣要有明暗相及虛空相，才能使見精生起、存在及運作。而醒時與夢中的六塵相分，同樣都是如來藏妙眞如性所變生的——本如來藏妙眞如性。

人間一切有情自從出生以來所接觸到的明、暗與虛空，從來都是自己如來藏所顯現的內相分，從來沒有接觸過外相分中的虛空與明暗。因爲意識是心，無形無色而不能接觸到外法物質性的六塵，必須是如來藏心所變現的似有物質性的內相分六塵，由於是自己的如來藏心變現出來的相分，意識覺知心才能接觸及領受，所以人間一切有情生來至死，都只曾接觸到自己如來藏變現出來的內相分，當然還是一樣不離明暗相及虛空相。這樣子，夢中與夢外是不是有兩組明暗相、虛空相呢？其實一樣都是自己的如來藏心變現的明暗相及虛空相，還是同一組明暗與虛空啊！離開了明相或離開了暗相，不論是夢中的明暗虛空，或者醒過來以後似乎是面對外境時底明暗與虛空，其實是同一種明暗與虛空。只是醒過來以後所面對的明暗虛空內相分，是與外境聯結而完全一樣的，但同樣是內相分。這也證實，見覺因色空有，而色空其實也是自己如來藏底妙眞如性。

佛說：「你阿難若是離開了明，離開了暗，離開了虛空，你分析看看自己能見的精明性，又能存在何處呢？假使眞的存在著，那祂又是怎麼樣的形狀呢？」事實上，如果離開了明暗虛空，根本就不可能還有見精存在。「所以你阿難能見的精明性，若是離開了明暗及虛空，本來就跟龜毛兔角一樣成爲不可能存在而徒有名詞的了！」所以，能見之性是不可能與明暗虛空相離的。但也不能說是相即，因爲「明、暗、虛空這三個法的自性並不一樣，顯然是不可能和合爲一，那麼你阿難究竟要從什麼地方來建立你的見精功德呢？而且，明與暗是相背的，是會互相消滅抵消的，但虛空卻是從來不動而不參與任何事物的；那麼，你阿難能見之性卻又一直都是處於明暗與虛空中在運作著，若是離開了明、暗、虛空等三法時，見精本來就不可能存在，那又如何能說你的見精可以離開明暗虛空而獨自存在呢？既然如此，你又怎麼能說見精與明暗虛空是不相干的三個法呢？」

所以即虛空、即明暗是錯誤的，然而離虛空、離明暗也是錯誤的，那麼到底這個能見之性是從哪裡來的？是怎麼出生的？見精真的不應無從自生，然而究竟是從哪裡出生的？顯然不可能是從明生、從暗生、從虛空生，卻又與明、暗、虛空同在一起而不和合爲一，所以見精其實還是從如來藏中生出來的。因此，如果說見精**即**明暗、虛空，或者**離**明暗、虛空，都是會有矛盾的；所以 世尊說：「離三元無，云何成異？」離開明暗和虛空時，本來就沒有能見的精明性存在，又怎麼可以說見精和這三法是異呢？這眞是同既不可，異也不行；合既不許，異也不該。佛又開示說：

「分空分見，本無邊畔，云何非同？」「你如果說空與見是不同的二個法，把空與見分成兩個，然而虛空與見精一樣都是沒有邊際、沒有區域範圍的，體性既然相同，你怎能說虛空與見精是不同的兩個法？」譬如說能見之性是沒有區域範圍的，所見是沒有邊際的，與虛空沒有邊際是一樣的。不能說見精所見只有十尺、二十尺遠，或者只有一公里、二公里遠。若見精只能看到一公里、二公里遠，大眾就都看不見月亮了啊！所以見精沒有邊畔，而虛空也沒有邊畔，既然都沒有邊畔，而見精正在看極遠處時，豈不是與虛空混合在一起呢？怎麼可以說能見的精明性和虛空是異呢？當然是不該說爲不同的二個法。可是如果因此就說是同一個法，也會有問題的。

「見暗見明，性非遷改，云何非異？」「但是當你阿難看見了暗以後又看見了明的時候，你所說與暗相合而見暗底見精，以及與明相合而見明底見精，同樣都是見精而與明合或與暗合，這種與明合及與暗合的見精——能見之性，既然沒有遷移及改變，顯然見明與見暗底見精互不相同，那你阿難又怎麼可以說這兩個見精不是不相同的兩個心？」因爲有的人聽說不能講異，那就應該是同了，於是又往另外一邊去猜：「那就應該是同。」可是若把能見之性改爲與明暗同或與虛空同，也都是有問題的。因爲見精既與明合，當然只能看見明；既與暗合，就只能看見暗；而見精見明與見暗時，見精這種與明合、與暗合的自性是永不遷改的，那當然是兩個見精，怎能說與明合及與暗合底見精不是兩個心呢？怎麼可以說是同呢？當然是異而非同的。

因爲忽然明、忽然暗時，能見之性同樣都沒有改變祂能見底功能啊！不可以說能見之性既與明合而合一以後，暗相來時又與暗合而能看見暗。必須是與明暗同時同處而不是與明暗相合爲一，也不是與虛空相合爲一，只是與明暗及虛空同時同處來了知明暗等相，才能講得通的。若說是與明合、與暗合、與虛空合，而說是同，都講不通啊！見精之性是不可能遷改的，儘管明暗一直變化更替，而虛空有時候被擋住，變成只能看那麼近，但是能見之性的自性一樣是從來沒有改變過啊！只是被擋住了，所以只看見了二十尺遠；換個方向而沒有被擋住時，還是一樣看得遠遠地。既然見精性非遷改，不被明暗的變化及虛空被遮擋的變化而改變，又與明合、與暗合、與虛空合時，怎麼可以說見明、見暗、見虛空的見精是同一個心呢？一定是異。然而，若是回頭改說是同也不對，若說是異也不對，因爲見精——能見之性本來就是如來藏的妙眞如性，不能把能見之性拿來跟明暗虛空來講同、講異。

佛又說：「汝更細審，微細審詳，審諦審觀：明從太陽，暗隨黑月，通屬虛空，壅歸大地，如是見精因何所出？見覺空頑，非和非合，不應見精無從自出；若見聞知性圓周遍，本不動搖，當知無邊不動虛空，并其動搖地水火風，均名六大，性眞圓融皆如來藏，本無生滅。」世尊又說：「你阿難還要更加詳細地審察，從更微細的地方加以審視及觀察，還要思惟審查而從現境去觀察證實：明相是從太陽生出來的，暗相是隨著沒有月亮底黑夜而來，在見精與明暗中間沒有阻礙的通達則是屬於虛空；在見精與所見遠處的中間如果有壅塞時，這個壅塞就歸於大地所生。就像這樣子，在這種狀況之中，能見底精明性是因為有什麼依止而出生了？」也就是問：是從什麼之中生出來的？「能見這個知覺性，以及頑固而絕不改變、絕不動搖自性底虛空，既不能相混而融合為同一個法，也不能互相合併而黏貼為一個個體，那麼見精顯然不是虛空，也不是從虛空中出生的。然而這個見精，總不能無因而生——不該是沒有一個來源而自己無緣無故就出生了。」這是說，見精（眼識能見之性）既不與明合，也不與暗合，最後則是問阿難：見精能不能與虛空合？能不能無因而生？然後指出見精一定是有一個根源，一定是從某一處出生的，不可能無因而生。

「假使能見、能聞、能知等六種自性，祂們的體性是圓滿而不會因爲常被使用就逐漸磨損毀壞的，當然這六種自性是不會被影響而改變祂們底自性，這六種識陰功能的自性是本不動搖的。由這個道理，你阿難應當知道無邊無際底虛空，以及會了知六塵而對六塵動心的六種知覺性，再加上地、水、火、風等四大，這六個法就合稱爲六大；這六大的自性是眞實存在圓滿融洽而不會互相排擠，其實本來都是屬於如來藏中的法，所以這六大本來就是常住不滅如來藏中從來不曾有生滅底法性。」如果能見之性、能聞之性、能知覺性等體性，是圓滿而周遍於十八法界，並且本不動搖——不會因爲明暗的變化就使得能見之性、能知覺性被破壞，也不會因爲虛空被遮擋就使能見底知覺性被破壞了，當然是「性圓周遍，本不動搖」的。

從這裡就應當要瞭解，四大、虛空以及知覺性其實是不會動搖的；有動搖之相的不是地水火風，而是地水火風所成就的六塵變化，眾生底覺知心就在裡面妄生分別而動搖不已。然而，這裡面其實有如來藏的眞覺之性（覺精）不斷地運作著，支持眾生七識心在六塵中不斷攀緣及分別，以及因此而執著六塵中的知覺性自我；然而有情眾生卻是連如來藏的所在都不知道，何況能親眼看見如來藏眞覺自性（覺精）剎那剎那不斷地映現於山河大地上？見覺、虛空、四大，確實是性眞圓融，也確實都是如來藏中的法性，是如來藏中的一部分體性流露出來，由如來藏的眞覺自性配合著才能在六塵中運作而不中斷。如來藏不但有自體性，還含藏了有情底見聞知覺性，所以七轉識才能現前運作。

但是，七轉識爲什麼有見覺等自性呢？都是由如來藏生出來，並且有如來藏底妙眞如性支持及配合運作，才能夠有七識心的見覺等性存在及運作，因此說眾生所知底見覺之性，確實是性眞圓融，都歸屬於如來藏心。如來藏心既然從無生滅，當然六塵中底見覺也就本來沒有生滅的了。正因爲如來藏沒有生滅，所以今天晚上睡著以後，識陰六識底見覺斷滅了；當明天早上該起床時，見覺又會再度出現。所以，這一世死了，意識見覺去不了未來世，入胎永滅以後，在下一世母胎中由於色法五根具足而有意根配合，所以如來藏又出生了未來世的見聞知覺性，是可以永恆地一世又一世不斷出生見覺的，所以識陰六識的見覺是無法被磨滅的，所以本無生滅。但是，絕對不許把如來藏捨棄或否定了以後，在離開如來藏的狀況下而說識陰底見聞知覺性本無生滅。現在徐恆志等人就是這樣斷章取義的（編案：這是二○○二年時所說），全都誤會眞心如來藏與佛性的眞義，才會把生滅性的識陰六識自性當作常住不壞的佛性。所以是依如來藏及祂在六塵外的知覺性（覺大），而說見聞知覺性本無生滅，不許外於如來藏而說識陰六識的見覺之性是常住底，也不許說識陰六識的見覺之性是佛性。

世尊又接著開示說：「阿難！汝性沈淪，不悟汝之見聞覺知本如來藏，汝當觀此見聞覺知爲生爲滅？爲同爲異？爲非生滅？爲非同異？」修學佛法之困難就是在這個地方，因爲佛菩提道不像二乘聲聞所修的解脫道那麼簡單易懂（編案：後來平實導師已經出版《阿含正義》闡釋聲聞緣覺解脫道的義理，總共七輯都已出版了）。聲聞解脫道的法義，自從我們《邪見與佛法》印出來流通以後，現在佛教界已經能夠大概知道什麼才是解脫道了。以前是想不通什麼叫作涅槃，大家都在猜：涅槃是怎麼回事？如今佛教界大部分深入修學者都已知道，涅槃不過就是十八界滅盡，不再出生後世底五陰十八界，只剩下如來藏離見聞覺知而不再出現於三界中，這就是無餘涅槃。想要證得二乘無學的有餘、無餘涅槃，就是要從斷除我見跟我執下手，所以現在解脫道算是比較淺顯易懂了！

但是佛菩提道有一個很大的瓶頸、盲點：對本會以外的所有道場來說，有大盲點存在。因爲眞如心—如來藏—是離見聞覺知的，針對離見聞覺知這第一關就很難突破了，然而接下來眼見佛性的參究又是完全相反底方向——不離見聞覺知。這兩關實證以後卻又完全沒有矛盾或衝突，所以會外所有大師與徒眾們聽起來，就會覺得我們講的道理好像自相矛盾，完全無法體會；可是明心後一旦又眼見佛性時，將會發覺其實完全不相矛盾，就只是如來藏在體與用上面的差別而已，也是在不同層次證悟後所認知、所識別底對象與層次有所差別而已。所以一切佛法實證上的疑問，來到我們這裡都會迎刃而解。而且就好像成語中說的勢如破竹：當第一個竹節一旦切破了以後，接下去就可以整枝竹子全破了，可以順著切破第一節的勢力而一直破下去。

到了正覺同修會中修行就是這樣，一旦明心之後乃至見性了之後，接下來就是勢如破竹地一關一關往前進發。而且佛道次第，我都依據 世尊的教示而為大家排列好了，只要照著順序走上去就行了。難，就難在說：明心與見性這兩關，想要在短短六、七年內具足圓滿，這確實是非常困難的，不是很簡單就可以解決的。譬如兩千多年前我有幸在世尊座下迴心大乘以後，也只不過是混到一個明心，眼見佛性還是沒分的。但是因為生生世世不斷為眾生、為佛教去做事，從來不曾有私心為自己求名聞、利養、眷屬，後來才能夠在九百多年前具足福德而遇到 克勤大師。這眞是很大的福德，所以到現在還是心心念念都很感念這樣一位大師，情分眞的比世間父子還要濃郁。若沒有大福德，根本遇不上他；福德若是不足，即使遇上了，在他那個脾氣之下，也是沒機會與他共住的，何況能服侍他而求得眼見佛性的果證？所以除慢、除瞋是非常重要的事，否則一定無法好好地奉侍善知識，更別說是極難實證的眼見佛性的親證。

這就是說，想要實證佛法眞的是很困難，不是那麼容易的事情。特別是明心跟見性兩關想要具足，確實是很困難的，更不要說過牢關哪！若是想要進入初地……等，在會外來講，根本只是作白日夢。僅僅是過了明心這第一關，在末法時代的今天，就已經是佛教界的大善知識了！不過，在正覺裡面，明心而破了初關，才只是剛剛入學，如同國民小學一年級剛開課而已，沒什麼可以驕慢的。但是在本會以外，他們一世學佛所追求的最終目標就只是開悟明心，都不敢求見性的。而我們會裡明心只是剛入門，這是非常大的差異。

這意思就是說，佛法之難解，絕對不是像那些假名大師所知的那樣。從諸位聽《楞嚴經》以後又去參加禪三而破參回來，有了明心底智慧，再度聽聞《楞嚴經》時才知道說：**原來我還有這麼多不瞭解的地方**。乃至有人明心以後再去參加禪三而眼見佛性以後，回來再度聽《楞嚴經》時才發覺說：**還**

有更多不懂的地方。因此，當有人主張《楞嚴經》不是佛所說時，我要請問：如果眞正明心而且還加上眼見佛性的實證智慧了，都還沒有辦法完全讀懂《楞嚴經》，那麼此經究竟是不是 佛所說的呢？除了 世尊以外，還有誰能講出如此勝妙底法？這已經很清楚地表示出來了：佛法確實是極深妙、極廣大而難以知解的。從這個事實，從諸位明心或者乃至眼見佛性以後回來聽《楞嚴經》時，還會覺得經中仍有很多法義是自己所不知道的，可見第三轉法輪諸經絕對不是那麼輕易就能瞭解的，除非具足了很多般若及種智的智慧，不然就沒有辦法瞭解經中某些地方到底在講什麼。

言歸正傳，前面從六根、六塵、六識、五大，講到這第六的覺大（覺精），在在處處都說明不但如來藏是中道性，乃至附屬於如來藏底見聞覺知、六根、六塵、六識全都是中道，都不是生滅法，也不是有來去底法。爲什麼在四阿含中被說爲生滅法底六根、六塵、六識、六大等法，在大乘法中都能夠是中道性？因爲是依於如來藏、攝歸如來藏而回復其本來應有的地位，而說有中道性；實證而且現觀這個法界中的事實以後，就不能說十八界等生滅法是實有，也不能夠說爲非有，這樣才合乎中道義。《楞嚴經》講到上一週時，這種道理諸位已經聽了很多，接下來 佛說：

「阿難啊！你的心性還是處於沈淪底階段中，」因爲這時的阿難是被文殊師利奉世尊之命，剛從婬舍中救回來的；也還只是聲聞底初果，還不曉得佛菩提到底是在講什麼法義，對於成佛之道還是完全弄不清楚的，所以說還是處於沈淪階段中。聲聞初果，當今佛教界已經認爲很不得了了，當然更不敢期望大乘法的開悟了；而且事實上，現在會外也沒有人是證得聲聞初果的，因爲我見都還存在。所以在現代佛教界普遍的觀念是說：**「不要講大乘開悟，只要能夠證得聲聞初果，我這一輩子就夠本了，已經是可遇不可求的了。」**但是這個聲聞初果聖者，遇到了摩登伽女的先梵天咒時，還不是被攝受去了？幾乎毀了比丘戒，所以眞的沒有大作用呀！只有佛菩提智才能應付摩登伽女的先梵天咒，因爲這是習氣種子引生底現行。

說老實話，剛明心或是剛見性時的佛菩提智也不一定有用，還得要有種智。若是沒有種智，那是對治不了先梵天咒的。至於密宗的那些咒，層次很低，只是山精鬼魅的小神力，對一般人時就不一定有用了；若是遇到了有道種智的菩薩們，更是全無作用。我知道有很多藏傳佛教喇嘛在持咒修誅法，想要跟我作怪，但是都沒有作用。依種智來看，聲聞初果只是菩薩們的基本修證，但今天一般的佛教行者就認爲很不得了了，其實聲聞初果在我們會裡不算什麼。若是今天第一次來聽經的人，聽到我這一句話時，可能會這樣子想：「這蕭平實眞傲慢，口氣好大。」

可是諸位！當你從禪三破參回來以後，把自己的見地整理一下看看：聲聞初果所斷的三縛結，自己斷了沒？斷了！我見確實不存在了！決定不會再認定覺知心的粗心或細心是眞實不壞法。我見確定斷除了，也就能確定疑見斷了；因爲既已證得如來藏，也親自證明覺知心（能覺能知底意識心及時時作主底思量心末那識）全都是假有的；這是已經親自證實了，能否實證的疑也就斷除了。疑見既然斷了，當諸方大師在說法時，他們是不是落在意識覺知心或意根思量心上面，你聽了就能當場判斷，那你對諸方大師就不再有疑惑了：這位大師確實有證悟，那位大師根本還沒有開悟；這個人有斷我見，那個人還沒有斷我見。你心都看清楚了，根本不必疑心別人的有無實證解脫道或大乘佛法，也不再疑心三乘菩提是否眞的可以實證，對三寶已經具足信心了，這就是疑見斷了。接下來，你就知道解脫道與佛菩提道是應該依止怎樣的戒律來修行，才能得解脫或證菩提？那些大師們如果自己施設戒條時，是否如法？而外道們所施設底戒條，你都能判斷出來：那都與解脫果或佛菩提果的實證無關，不能導向涅槃及實相般若。所以你的戒禁取見也斷除了，這就是大乘法中通教菩薩對於三縛結的斷除，你可以自己現前檢查。當你回頭來觀察聲聞初果人所斷的三縛結時，證明自己也已斷了三縛結，然而你還有明心之後發起的實相般若，聲聞初果卻弄不清楚你比他們多悟了什麼法義，他們無法測量你的智慧。當你後來爲他們宣說般若時，他們是摸不著邊際的。爲什麼會這樣呢？都因爲你有明心而他們沒有明心，當然你的智慧是超過聲聞初果人啊！這是很清楚而且很淺顯易見的事情，所以我不是說誑語，而是說誠實語。當你破參明心了，就會瞭解我說的話都沒有騙人。

言歸正傳，佛開示說：「阿難啊！你的心性還是沈淪的，還不曾體悟到自己底見聞覺知本來就是如來藏種種法性中的一部分，」六識之見聞覺知性是從如來藏中生出來的，本就是從如來藏中顯發出來而在運作的；當六識底見聞知覺性攝歸不生滅底如來藏時，成爲常住不壞如來藏的一部分時，怎麼可以說見聞覺知是虛妄的呢？如果想要取證無餘涅槃，也就是決定性的聲聞人，當然應該依二乘解脫道來說自己底見聞覺知是虛妄性，不是眞實法。但是，如果從法界眞實體性的本際、實際來看時，六識見聞覺知跟如來藏卻是非一非異啊！當六識見聞覺知被攝歸如來藏，屬於如來藏的覺大（佛性）中的局部功能時，當然就不是生滅性的了。

事實上都是見聞覺知不知道自己是生滅法而產生了無明在作怪，才會有如來藏流注世世五陰而輪迴生死。可是如來藏的覺大從來沒有離開過見聞覺知，只要六識心的見聞覺知性存在，如來藏的覺大就一定在；乃至六識心的見聞覺知性因爲眠熟、死亡而不在了，如來藏的覺大依舊存在，除非像阿羅漢一般捨報時把自己斷滅了；可是阿羅漢滅盡五陰以後，如來藏還在，只是覺大不現行而已。六識見聞覺知既是從如來藏中出生，出生後也是每一剎那都依附如來藏才能運作，顯然見聞覺知本是如來藏所含攝底一部分法性，怎麼會說不是如來藏呢？所以佛責備阿難尊者說：「你還沒有悟知見聞覺知本來屬於如來藏中的法性，你應當觀察這個見聞覺知是否爲有生而且會滅壞的虛妄法？也應當觀察這個見聞覺知與色法六塵明暗、動靜……以及虛空之間，是同或者是異？或者反過來觀察這見聞覺知是否爲不生滅的？這見聞覺知是否與色法六塵中的明暗、動靜……以及虛空不同又不異的呢？」

這意思是說，識陰在六塵中底見聞嗅嚐覺知等，總共有六個體性；這六種自性在聲聞解脫道中，由於不是要世世常住人間利樂人天，只是想要滅盡六識等十八界法而入無餘涅槃，永遠離開三界生死苦，所以應當要現觀這六種自性（六入）全都是有生之法，有生則必有滅。而生滅法一定是依他起性之無常法，就應該觀察這六識自性是與所依的助緣爲同爲異？來確定六種自性的緣生必滅。但是菩薩雖然不必滅掉六識自性而入無餘涅槃，卻仍然必須要有這種生滅無常的現觀智慧。在實證佛菩提的見道智慧而發起實相般若功德以前，這個解脫道見地是應當要先如實觀察而建立起來的，所以 佛先交代說：「汝當觀此見聞覺知爲生爲滅？爲同爲異？」這六識自性與所緣色塵明暗、聲塵動靜……法塵生滅等法相之間，究竟是同還是不同？都應該要先作如實觀察，先完成聲聞解脫道的實證。

當聲聞解脫道實證以後，接著爲了求證佛菩提底見道智慧，迴心大乘而永遠不入無餘涅槃中，世世常行菩薩道以後，就不再以滅盡十八界而入無餘涅槃，作爲所求之標的；當然就要在證悟如來藏以後，隨即觀察六識的六種自性（見聞嗅嚐覺知性）是否爲非生滅法？要有正當理由可以確認六識自性爲非生滅法，也要有正確理由可以認定六識自性與所緣六塵的明暗、動靜……生滅等法，非同亦非異，才能夠有智慧受用實相般若功德，所以 佛反過來交代：「汝當觀此見聞覺知……爲非生滅？爲非同異？」

「汝曾不知如來藏中性見覺明，覺精明見，清淨本然周遍法界，隨眾生心應所知量」「曾」就是已經過去的時間，也就是「從來」之意。佛說：「你阿難從來不知道如來藏中有一種體性，這個體性使人能見能覺而明白六塵中底一切法相，而如來藏中本覺底精明性（覺精、覺大），能使六識分明地產生能見、能聞、能嗅、能嚐、能覺、能知等六種自性，讓有情分明地知見六塵中底一切法。」而這種覺精（佛性），是一切已經眼見佛性底菩薩們都可以分明看見的；「祂是清淨性的，是本然存在而不是所生法，而且是本來就周遍於十八法界之中，都是隨著眾生心應所了知底現量而現行的。」

換句話說，能產生識陰六種自性底如來藏本覺之性—佛性—覺精，是隨於有情法界而周遍存在的，而且不是曾生、有生之法，是本然就已周遍法界而本來就清淨的，也是隨於有情心智感應所能了知的現量，而可以被應當了知這種現量境界的有情親眼明見的。只要有情心中能夠感應而可以了知底人，就可以親見，所以佛說：「隨眾生心應所知量。」只要有某一位有情應該看見如來藏中這個性見覺明——佛性，這個覺精佛性就可以被這一位有情明白地看見——覺精明見。而如來藏中這種覺精佛性，是本來清淨性的，不會被眾生心所染污；而且是本然的——是自己本來就存在著，不是經由修行以後才存在的；又是周遍於有情底十八法界之中，而不是證悟後才有，不是未悟底人沒有。所以，一切眼見佛性底菩薩們，都可以在一切有情身上看見這種覺精——如來藏流露出來底佛性；不論被見底有情是證悟底人，或是未悟底人，他們的覺精——如來藏流露出來底佛性，都可以被眼見佛性底菩薩分明看見——覺精明見。一切眼見佛性底人都是如此明見的，尚未眼見佛性的人就一定看不見，所以 佛說：「隨眾生心應所知量。」

然而有智慧有情的應所知量，究竟是指什麼呢？就是 佛所說的：「如一見根見周法界，聽嗅嘗觸覺觸覺知，妙德瑩然遍周法界，圓滿十虛，寧有方所？循業發現。」六識的自性都是從如來藏這個覺精中出生的，所以有情的六識心及其見聞覺知底功能，都是從如來藏中出現的——是由如來藏的覺精所運作而產生的六識心與功能，這個覺精就是十住菩薩所眼見的佛性。六識自性都是在六塵中運作及了知的，但這個覺精卻是體性本來清淨而不曾有所染污的，是本來就清淨的，不是因為修行然後才清淨的。並且是本然存在而周遍於十八界法界中，不是修行以後才生起及存在的。這個如來藏的覺精，是周遍於人們十八法界中，也就是周遍於六根、六塵、六識中，無一不遍；所以即使是悶絕或眠熟的人，他的如來藏覺精還是在六根中運作著，眼見佛性底人就可以看得見，不因為悶絕或眠熟時見聞覺知消失了就看不見。所以如來藏的覺精——十住菩薩所眼見底佛性，並不是明心菩薩所知的如來藏某些功德，也絕對不是凡夫所知六識心底見聞覺知或離念靈知，因爲見聞覺知心或離念靈知，一旦眠熟或悶絕時就中斷而看不見了。

在前面講過六識不能離六根與六塵，六塵也不能離六根與六識而獨自顯示於有情覺知心中；世尊接著又講了五大，最後才講到這個覺大，正是如來藏的覺精——佛性，已經是講出六大了。而這六大，世尊在前幾句中也特別說明：「若見聞知性圓周遍，本不動搖，當知無邊不動虛空，并其動搖地水火風，均名六大，性眞圓融皆如來藏，本無生滅。」意思是說，六識的見聞覺知以及地水火風空覺，是永遠都可以繼續出生及存在的，只要眾生不入無餘涅槃中。而如來藏藉著覺精來出生六根、六塵、六識以及六識的見聞覺知；當眾生悶絕或眠熟時，六塵與六識中斷而不在（六塵不存在於覺知心中）時，只要如來藏覺精還在運作著，十住菩薩就可以看得見那個悶絕或眠熟眾生的覺精——佛性。可是那個悶絕眾生的如來藏若是離開時，菩薩就只能從那個屍體上看見自己的覺精，再也看不見原來那個眾生底覺精佛性了。

六識不離根塵，六塵不離六根，但這十八界卻都不離覺大（覺精），而身中的地水火風空也不離如來藏，連覺大佛性也不離如來藏，可見本來都屬於如來藏，由這裡就可以看出其間的互相關聯性。而這個現觀，得要是十住菩薩才能看得見，卻又無法爲人宣講；如同啞巴吃湯圓一般，心裡有數卻講不出來。必須是隨順於諸地佛性的菩薩，才有智慧可以爲人如此宣講。由此可以證實，這部經典不是眼見佛性的十住菩薩所能具足了知的，更不是二乘聖人所能猜測及臆想的，當然更不是從上座部分裂出來的部派佛教聲聞凡夫僧所能編造出來的，因爲他們連如來藏都還無法親證呢！至於未斷我見的印順、星雲、聖嚴、惟覺……等人，當然更無法猜測絲毫。連剛入地的菩薩們都還無法具足爲人宣說，得要久修無生法忍的菩薩們才有智慧與能力爲人講說，而呂澂、印順等凡夫人，我見俱在而不懂佛法，並且連粗淺的羅漢法都誤會了，竟敢毀謗這部極勝妙底經典是後人僞造的。我可眞是佩服他們膽子夠大，但是我卻絕對不想學他們膽子大，寧可沒有一絲一毫這種膽子。

如來藏的覺精——佛性，是本來清淨、本然存在、周遍於身中十八界而不曾有生滅。只有一個情形會滅失，就是定性阿羅漢入無餘涅槃時，因爲那時十八界滅盡了，也沒有身中的地水火風空了，如來藏這個覺精已經不在三界運作而收入如來藏心中了，這時才能不被菩薩所看見。除了無餘涅槃位及正死位以外，一切時中都可以看得見；譬如死後轉入中陰時，菩薩仍然可以天眼而在中陰有情身上看得見；譬如入胎住於受精卵位中，菩薩也可以用天眼看見受精卵位有情的覺精；譬如無想定、滅盡定中，菩薩也可以看見入定者的佛性；所以是只在無餘涅槃位及正死位中才會看不見，因為如來藏已經不再現起覺精了。而這覺精是本來就已經是清淨性的，是本來就不分別六塵而不與三界愛染貪瞋相應的；由於從來不分別染淨，不生起貪瞋，所以佛在前面開示說「見覺無知」。

「如一見根見周法界，聽嗅嘗觸覺觸覺知，妙德瑩然遍周法界，」而這個覺大—也就是覺精—或者說佛性，是周遍於十八界的，無一界中沒有這個覺精同時存在；所以當菩薩以眼識的能見之性，藉著眼根而從山河大地等色塵看見佛性時；當然就可以用耳識能聞之性，藉耳根從聲塵中同見佛性。同理，菩薩當然也可以用鼻識能嗅之性藉著鼻根、以舌識能嚐之性藉著舌根、以身識能覺之性藉著身根、以意識能知之性藉著意根，而從香味觸法等四塵中親見佛性。只要從一識一根之中得見佛性，就能再從其餘五識五根之中得見佛性；這表示覺精是同時存在於「聽嗅嘗觸覺觸覺知」之中的，當然也證明覺精不可能是六識心的見聞覺知等六種自性，因為六識心的自性是斷而不常的，不同於覺精在悶絕等一切位中都仍然分明顯現著。這也表示六識心的自性不是覺精佛性，因為六識自性是被用來觀見覺精的工具。而且六識自性不遍於十八界中，所以一旦眠熟或悶絕時就看不見六識自性存在了；然而覺精佛性卻是可以在悶絕位六識滅後的六根之中看得見，是遍於六根的，這也證明六識自性不是佛性。

覺精遍於六識自性見聞覺知中，既然是遍於六識的「聽嗅嘗觸覺觸覺知」之中，所以是「妙德瑩然遍周法界」。然而覺精佛性卻不是六識的見聞覺知，因為當悶絕或眠熟使得六識中斷時，覺精佛性還是繼續存在著，這已證明六識自性不是佛性。這些由實證者共同所見的道理，可以證明六識的六種自性並不是佛性；而十住菩薩所見這種佛性中的深細妙理，是連十住菩薩自己都講不出來的，要由上地菩薩演說之後才會觀察到這些事實。所以這種十住菩薩眼見佛性境界，當然更不是明心底七住菩薩所能宣說，更何況未明心又落在六識自性中的凡夫法師與學人，怎能猜測及臆想呢？

同理，只要從意識能知之性藉著意根在法塵中看見佛性了，就能在其餘五識五根之中一樣看見覺精佛性。我個人是以意識能知之性藉著意根在法塵中看見佛性的，然後再以耳識藉耳根從聲塵中聽見佛性，六根也就同時都看見了佛性，當時就能立即與直心有情如來藏中的種子相應；所以心無波動而隨著窗外幼稚園小朋友的心緒反應出來，我當時極度冷酷地看著小朋友們，佛性卻會直接在我身上同樣地流注小朋友歡樂或哭泣的種子；在我不曾反觀也不曾加以分別的情況下，我的佛性直接運作而使我微笑及掉淚，而我心中卻無一點點情緒波動或苦樂；那是極度冷酷、極度沈靜的佛性境界，是六根、六塵、六識直接與佛性相應的境界，會在五色根中由自己的覺精與眾生的覺精直接感應而運作出來，不是經由意識與意根的分別才運作出來的。十住菩薩雖然無法直接與眾生覺精感應而流注相應底種子，但卻同樣可以在一根見到佛性時，就同時在其餘五根看見了佛性，所以佛所說的「如一見根見周法界，聽嗅嘗觸覺觸覺知，妙德瑩然遍周法界」，眞是如實語，絲毫無妄，我個人可以親身爲大眾作證明，而且會中幾位已經眼見佛性的菩薩們，也可以這樣爲大眾證明。

這個佛性境界—如來藏的覺精—所顯示的境界相，已經顯示如來藏的覺精是可以感應一切有情眾生的，只要有情眾生的心是直心而且不散亂時，一切隨順諸地佛性的菩薩們，在互見時就能感應到。諸佛對眾生心的感應，則是不受方所與對象所限制的。而這個覺精圓滿十虛，無形無色而從如來藏中直接現行，不斷地運作著，乃至悶絕位、眠熟位、滅盡定位、無想定中、四禪四空定中，全都不曾一剎那中斷，可以被眼見佛性底菩薩所看見；乃至中陰位、處胎位中的佛性，以及他方世界有情底佛性，也可以被有天眼通的見性菩薩看見，所以佛說「寧有方所？」至於學佛人能否實際上親證這個覺精，那可就是循業發現的了。

若是常常與我見我執相應的人，是連六識或意識的虛妄性都不懂的，當然只能循業發現凡夫所隨順的佛性了，那就是六識的見聞知覺性。若是斷了我見而修學大乘法，終於明心了，慧力夠了，可是仍然不曾有看話頭的動中定力，或者這種動中定力修得還不夠好，即使參得佛性的內容以後，還是看不見佛性的；這也是循業發現而成爲解悟佛性的人，無法在山河大地上眼見自己的佛性。如果慧力與定力都夠了，可是福德欠缺，參出佛性內容以後將仍然看不見佛性，一樣是解悟佛性，這也是循業發現，仍然只能隨順於凡夫所知的佛性，心中臆測十住菩薩所見底佛性。若是慧力、動中定力、大福德都具備了，參出佛性內容時就可以清楚分明地看見佛性，不論是從山河大地上看見自己的佛性，或是從別人身上看見別人以及自己的佛性，這時世界如幻、身心如幻的現觀便立即成就，不必經由加行觀察才成就；而且這時也不必再作任何觀行，只要直接領受佛性的境界就夠了，這一樣是循業發現。

若想要如同諸地菩薩一般感應眾生心，或者感應某些眾生的往世法緣，就得進修十行、十迴向位種種利益學人的心苦行了（不是身苦行）；也得要清淨自己的六識心，要把六識心的三界煩惱現行滅除掉，永伏性障如阿羅漢，並且進修一切種智而發起初分道種智，然後勇發十無盡願而成爲眞正的佛子—成爲入地菩薩—這時才有能力爲人深入解說佛性妙理，也才能與某些直心眾生互相感應，成爲諸地菩薩隨順佛性的智慧境界，而這仍然是循業發現。這時，從諸地菩薩所見的佛性來觀察，六識自性也是要攝歸於佛性中的，是與佛性一樣攝歸如來藏心體中，所以見、聞、嗅、嚐、覺觸、覺知，就與如來藏心體以及如來藏流注出來底覺精佛性，同樣是妙德瑩然：同樣是可以被見性菩薩分明地看見覺精的勝妙功德，絲毫都無隱瞞；然後就能深觀八識心王本來的功德性確實是很微妙的，而這仍然是循業發現。這已不是十住菩薩們所能了知的，當然更不是未斷我見的凡夫大師們所能了知的。

如來藏的覺精佛性有自己獨特的了知性，修到究竟圓滿位而成爲究竟佛時，乃至十方一切世界下雨滴數，也能知之；這卻必須由佛地如來藏—無垢識—的覺精來運作，才能成功的。十方世界一切有情心想，諸佛也都能知，全都是因爲如來藏的覺精—佛地所隨順的佛性—已經能圓滿顯發而具足生起作用了，所以成所作智就圓滿了，這還是循業發現。所以等覺及妙覺菩薩對佛性仍然有所不知，而且與諸佛所不知的最大差異處，就是成所作智；這依舊是循業發現，而等覺與妙覺菩薩任憑如何思惟都是無法了知的，唯有在最後身位眼見佛性而發起成所作智慧，才能了知，當然是循業發現的。

「世間無知，惑為因緣及自然性，皆是識心分別計度，但有言說，都無實義。」「六識的見聞覺知性是由如來藏的覺精自性所生起的，可是世間人都不曉得，心中有所迷惑，不知道是由如來藏覺精的神妙作用所生起的緣故，就誤以為六識能見、能聞乃至能覺、能知的自性是因緣性，或者說是自然性，只是徒然有所言說罷了，全都講不出眞實的義理。」大部分人都說六識的自性是自然性，是一出生就有這六種自性了，也是一出生時本來就能這樣的，都覺得沒什麼可以奇怪的，因此就成為世俗凡夫或外道，卻不知道這裡面大有文章，而佛法盡在其中。

佛門外有一分斷見外道，佛門中則有一分定性二乘凡夫，同樣認為六識的自性確實是因緣性；因為根據阿含部經典所說，是根塵觸三法而出生了眼識，乃至根塵觸三法出生了意識，於是就說六識自性全都是因緣性。所以說，二乘人如果不迴心大乘來實證佛法，即使已經證得聲聞第四果，也只是羅漢法而不是佛法。若是否定了本識出生名色的阿含聖教，單說以根塵作為因緣而出生六識，那也只是因緣外道。除非曾經聽聞　佛陀開示說，六識是從涅槃本際中生出來的，而且心中也信受了，才能正確理解四阿含中　世尊所說底解脫道正理；才不會像現代那些大法師們一樣誤會四阿含所說底羅漢法，才能正修解脫道中所說的因緣觀，否則就不免成爲因緣外道了。

因爲一切能證果的聲聞人都是絕對相信佛語，當　佛開示說，有另一個本識是出生名色（色身及六識）的心，這個心也是涅槃的本際；阿羅漢們都信受了，才不會成爲因緣外道，才能如實斷除我見及我執，否則就會成爲因緣觀外道，也斷不了我執。可是信受　佛在四阿含中所說八識論的解脫道以後，終於也斷了我執成爲阿羅漢了，終究還是不知道涅槃的本際如來藏在哪裡，因爲證阿羅漢是不需要實證如來藏本識的。所以我們說阿羅漢們所修證的解脫道，完全是依附於五蘊、十二處、十八界來修斷我見跟我執，所修的範圍都在蘊處界裡面；而蘊處界是世俗法，是三界中的有爲法，所以二乘解脫道就叫作世俗法中最究竟的眞理，名爲世俗諦。可是大乘所說是第一義的道理，講的不是世俗諦所觀行的世俗法蘊處界，不屬於世俗諦所函蓋的範圍，而是在世俗諦存在當下就找到了超越世俗諦的勝妙法——如來藏心體以及如來藏的妙眞如性，證明如來藏是法界萬法的根源，才能叫作第一義諦。

這就是說，一切法界背後的眞實體性，得要實證了，弄清楚了，生起法界實相的智慧了，才能叫作第一義諦的實證。因此，二乘的解脫道若是實證了，那個智慧只能稱爲世俗諦。實證第一義諦的菩薩們，就能了知六識的自性其實是由如來藏妙眞如性，藉六根、六塵、六大來出生的，本來就該歸攝於如來藏心中；而那些不知道實相的人，心中迷惑了就說：「能見之性、能聞之性乃至能知覺性，全都是因緣法，因爲有根塵觸這三個因緣，所以就有了六識的自性，當然是因緣法。」於是就成爲因緣觀的外道，也都在爲學佛人講解外道的因緣觀，卻還是身披佛教法衣而自稱是在講佛法呢！也有人不知道正理而迷惑了，就認爲是自然性，不需要去加以理解，於是就自然而然地生生世世流轉生死去了。佛說：「像這樣揣度的結果，而不是經由實證及現觀所得的說法，都只是在六識心之中所生起的虛妄分別，都是誤計之後所作出來底錯誤判斷，純粹只是言說，所說都沒有眞實底義理可說。」講完如來藏直接運作時顯示出來的覺大（覺精——佛性）以後，接下來講識大：

【「阿難！識性無源，因於六種根塵妄出；汝今遍觀此會聖眾，用目循歷，其目周視，但如鏡中，無別分析。汝識於中次第標指：此是文殊、此富樓那、此目乾連、此須菩提、此舍利弗。此識了知，爲生於見？爲生於相？爲生虛空？爲無所因突然而出？阿難！若汝識性生於見中，如無明暗及與色空，四種必無，元無汝見；見性尚無，從何發識？若汝識性生於相中，不從見生，既不見明亦不見暗，明暗不矚即無色空；彼相尚無，識從何發？若生於空，非相非見：非見無辨，自不能知明暗色空；非相滅緣，見聞覺知無處安立。處此二非：空則同無，有非同物，縱發汝識，欲何分別？若無所因，突然而出，何不日中別識明月？汝更細詳，微細詳審：見託汝睛，相推前境，可狀成有，不相成無，如是識緣因何所出？識動見澄，非和非合，聞聽覺知亦復如是，不應識緣無從自出。若此識心，本無所從，當知了別見聞覺知，圓滿湛然，性非從所，兼彼虛空地水火風，均名七大；性眞圓融，皆如來藏，本無生滅。阿難！汝心粗浮，不悟見聞發明了知本如來藏；汝應觀此六處識心爲同爲異？爲空爲有？爲非同異？爲非空有？汝元不知如來藏中性識明知、覺明眞識，妙覺湛然，遍周法界，含吐十虛，寧有方所？循業發現。世間無知，惑爲因緣及自然性，皆是識心分別計度，但有言說都無實義。」

講記：現在講到第七大——識大。佛說：「阿難！能識別六塵的六識自性，」識就是分別、了知的意思，六識心對六塵的分別性、了知性就是識性。

譬如眼識能夠了知色塵，就是眼識的識性；耳識能了知聲塵，這個了知就是耳識的識性……乃至身識能了知觸塵就是身識的識性，意識能了知法塵就是意識的識性。所以，識就是分別，識叫作了別，是在觸知六塵時就已經分別完成了。譬如有人問你：「你識不識？」問你認識或不認識？或如閩南語這樣子問：「你知不知？」若是認得清楚、識得清楚，一見之下就知道了—在心中生起語言之前就已經知道了—就是分別完成了，這個分別或了知的功能就是識性。也就是說，一見當下就能夠了了而知，就是已經分別清楚了，這就是識性，所以識性就是識陰六識的了別性。

佛說：「六識心的了別性，沒有自己獨自底根源，」也就是沒有獨自常住不壞的自性，說六識心不是自在的法。一般人都把「自在」當作沒有牽掛、沒有障礙來解釋；其實佛法中講的自在，本意是說**自己本來就在**；是不必由別的法來出生，才是自在的眞正意思。所以，自在是說有一個自己常住底實體性，永遠不會壞滅；就是自己有根源，不必依靠他法才能生起及存在。佛說：「六識心的了別性並沒有自己獨存底根源，是因爲有六塵以及六根的互相接觸，才會有虛妄六識的了別性出生，」確實是因於虛妄的六根接觸虛妄的六塵，六識心能了別六塵的自性才會出生，所以說是「妄出」。

如果沒有六根，也沒有六塵，就不會虛妄地出生了六識的識性。也許有人會這樣說：「你這話好像有問題，譬如我們睡到清晨時，因爲聲音吵鬧而有了動靜二塵，那時既有喧鬧也有安靜，由於動靜不斷地變化，所以使我們醒過來，你蕭老師說這是由根塵所導致的。那我如果有這麼一個設備，當房子蓋起來以後，從外面再用厚厚的鉛板封起來，就完全沒有聲塵的動靜二相了，也完全沒有光線色塵的變化了，應該就不會把人給吵醒了，就會一直睡下去了；這樣子，識性就不存在了，怎能說識性是因於六種根塵妄出的？」

初聽時好像有一點點道理，其實眞的沒有道理啊！因爲人會醒過來，不是單單有色塵與聲塵才能使人醒過來，還有其他的四塵也能使人醒過來的，不是只因爲聲塵的動靜二相變化才能使人醒過來的。譬如 佛說因於動靜二塵而有耳識的識性，那就函蓋靜塵了，不是單單講聲塵的動塵了。假使是完全沒有聲音時，雖然沒有動塵，卻叫作靜塵；靜塵也是六塵之一，怎麼可以說不是塵呢？而這時耳根還是存在的，仍然是不離根與塵的，所以還是有塵嘛！因此耳識還是會生起的。只是沒動塵時，耳識的生起會比較遲緩一些，但最後終究還是會生起而醒過來的。

也有可能是先由六識中的其他識心先生起，再來引生耳識在後面跟著生起。譬如睡了一晚，色身疲勞消除了，即使完全沒有亮光，也完全沒有聲音時，終究還是會醒過來的；因爲動靜二塵全都是塵，所以靜相也是塵；何況還有身覺的觸塵，仍然是塵，所以還是會醒過來的。同樣的道理，如果在一個迥無人煙的地方，有那樣的設備把人關在裡面，當那個人睡了八個小時以後，雖然沒有聲音來刺激他，還是一樣會醒過來。最多讓他睡上個十二個鐘頭（一般人最多只不過睡十二個鐘頭），那時還是會醒過來的啊！因爲還有靜塵嘛！所以還是會醒。然而更有可能的是，不必等到聲音的靜塵來喚醒他，身根上的觸塵也會喚醒他翻身乃至醒過來。縱使沒有身根上的不愉快觸塵，當身根上的疲累消失時，變成沒有疲累時，輕安的觸塵也會使六識心重新生起的，還是會醒過來的。

因此說，這時識性的見色，是見到暗；暗也是塵，明、暗二塵表示暗也是色塵，不可以說沒看見暗。同理，不可以說沒聽見聲音，無聲還是有聽見的，是聽見了靜音，還是靜塵啊！所以說，六識存在時一定是由於有六種根塵而虛妄出生的，所以 佛說：「你阿難如今就來周遍觀察法會中的所有聖眾吧。」在講《楞嚴經》時，至少是聲聞初果與會，沒有一個人是凡夫，所以被周遍觀察到底人，佛都說是聖眾。如果在座每一個人最少都是聲聞初果人，那我如今就已成佛了（大眾笑…）。然而現在還不是，因為還有許多人尚未破參明心，或者未斷我見，而我距離佛地也還遠著呢！所以這一句「此會聖眾」，表示每一個人都是證果底人。這時世尊要阿難一一遍觀而沒有遺漏掉，也就是要看見每一位已經證果底人。

世尊交代阿難要「用目循歷」，是要用眼睛循歷。循歷就是依照遠近次第，一位又一位逐漸看過去而不應遺漏。「當你阿難用眼根循著所有聖眾，一位又一位逐漸看過去，而且要用眼睛周遍地一一觀看目視。當你阿難正在觀看時，你心中只要像鏡子映現出來的影像一般，只是映現這些聖眾的影像而不要有其他的分別或剖析；此時心中雖無語言分別，但你阿難的識陰卻仍然能夠標示及指明出來：這位是文殊菩薩，這位是富樓那尊者，這位是目乾連尊者，這位是須菩提，這位是舍利弗。這個意識心能了知這些聖眾，顯然是有了知性的；而識的這種了知性，是出生於見呢？或者出生於所見底色塵相呢？或者是出生於虛空呢？甚至於是否完全沒有出生的因，而是無因無緣就突然自己出生的？」

在這裡，佛陀舉出能見與所見的了知性作為例子，說明覺知心中不需要語言來分別，在見的當下就已經能了知這些聖眾的身分了！等到心中出現聖眾們的名號時，或者口中說出聖眾們的名號時，已經是在了知、分別之後的事了！所以眼識就是了別色塵的心，識就是了別的意思。舉了這個例子，然後世尊便提出第二個問題：這種識性—了別性—是從見中出生的呢？或是從聖眾們的色塵相中出生的？或者是從虛空中出生的？甚至於無所因就突然出生了這個識別性？這是四個問題。那你如果選了其中一個，可就落到陷阱去了！佛接著開示說：

「阿難！若汝識性生於見中，如無明暗及與色空，四種必無，元無汝見；見性尚無，從何發識？若汝識性生於相中，不從見生，既不見明亦不見暗，明暗不矚即無色空；彼相尚無，識從何發？若生於空，非相非見：非見無辨，自不能知明暗色空；非相滅緣，見聞覺知無處安立。」佛陀針對前面四個問題來開示：識別的功能性，究竟是出生於**見**？出生於**色塵相**？出生於**虛空**？或者是**無因**出生的？所以佛開示說：「當你阿難看見色塵時的了知性，若是從能見之性中出生的，如果沒有明、暗二相以及色塵、虛空時，當這四種全都不存在的時候，本來就沒有能見之性可以存在。當能見之性尚且不能存在時，怎麼可能發起眼識的識別自性呢？」諸位想想看：能見之性如果離開了明、暗、色塵、虛空等四相時，還能不能存在？換句話說，能見之性能不能存在於沒有這四相的境界中？我們當時如果也在法會現場，所見的 文殊菩薩、富樓那尊者、須菩提尊者等人的影像，其實全都是色塵法相；當我們看見這些聖眾時，在我們與聖眾的中間若是沒有虛空，看見這些聖眾的能見之性還存在嗎？一定不可能存在，已經變成看不見聖眾的能見之性了。一定要依附於明、暗、色塵、虛空，能見之性才能具足出現。如果明、暗、色、空四種都不存在時，原來就不會有能見之性出生；當能見之性尚且不可能出生時，要從何處發起能看見色塵功能的識別體性呢？眼識當然是不可能發起的。所以第一種說法「從能見中出生了對色塵的識別作用」，也就被推翻了！必須有色、空、明、暗四相，眼識才能生起，才會有識別色塵的功能存在。

第二個問題說：如果看見當下就能識別，這識別性是否從所見的色塵相中出生的？譬如看見花，當下就已知道是花；看見了佛像，當下就已知道是佛像；看見了我蕭平實，不會誤認爲是你兒子，當下就知道是自己底老師。然而，這識別底功能，是否從所見底色塵相中出生的呢？如果主張這種一見就能識別的自性是出生於所見底色塵相，問題又來了：「如果這種識別性是從所見底色塵相中出生的，應當如同所見底色塵一般無所見，」因爲色塵是被見的，不是能見，「這時的識性應該是既不能看見明，也不能看見暗，是明暗不矚，」也就是不論明相或暗相全都看不見。當明暗都看不見的時候，「也就沒有什麼色塵相與虛空可以了知，是連色塵與虛空都不存在的。這時色塵相與虛空相尚且不存在，那麼識別色塵的識別性又要從何處發起呢？」

如果識別的功能是從色塵相中出生的，當然應該是與色塵一樣沒有識別功能的，又怎麼能看得見明暗與虛空？當明暗與虛空都看不見的時候，對色塵的識別性又怎麼能夠出生呢？是要如何識別色塵呢？那又怎麼能夠看見文殊菩薩、須菩提尊者……等人？又怎麼能夠一見之下就識別出各人的身分呢？而且，由色塵的明相或暗相所出生的見，應該也是看不見色塵的，因爲必定如同色塵一般成爲被識別的對象，絕不會是能識別的心，當然不可能看得見色塵明相，也一樣看不見色塵暗相；既然看不見色塵的明相與暗相，又怎能知道眼與色塵之間的虛空？因爲色塵明相或暗相所生的見，一定是無覺無知的，當然無法看見自己與色塵中間沒有被阻隔；這樣一來，可就沒有色與空可說了嘛！當色塵與虛空都不存在時，也就是覺知心中沒有色塵相也沒有虛空相時，而能見之性顯然不能離開色與空，那麼當色空二相都不存在時，能見之性對色塵的識別性又要從什麼地方發起呢？又應該是從什麼地方才能出現的呢？顯然，見的識別性並不是從色塵相或虛空中出生的。

見的識別性，得要有明暗及虛空，要有虛空來輔助色塵相，才能夠使見產生正常識別底作用，這就證明見不是生於色塵相。然而見既不是生於色相中，那麼見的識別性是不是由虛空出生的呢？佛說：「如果能見的識別性，」也就是指有情在見的當下就能夠識別的功能，「如果是出生於虛空，就成爲與虛空一樣非相與非見的法性了。當能見的識別性是從虛空中出生的，必然是無情而無知的，那就一定不是心而沒有辨別色塵的功能，這個見聞覺知自然就沒有辨別色塵相及明暗相的能力，也沒有辨別虛空的能力。見聞覺知的識別性，若是由虛空所出生的，就不可能與色塵相及明暗相接觸，所緣的色塵相及明相、暗相就跟著不能成爲見的所緣；既然滅了所緣的色塵與明暗相，那麼見聞覺知就不可能出生及存在，必然沒有一個可以出生及存在的處所可以建立了。」

這是說，見聞覺知具有識別六塵的自性，而這個能識別六塵的見聞覺知心一定是心。當見聞覺知是從虛空中出生而不是從如來藏心中出生的，當然如同虛空一樣是無情也無法，自然是沒有識別的功能——非見、無辨。見聞覺知的識別功能，與色塵的明暗相及虛空也不會互相凌奪，而是能夠處於色塵的明暗相及虛空中加以識別，並且也是必須藉色塵的明暗相及虛空爲因緣，才能識別色塵的明暗相及虛空。如今既然說見聞覺知的識別性是由虛空中無因自生的，就不可能有見的功能，又如何能識別虛空及色塵呢？而且「非相滅緣」，因爲虛空中無因自生的見既然「非相」，就沒有功能；既無功能則「滅緣」，無法緣於所見諸相。譬如見聞覺知對六塵的識別性，若是由非心的六塵或虛空所出生的，顯然就不可能有心的功能，不會有見聞覺知的識別心相，那麼所緣的六塵相及虛空也就滅了——不能緣於所緣的色塵及明暗相；當所緣的六塵相及虛空相都滅而不存時，又怎麼能有心的識別性存在呢？又怎能在一見之下就分別出來「這是蕭平實，那是佛像」？一定要有心的見聞覺知相，才能有識別性；若不是心而不能緣於所識別的色塵及明暗相，就會滅除各種所緣的對象而無法再作識別了！所以不能主張是從虛空中無因出生了見聞覺知的識別性，也不能主張是由色塵或色塵的明暗相來出生見聞覺知的識別性，只能主張是由如來藏妙眞如性來出生見聞覺知的識別性。因爲由色塵的明相、暗相或由虛空來出生識別的功能，一定是不可能的，因爲它們都不是心——都沒有心相。既無心相，當然就會滅掉原來所緣的色塵明暗相及虛空相了，當所緣的色塵明暗相及虛空相都不存在時，又如何能有見聞覺知心的識別性存在呢？

在二乘法中說見聞知覺性都是因緣所生法，都說是識蘊的功能，屬於生住異滅的無常法；緣生法就必定會滅，沒有自體性，是入涅槃時應該滅盡的生滅法。可是識陰的見聞知覺性，只是單有所緣的六塵與虛空就能出生嗎？緣於六塵及虛空等法時，究竟是由哪一個法所生的呢？或是六塵等所緣法能出生識陰六識的見聞知覺性嗎？這些問題都是二乘羅漢法中不需實證的法義，只要能斷除我見與我執，捨壽時能滅除全部蘊處界就夠了。然而，大乘法中還須進而求證法界的實相，必須探究識陰六識見聞覺知的識別性是從何處生起的？是由誰所出生的？

《楞嚴經》講到這裡，已經證明六識所緣諸法的六根、六塵都是由如來藏出生的，也證明六識一樣是由如來藏出生；而六識見聞覺知的識別性顯然也不是由六識的所緣諸法來出生的，仍然要在具足六塵及虛空等所緣以後，再由如來藏以妙眞如性中的覺大—佛性—的運作以後，才能從如來藏中出生六識見聞覺知對六塵諸法的識別性。由以上經文中世尊的開示，已經很清楚證明這個事實眞相了。所以，還是要在因緣具足之後才能從如來藏心中出生，所以識陰六識對六塵諸法的識別性，並不純粹是因緣法，必須有如來藏因。世尊也已經把所緣的諸法與識別性之間的關係講清楚了，而見聞覺知的識別性是不可能與所緣諸法和合的，也不是會與所緣諸法相生相滅的，因爲見聞覺知的識別性，與所緣之間是相待而沒有相生或相滅的關係存在。

「處此二非：空則同無，有非同物，縱發汝識，欲何分別？若無所因，突然而出，何不日中別識明月？」「處此二非」，如果阿難主張見聞覺知的識別性是由色塵的明暗相出生，或者主張識別性是由虛空出生的，「處於這兩種錯誤主張時，就會產生不能自圓其說的矛盾出來：見聞覺知的識別性必然無法出生而成爲空談，識別性既然是空言而無實，就是沒有識別性的存在而成爲無，又怎麼能夠有識別性呢？」所以「空則同無」。「如果這時硬要堅持說識別性還是存在的——有，然而由色塵的明暗相或由虛空來出生的識別性，卻應該是能識別色塵的心才是；因此當識別性仍存在而有的時候，不應該同於物質色塵——非同物，而你卻又說是由色塵物質所出生的。在這種前提下，縱使能夠發起你阿難的六識覺知心，這個識別性一定是與物質色法一般不能識別色塵，這時你阿難的見聞覺知心又將如何分別色塵？你阿難這時假使改說見聞覺知的識別性，並沒有所依的根本因如來藏，是突然就自然出生了，這就成爲無因而生的了！依無因而生的法則，應該是隨時隨地都可以無因而生諸法，那麼你的識別性爲什麼不會處於太陽之中來識別明月呢？」

「有非同物」，雖然有見聞覺知能夠識別色塵的體性，但這個識別性既然是由物質的色塵所出生的，當然應該是同於物質一般無法識別任何一法的。然而見聞覺知的識別性卻是分明存在而有，卻不是與物質色塵一般地無所識別。如果堅持說識別性是由物質性的色塵所出生的，一定會與物質色法一樣不能具有心的識別功能，然而識別性即使眞的從色塵中出生而不同於色塵了，顯然是不合理的，這時「縱發汝識，欲何分別？」縱使物質能夠發起六識心見聞覺知，又如何能夠分別六塵諸法？「若無所因」，如果沒有能出生的因，就能從虛空中無因出生見聞覺知的識別性，就變成無因論了。

無因論的意思說諸法都可以無因自生、突然出現，如果無因論的說法可以講得通，就應該所有女人無因無緣就突然懷孕而當了媽媽，而所有男人也無因無緣就突然當了父親，也應該所有男人一覺醒來卻無因無緣地變成女人。如果可以無因而生，就不必要有過去世所造的業行來作因，某甲突然間就變成大富翁，而某乙本來是大富翁，一覺醒來卻無因無緣而成爲貧困的乞丐。全都是無因而起、無因而滅，這就是無因論。假使無因論可以講得通，就應該過去世都不曾累劫修行的人，在這一世就可以突然開悟；不必修學任何佛法作爲因緣，也可以突然就成佛，全都是無因而成、突然而起。也就是說，如果見聞覺知的識別性，不需要虛空、六識、六塵諸相、如來藏妙眞如性作爲根本因與所緣法，就可以突然出生而作種種識別，就應該所有人都可以無因無緣而處於太陽中來識別明月。然而事實上卻永遠不可能，所以無因而生的說法是不能成立的。接下來佛又說：

「汝更細詳，微細詳審：見託汝睛，相推前境，可狀成有，不相成無，如是識緣因何所出？識動見澄，非和非合，聞聽覺知亦復如是，不應識緣無從自出。」佛說：「你阿難還要再詳細把更微細的地方分明地加以審查，」詳就是推論、弄清楚，是更微細地作出推究；審就是加以判斷決定。「能見之性是依託於你的眼睛才能夠出現與存在，而你所見的各種法相必然要推給眼前所看見的色塵境界。當眼前所識別的色塵境界是有樣貌而能夠加以說明的，當然已經成爲三界有所含攝的色法了；若說能見之性所見的對象是無相的，那就成爲空無了；這樣一來，你阿難的眼識和識別性又是從什麼法中出生的？由於識陰的動轉而使見能澄清地識別色塵，而眼識的見以及識別性，畢竟與所見色塵的明暗相及虛空不曾融和爲一，也不曾合併爲一體，互相的關係仍然是相待而不變。見的狀況是如此，聞嗅嚐覺觸以及對六塵的了知時，同時存在著的識別性也是一樣的道理，都不是從所識別（所緣）的其餘五塵中出生的。然而這識陰六識對六塵的識別性畢竟存在眼前，不只是名言施設而實際上存在著，但這識別性卻不應該是沒有因緣而無因出生的。」

「可狀成有」，只要是可以說明形狀模樣功能，或者說明以後可以令人知道或體會的，當然都是三界中的「有」法，不是虛無的純粹言語施設底名詞。「不相成無」，如果是沒有相貌或是無法形容出來給別人知道及體會的，就純粹只是言語施設而無實法，正是想像編造出來的無法。「如是識緣因何所出？」既然見聞覺知的識別性不是從所緣的六塵諸法中出生的，而且識所緣的諸法都是三界有所含攝的生滅法，生滅法當然不可能出生見聞覺知的識別性，那麼見聞覺知底識別性就應該是不存在的。可是明明見聞覺知底識別性是確實存在的，而這識別性分明不是常住而不生不滅的法，是每天有生有滅之法，所以修學佛法底人當然就應該要探究：見聞覺知的識別性以及諸緣，究竟是從什麼處被生出來的？

「識動見澄」，是說識陰常常都在動轉，所以才會在一見之下就能了別完成，這就是識陰的識別性。識陰的識別性不斷地在動轉——不斷在運作，自從早上睡醒以後就一直沒有停止過。也許有人會這麼說：「當我看色塵時，我的覺知心並沒有在動轉啊！」這是那些落入離念靈知中，自以爲悟的大師與學人們的說法，但是我卻說他們一直都有在動轉。譬如我弄一個機關把色彩轉變時，他們心中雖無語言文字，卻已經立即知道色彩被變動了，可見覺知心的識別性已經有動轉了嘛！否則怎能立即知道色彩變了呢？所以他們的識別性是一直都在運作的。那些大法師與學人們，總是以爲覺知心中不起語言文字分別而了了靈知時，就是無分別的境界；其實都不對，因爲那時刹那刹那都在識別著，才能了了靈知嘛！了了靈知時就是分別完成了，那當然是識別性有在動轉，不能說是不動心。

我如果把一朵白花放在桌上，又在暗處弄個色彩變換開關，把能變換色彩的燈光投射在桌上的白花；當我暗地裡把原來的白光變成黃光照射白花時，他們立即知道變成黃花了，可是他們覺知心中仍然沒有語言文字出現啊！並不是先有語言文字出現以後，才知道白花變成黃花了。可見在白花變成黃花那一刹那間，識別性已經運作而完成識別了，當然是已經心動了！而燈光顏色還沒有變換之前，他們心中也都知道白花顏色都沒有變換，所以見聞覺知心的識別性也是一直都是動轉著；因此，不能因爲覺知心中還沒有語言文字生起時就說是沒有心動、沒有識別。能見的識別性如此，能聞乃至能覺能知等覺知心的識別性，也是一樣底道理。只有覺精——佛性，才能說是不動底心，因爲從來都不對六塵諸法生起識別性，卻能幫助六識覺知心生起見性、聞性、嗅性、嚐性、覺性、知性，這六識的自性都是由佛性運作才能識別六塵諸法的，而覺精佛性卻是不分別的，永遠如如不動的。至於六識覺知心對六塵的識別性，只要是了知時就是動心而不是如如不動的。

可是現在佛教界各大道場諸大法師，以及附佛教外道的藏傳佛教大法王、大活佛們，都說沒有語言文字時就是無分別；那好！所有樹上的鳥兒們，地上的貓、狗等動物也應該全都是證得無分別智慧的聖者啦！因爲牠們心中都沒有語言文字，那就應該是已經證得無分別智了。然而是不是應該這樣定義呢？顯然不是！牠們覺知心中雖然沒有語言文字，但是牠們照樣不斷地在分別啊！又譬如有人把很苦的藥物製成糖果的模樣，不知道那是藥物的人，送進口中時雖然沒有語言文字，或者心中正在想著別的事情，舌識與意識卻能立即識別而知道很苦，立刻就吐出來了。這表示覺知心中沒有語言時還是繼續在識別六塵的，不能因爲心中沒有語言文字就說是沒有分別了，識陰的識別性是時時刻刻刹那刹那都在識別六塵而不曾中止的。

「識動見澄」，正因爲識陰一直在動轉，使能見的功能澄清而不混濁，才能清楚地識別所見的色塵，乃至明相暗相都能知道。「非和非合」，能見之性雖然識別了色塵相，卻不與色塵相和合爲一，永遠都是與所見底色塵非和非合。不是如同奶粉與水混雜和合爲牛奶一般，而是與所見底色塵諸相及虛空，成爲互相對待的狀況。「聞聽覺知亦復如是」，能見之性如此，能嗅、能聽、能嚐、能覺、能知等識別性也是一樣，都是與所識別的五塵不和合，永遠都是互相對待而時時都在識別的。

「不應識緣無從自出」，既然識陰覺知心對六塵是時時都在識別的，不必等到有語言文字出生於覺知心中才開始識別；然而這六種識別性既然不是出生自所緣的六塵諸法，也不能與所緣的六塵諸法和合爲一，那麼這六種識別性究竟是從何處出生的呢？總不能是無因而生的吧！所以識陰這六種識別六塵底自性，一定是有一個根源，一定是有一個出生的處所——由某一個心中出生，而那個心顯然不可能是識陰所攝的六識心；因爲「諸法不自生」，由識陰六識自己出生自己的主張，是不合邏輯的，在理上是有許多過失而講不通的。所以識陰的見聞覺知性，其實本來就是由如來藏妙眞如性所出生的。不但在實證上可以親自證明這是事實，從理上而作各種推究時也是同樣可以證實，必然是由一個常住不動的心來出生識陰的見聞覺知性，然後才能有識別性，才能分別六塵諸法。

然而當代各大山頭總是把識陰能見、能聞乃至能覺、能知之性作用出來的識別性，當作是常住不壞法，錯認爲眞如佛性，就都自稱已經開悟了。那些大師們從來都不知道識陰的見聞覺知等識別性是生滅無常的，當然更不知道要推究識陰對六塵的識別性是從什麼處所中出生的；因爲他們都不是眞的懂佛法，甚至對於聲聞解脫道的羅漢法也不懂。還有人以證得神通而自豪，然而神通也是識陰的識別性所含攝的；雖然神通功能也是如來藏妙眞如性中的一部分，卻是附屬於意識覺知心的功能，當意識覺知心不能存在時，神通就跟著消失了！所以神通是無法直接從如來藏中出生的，還是要假藉根塵及意識覺知心作爲因緣，才能從如來藏中出生。

神通必須要有五色根作爲藉緣，才能在意識覺知心中運作出來，而這個神通的功能，仍然是由如來藏妙眞如性來使意識覺知心現前受用。換句話說，如果沒有五色根，意識的識別性不可能存在時，神通也就跟著消失了。因爲見聞知覺性不能出現時，覺知心的識別性不存在了，神通就無法現起了。所以不管神通多麼廣大，只要色身被打一針麻醉劑，再大的神通也都全部消失而沒有用了。有些人宣稱他的大神通不是依意識而有，但我只要向麻醉科醫師借一針麻醉劑來，把他打上一針，保證連見聞覺知的識別性全都消失而不存在了，還能有神通嗎？還能說他的大神通不是附屬於意識心？所以大神通的出現也是要有因緣的，不是可以直接從如來藏妙眞如性中出生的。神通也是三界有，還是要有緣與因，才能出生及存在；因即是如來藏，緣則是色身五根及意根，再加上修學所得或是報得的神通能力；而且得要意識心存在的時候，才能夠觸六塵而使見聞知覺性出現，然後才能使神通產生分別的作用。所以那些自稱有大神通的人，不論是眞神通或假神通，全都怕麻醉醫師。其實所謂的神通，大多數是騙人的，是籠罩人的。縱使眞的有大神通，還是敵不過因緣所生法的軌則，所以神通還是有生法，有智慧的人一定會探究神通的出生條件，也會探究神通是從何處出生的，那就得先探究見聞覺知的識別性是從哪裡生出來的，因爲一切法都不可能無因自生，因此 佛說「不應識緣無從自出」。接下來 佛說：

「若此識心，本無所從，當知了別見聞覺知，圓滿湛然，性非從所，兼彼虛空地水火風，均名七大；性眞圓融，皆如來藏，本無生滅。」佛說到這裡，就作一個結論說：「如果這六識心，」也就是在見聞覺知當下就能夠識別清楚的覺知心，「是本來就沒有所，也沒有從，」是說本來就是自己獨立存在、本然自在的法性，不是有一個所出生的地方，「應當知道能了別六塵諸法的見聞覺知，是圓滿具足自性，」也就是說，每一個有情其實都具足了這些功能性，「並且是清澈而不混濁的；這見聞覺知的識別性，祂的自性並不是從某一種所緣的法中生出來的，也不是依附於所緣的某一法而存在的，而是從如來藏妙眞如性中直接出生；所緣諸法只是如來藏出生見聞覺知的識別性時的藉緣，而不是出生見聞覺知識別性的根本。這個見聞覺知的識別性，連同那個虛空、地大、水大、火大、風大、覺精佛性，全部合起來就稱爲七大。而這七大的自性，從常住的如來藏妙眞如性來看時，其實本來就是如來藏中的局部法性，本來就附屬於如來藏而沒有生滅可說。」

懂得這個道理以後，顯然求證如來藏就成爲學佛（不是學羅漢）時最重要的事情了。如果有人問你說：「如來藏是什麼？」你就拍拍胸脯說：「這也是如來藏。」因爲目前雖然還沒有找到如來藏，卻可以從理論上爲他說明：「我這個色身也是如來藏出生的，也是附屬於如來藏，本就是如來藏中的一部分。」這樣也可以籠罩人，台灣話叫作「唬爛」，但是卻也沒有錯誤。這意思就是說，眾生所有的一切法，其實都是從如來藏來。但是如果有人這麼講：「欸！你告訴我，色身就是如來藏，那麼我應該就是開悟了。那我就是找到如來藏了，因爲色身就是如來藏嘛！」那你就反問他：「等你年老時色身壞掉了，如來藏是否也跟著壞掉了？如果沒有壞掉，那你的如來藏又是哪裡去了？」對方就只好嘴巴張開、舌頭動不了了！

「阿難！汝心粗浮，不悟見聞發明了知本如來藏；汝應觀此六處識心為同為異？為空為有？為非同異？為非空有？汝元不知如來藏中性識明知、覺明眞識，妙覺湛然，遍周法界，含吐十虛，寧有方所？循業發現。」解說了七大全部都是如來藏以後，佛又開示說：「阿難啊！你的心還很粗糙而且浮動不定，還沒有辦法證悟見聞覺知的自性，不能發現及明了見聞覺知本來就是從如來藏中出生的，不知道見聞覺知本來就附屬於如來藏，全都是如來藏各種法性中的局部。你應該現前觀察這六塵所在的六種具有識別性的覺知心，究竟是與六塵同為一體呢？或是與六塵不同體而能離開六塵單獨存在呢？這六塵所在的六種識別性的覺知心，究竟是不存在的？或是確實存在的三界有？是否與六塵不同也不異？是否非空亦非有？你阿難從來都不知道如來藏中的自性是能夠識別而明白了知的覺知性，而這個覺知性是光明而眞實存在的識別性；這種神妙的覺知性是清晰而不污濁的，並且是周遍於十方法界之中，常常被如來藏含藏而又時時吐露出來，在十方虛空中的有情世界中一向都是如此的，難道一定要有一個方向與處所才能存在嗎？而且如來藏所含藏的這六種覺知性，能否從如來藏中出生以及運作，也是循業而發明顯現出來的。」

在二乘法中證道，是要把六識心的見聞覺知性滅除的，否則就無法入無餘涅槃了；但是在大乘法中，從如來藏的立場來看祂所出生的六識心——將所生的六識心轉依於不生的如來藏，卻也算是眞識。在二乘因緣法中，識陰六識全都是妄識，都是緣生法；然而大乘菩薩們是永遠不入無餘涅槃中的，是要盡未來際廣行菩薩道而不入涅槃的。在永無止盡的菩薩道中，從如來藏常住的立場來看，當然一定是將六識心及其六種自性攝歸常住的如來藏心中，成爲常住如來藏的法性之一，這是未來每一世中都必須有的六種見聞覺知的識別性，不許滅除。所以今天晚上睡著時六識的識別性中斷了，明天早上又可以再生起；這一世死了，轉到中陰身時六識自性又生起了；入胎以後到了五色根具足時，六識自性重新又生起了。而如來藏始終含藏了六識心的識別性，這時虛妄生滅的六識自性也就轉依於常住如來藏心體，而說是如來藏的妙眞如性之一。

一切法都不能外於如來藏而存在、而施設。譬如二乘聖人爲了取證無餘涅槃，所以方便施設說六識心體及六種自性都是虛妄法，是緣生法，都是本識藉緣而生起的。但是，二乘解脫道所解說的緣起法究竟是從哪裡來的？其實還是從如來藏中來的，不可能外於如來藏而有聲聞解脫道的緣起法。三界一切法，全都不能外於如來藏而有生滅，一切法的生滅都是在如來藏中妄生妄滅——全都是虛妄出生、虛妄消滅，所以都是依於如來藏而有，本來就是如來藏無量功德中的局部。所以，從盡未來際永不中止地利樂有情的成佛過程來說，絕對不能說六識心的六種自性是虛妄法；而且，如來藏在每一世中所出生的六識心自性，全都不會有所不同而混濁無用，所以說是「妙覺湛然」，因為都是從眞如佛性中起用的，本就應該歸屬於「妙覺湛然」的佛性。

也許有人不太相信我的解釋或世尊的開示，但是等你將來眼見佛性的時候，一定會發覺眞的是妙覺湛然，而且遍周於十八界中，含吐十虛。有時候含藏在如來藏裡面，有時候吐露出來而現行時，則是遍十方虛空世界都可以這樣運作的。假使有大神通，不管是去到十方虛空的任何一個世界中，佛性所支持的六識覺知心自性始終如是。假使哪一天眞的有外星人來到地球時，你一樣可以證明，所有外星人仍然不出於十八法界之外。不論外星人的體形怎麼變，終歸不出於十八法界之外，也終究不出於如來藏法之外。現在如此，未來也永遠都是這樣，不可能自動或被動改變，所以說：「遍周法界，含吐十虛，寧有方所？循業發現。」

然而這樣子妙覺瑩然、妙覺湛然，而且是循業發現，究竟又是怎麼樣循業發現的呢？如果造了惡業下地獄輪轉很多劫以後，未來回到人間時只能當細菌，那時牠的如來藏中雖然具足了所有功能，可是十八界卻不能全部顯現出來了。這也是循著這個細菌以前所造的惡業，而這樣發現出牠的識陰自性——只能有範圍極小而功能極簡單的了知性與觸覺性；不但少了幾個識的功能，而且現有兩三個識的其餘功能也全都無法發明顯現出來，所以這隻細菌的意識與身識的自性功能，也是極簡單而無法思惟任何法性的。再經過很多、很多劫一步一步受報以後，終於可以往生到人間來，才能像我們這樣具足識陰六種自性啊！所以全都是循業發現。

「世間無知，惑爲因緣及自然性，皆是識心分別計度，但有言説都無實義。」「然而這種法界中底眞相，世間人並無所知，就説是因緣所成就，才會那樣；都是因爲五色根與意識本來就應該是那樣的，所以就能做出六種不同的識別。也有人主張六識覺知心的六種識別性，是自然性，不必有別的常住法來幫忙，自然而然就能有這六種識別性。世間人的這種説法，都是緣於意識覺知心的分別而產生不正確的認知及執著，徒具言説而完全沒有講出眞實義。」覺知心對六塵的識別性，就只是因緣所成的嗎？其實不是。若眞的是單憑因緣即可出生，就成爲非心可以出生心了！那是完全不合邏輯，也不符法界實相的。五色根與六塵都只是色法，全屬物質性的色法；而色法非心，怎能出生覺知心呢？而意根也是生滅法，當不迴心阿羅漢們入涅槃時，意根一樣是被滅盡的；凡是可滅法，就不可能出生覺知心；只有常住不滅法，而且是心，才能出生覺知心。所以說，覺知心絕對不是五色根、意根、六塵等因緣和合時就能出生的，當然是要由如來藏妙眞如性來出生，本來就該攝歸如來藏。而且，覺知心出生以後，也要靠如來藏妙眞如性來幫助，才能繼續存在及做種種識別，所以還是要回歸如來藏妙眞如性中，不能單說是因緣性或自然性。

譬如細菌的如來藏也是含藏著一切功德種子，沒有欠少一絲一毫；但是循業發現的結果，牠就可能只有身識與意識的識別性發明顯現出來，其餘的識性都無法發現出來。而且，細菌這兩個識的識別性的功能也是很下劣的；必須無量劫報盡而回到人間成爲人類時，才能像人類這樣具足發現出來，所以全都是在**循業**的大前提之下才能有**因緣**生。然後**循業**而具足了六根六塵六識以後，才有了人類的六種識別性，在如來藏妙眞如性的覺精佛性運作之下，終於能夠自然地出現，也是依於如來藏才有六識覺知心自然擁有六種識別性。若不依如來藏心，就沒有因緣性可說，也沒有自然性可說。所以那些自稱阿含專家的學術研究者所講的因緣法，那些外道或世間人所講的自然性，其實都只是意識心自以爲是而作出來的分別，都是錯誤判斷而去執著自己的言說；那純粹是言說而沒有眞實義可言。也就是說：一切法都不能外於如來藏而有，一定要以如來藏心爲大前提，才能夠說有因緣法及自然性，離了如來藏心就沒有一切法可說了。

【爾時阿難及諸大衆，蒙佛如來微妙開示，身心蕩然，得無罣礙。是諸大衆各各自知心遍十方，見十方空如觀掌中所持葉物，一切世間諸所有物，皆即菩提妙明元心；心精遍圓，含裹十方。反觀父母所生之身，猶彼十方虛空之中吹一微塵，若存若亡；如湛巨海，流一浮漚，起滅無從。了然自知獲本妙心，常住不滅。】

講記：請問，阿難尊者這時明心了沒有？還沒有！只是意識上知道自己眞的有這個如來藏妙心存在，心中覺得很歡喜，實際上還沒有找到如來藏的所在，這在後文中還會再演述。然而，大眾與諸二乘無學聖人都已知道同樣有一個落處，也就是說，如果有智慧觀察—如果能詳細觀察六根、六塵、六識以後—就會發覺十八界自己全都是生滅法，都是緣生法。可是如實現觀以後心中卻慌起來了：既然十八界全都是緣生法，將來死了以後入涅槃時，是不是變成斷滅空？大家都同樣有這種疑慮，於是心中就覺得很苦惱。本來是想要求解脫，可是實證解脫道的結果，是成爲阿羅漢證得解脫以後，捨報時入了無餘涅槃，卻是十八界自我全部滅盡，變成眞正沒有自我存在了，這種眞正無我卻似乎變成斷滅空了！所以心中總是有苦惱。然而 世尊又說有如來藏妙眞如性恆存不滅，當然就不是斷滅空了！於是當時阿難尊者**及諸大衆**，承蒙如來開示了微妙的法義以後，色身以及覺知心中的所有疑惑也就蕩然無存，得到了全無罣礙的心境。

這時在場聞法的所有大眾，各自都已經知道眞如妙心如來藏，是可以遍及十方的；這時以能見之性來觀察十方時，看見十方虛空迥然無物，猶如現前觀察自己手中所執持的樹葉或物品一般，這時在理論上已經知道一切世間以及所有眾生及物質色法，其實都已歸屬於菩提眞覺神妙光明原來已在的如來藏心；而這個常住的如來藏妙眞如性的覺精佛性，是可以遍及十方世界而圓滿無礙的，也能含攝而收藏十方諸法。反過來觀看父母所生的自己色身，猶如在十方虛空中吹進一顆極微小的灰塵一般渺小而幾乎看不到，幾乎是不存在而又存在著。以色身與如來藏心的廣大自性來比擬時，色身就好像是在無邊無際的大海中，漂流著的一個浮在海水表面上的一顆小水泡一般，總是在偶然生起之後，又不知不覺地消滅了，眞的是「**起滅無從**」啊！大眾這時已經很清楚而無疑惑地知道，每一個人都是早就獲得本來就在的微妙眞心，而且這微妙的眞心是常住而不會壞滅的。

現代佛教界的大師們爲什麼私底下都氣我蕭平實呢？都是因爲我把《眞實如來藏》一書寫出來，證明確實有如來藏。可是，如來藏究竟在何處呢？這蕭平實又不肯明講出來，大師們讀了以後還是不知道如來藏在哪裡。有些大師們，當你送他們《眞實如來藏》時，他們總是往桌上一丟：「**我有空時再看。**」眞的不屑一顧。或者吩咐你交給侍者，不屑於親手接過來。等到你離開了，往往不是等到有空時再讀，而是沒有空時也趕快拿到方丈室裡關起門來讀（大家笑…）。可是讀來讀去以後，只能證明《眞實如來藏》講的確實正確，因爲理論上確實是這樣，已經從理上證明有如來藏啊！可是如來藏究竟在哪裡呢？蕭平實又不肯明說而隱藏著。其實我不是隱藏得很好，而是他們自己智慧不夠。因爲我在書中其實已經明講如來藏在哪裡了，可是沒有智慧時，就是無法找到如來藏啊！

同樣的情形，佛陀雖然沒有明說如來藏在哪裡，但是已經用很多的道理和譬喻，也借用因緣法中的許多道理來證明確實有如來藏存在啊！這時大眾聽聞而理解了：「眞的人人都有如來藏，也都是本來就已獲得的。」既然眞的有，而且大家都是本已獲得而不曾失去，於是心中就沒有罣礙，所以**身心蕩然**。這時大家都知道：「原來我們這個覺知心也是可以跟著如來藏遍緣十方的。」因爲不論十方虛空有多麼深遠，你就能看多麼深遠；只是因爲遠處太微細了，看不清楚而已，不能說是沒有看到。譬如月亮，誰沒有看見？都有看見啊！月亮那麼遠，也是被覺知心看見了！至於幾十億光年之外的星球就看不見嗎？還是有看見啊！只是看不見很微細的部分，只能看見一小點的星光，於是就忽略了。如果用望遠鏡來看，或者有很好的天眼通，把它們拉近而放大了以後，一樣可以看得很清楚的，所以覺知心眞的可以隨如來藏而遍緣十方的，爲什麼要把自己侷限了呢？

更不必把自己侷限在小小的地球人間，因爲三界中並不是只有人間，還包括天上啊！可笑的是印順法師竟然把自己的眼光侷限在人間，主張佛法只有在人間才有，不許天上也有佛法。印順法師似乎也不允許地獄中有佛法，若是地獄中眞的沒有佛法，那麼地獄就應該已經不在三界內了！因爲凡是有衆生法界的地方就有佛法，所以地藏王菩薩才要去地獄度衆生。如果佛法只有侷限在人間，一定不是眞正的佛法；因爲佛法是沒有侷限的，遍十方三界一切法界中，全都有佛法存在啊！

這時大衆已經知道心遍十方了。但是有些人不瞭解眞義，就誤會說：「那我的覺知心眞的是遍於十方虛空了，是不是極樂世界中也有我的覺知心？」那又是誤會了，以前香港月溪法師也是這樣誤會，就想像自己覺知心遍滿十方虛空，捨報時還說偈籠罩世人：「遍滿虛空大自在。」若是沒有實證如來藏，或是才剛實證不久底人，往往被他籠罩。如果極樂世界也有你的心，你就不必求生極樂了，爲什麼阿彌陀佛還要接引人們往生去極樂世界？所以，**心遍十方**並不是那個意思，而是說：覺知心的覺知性是可以**遍緣**十方世界的，只要夠清淨、只要覺知心的所有功德都發起了，就能做得到，但是並非覺知心遍滿十方世界的每一方分。所以，到達佛地以後，佛性可以覺遍十方，因此就使覺知心可以遍緣十方世界。還沒有到達佛地時，就不可能覺遍十方，但並不代表覺知心不能跟十方一切諸法相接觸啊！但這不是覺知心遍滿十方虛空中或十方世界中，所以不要依文解義，依文解義時就會很麻煩。

有爲什麼是心遍十方？譬如「**見十方空如觀掌中所持葉物**」。十方虛空中，有哪一個虛空是你看不見的？都可以看得見嘛！假使被地球擋住了一部分而看不見，那麼到了晚上還是可以看見被地球擋住的另一邊虛空了，依舊是看得見。而實際上是本來就看見的，因爲被地球擋住的一邊虛空，只是地球後面的虛空，但是看到整個山河大地時，眼與大地之間就沒有虛空嗎？還是有的，否則就無法看見山河大地了，所以其實還是看見十方虛空的。若是以三地滿心的菩薩而言，更是可以看見十方虛空的。所以大眾看見十方虛空時，猶如觀察自己手掌中所持的一片樹葉或一個物品那樣地清楚。而自己所見一切世間的所有物品或色塵相，以及所見虛空的法相，其實都是自己的菩提妙明元心。

「**心精遍圓，含裹十方**」，是說世間諸物都是各人的菩提妙明原來本有的眞實心。因爲世間諸物所有色塵相，以及所見的十方虛空法相，全都是自己的如來藏變現出來讓有情看見的，一切有情從來都沒有看見過外面的色塵相啊！但是事實上卻又看見了十方虛空，才剛看見時就已經是取了。有人寫信問我說：「**如果有一個東西是取也是不取，是不取也是取，請問是取還是不取？**」我說：「**非取亦非非不取。**」取而不取，不取而取，非取亦非不取，找到了如來藏時就是這樣現觀。但是得要找到如來藏才行，如果還沒有找到如來藏，問我這個問題也是白搭，因爲他自己是無法如此現觀的。當他這樣問時，我就是這樣答；而他提問時，不知道自己問的是什麼；但是我答問時，我知道我答的是什麼（大眾笑…）。這就是說，有找到如來藏時，跟沒有找到如來藏時的差別就在這裡。

當覺知心了知色塵境界時，就是取已經完成了；取了色塵時，怎麼可以說是不取？若是對色塵不取時，那就是眠熟或悶絕位中，連能取色塵的覺知心都不存在了，又怎麼可以說是存在之時而有不取？因爲他是落在識陰覺知心中，覺知心的境界必然是這樣的現量，無法推翻的；所以在覺知心的境界中，沒有不取而取、取而不取的境界可以現觀。但是我住在覺知心境界中的時候，同時也住在菩提妙明元心的如來藏中；這時覺知心有取，這個取卻是無常的；而如來藏不取，但如來藏如鏡應現影像一般，取了外色塵而變現出內相分色塵時，卻是不加以了知的，眞是取而不取。而覺知心了知色塵時，是取了如來藏所變的內相分色塵，仍然是取了自己的相分，不曾取外色塵相分，也可以說是取而不取。

所以我有實證而現觀底道理，我可以說我沒有取，確實有我不取的道理。所以我明明取了物品拿在手上，卻可以告訴他：我無取。因爲我確實有無取底道理啊！在法界實相中一定講得通。但是如果我手中不取物品時，我也可以說我是有取的；至於我爲什麼有取？我還眞的是有取，一樣可以講有取底道理。所以，未來縱使有人送給我黃金五百兩，我收取了黃金五百兩，還是可以告訴對方「我無取」，而我確實沒有撒謊。這就是說：從眞實理來說，從法界實相中來看，這個道理一定能通；但是如果還沒有找到如來藏時，來對我說這種道理，我隨便一問，對方可就倒地不起了，誰都救不了，任憑九牛來拉，一樣拉他不起。

所以說，一切世間諸所有物以及十方虛空，有情眞的看見了嗎？是看見了！但是所看見的是眞正身外底事物及虛空嗎？其實沒有眞正看見。但是若說有情沒有眞正看見嗎？卻又眞的看見了，因爲都可以與所見世間諸物有所互動啊！因此才能拿到水果、經典……等物，證明確實是看見了外物。可是，若要眞正探究事實眞相時，才發覺所看見底世間諸物，那些色塵相全都是自己的如來藏變現的，不曾看見外相分諸物，所以看見的並不是眞正外面的物品，因爲所看見的身外諸物色塵法相，全都是自己的如來藏所變現出來的色塵相，與外塵一模一樣，絕對沒有絲毫的差別。乃至一切有情所見的十方虛空法相，仍然是自己的如來藏心所變現的內相分，完全沒有走樣。所見如此，所聞、所嗅、所嚐、所覺、所知，莫不如此，所以說，世間一切所有物，都是自己底菩提妙明元心啊！

由此可知，有情所見十方虛空以及所領受的世間一切六塵，全都是自己如來藏心中的法，不曾外於如來藏心。這已經證明，自己所知、所見的十方虛空一切境界相，全都在自己底如來藏心中，不能外於自己的如來藏心而有十方虛空。如此看來，顯然覺知心與如來藏心都是遍十方界的；既然十方虛空都可以看得見，怎麼不許說「心精遍圓、含裹十方」呢？這是因為如來藏本來就有這種功能性存在。既然因地就有這種功德存在，只是尚未完全發起，所以到達成佛境界的時候，佛說十方無量虛空中的任何世界下雨時總共下了幾滴，全都知道。這正是佛地見性的境界啊！

證得如來藏以後，這樣了知「心精遍圓、含裹十方」時，再從這個現觀境界中，回頭返觀自己，就會證實被父母所生的自己這個色身，眞的好像是在十方無邊無際虛空中吹起的一顆微塵一般地渺小，說這個色身存在時卻又小得看不見，猶如不在一般，因為太微細了。從十方虛空那麼廣大無邊的境界來看這個如同微塵一般的色身時，根本就看不見，眞是如湛巨海，流一浮漚，就好像在完全平靜的巨海中，有一顆小小的水泡在海面飄浮著，很不容易找到它，所以說**若存若亡**。而且，從色身存在人間短短幾十年的現象，比對永無止盡的時空時，時間眞的很短暫；就如同大海中忽然有一顆小水泡出現了，在你還來不及找到它的時候，它早就消失無蹤了，所以說，人間色身的出生與壞滅，在無盡底時空中，確實是**起滅無從**。

這時，從親證如來藏以後所獲得的這種現觀境界中，已經**了然自知獲本妙心常住不滅**。親證如來藏以後，只要有善知識加以解說，不被文字及更深細的無明所障了，就可以印證這個事實：**心精遍圓，含裹十方**。當然就可以現見自己短短幾十年的色身，存在於永恆不滅而遍含十方虛空的如來藏中，確實如同大海中忽然出生的一顆飄浮的小水泡一般無足輕重。而且前面經文中，世尊已經證明十八界及七大都不是自己能存在的，也證明全都不能互生，所以見聞覺知等識別性並不是從所緣的各種因緣法中出生的，更不可能是無因而生、無因而滅的，一定是由另外一個自己還不知道的如來藏—菩提妙明圓妙眞心—中生出來的。而見聞覺知心的六種識性確實是存在著的，世尊所說底正理卻又是絕對正確而無法推翻的，這不就證明所有人都是各有自己底如來藏了嗎？

當　世尊為大眾做了這樣究竟而廣泛的推究過程，大眾聽完而能夠理解時，當然已經證明自己確實有這個如來藏妙明真心，知道這是不可推翻的正理。由於以前不曾聽聞這種妙法，不知道有本妙明妙底如來藏真心，也不知道如來藏真心有妙真如性；如今聽聞而且從理上證明大眾都有這樣的真實心，所以了然自知獲本妙心常住不滅。大眾心中大喜，知道死後不是斷滅空，也知道阿羅漢們入無餘涅槃以後不是斷滅空，就好像貧困求乞的小兒，忽然獲得無價寶珠一般，心中真是得未曾有，於是共同禮佛合掌，在　世尊面前說偈讚佛。

「**了然自知獲本妙心，常住不滅**」，為什麼說是「獲」呢？因為大眾從來都不知道自己本來就有這個圓滿明妙的如來藏心，由於以前不知，所以說是未得；然而現在知道了，不就是獲得了嗎？只是還沒有找到祂的所在罷了。這好像父母說：「我為你埋了五百兩黃金在院子裡，現在告訴你，你可以自己去挖掘出來使用，你已經得到五百兩黃金了。」這些黃金本來就屬於兒子，在埋藏時就已確定是兒子的了；但是卻不告訴他，如今才告訴他，教他去挖出來用，當然應該說現在才獲得了。又如父母幫兒子買了房子，已經辦了手續，都登記在兒子名下了，卻不曾讓兒子知道；後來確定兒子可以守成，不會敗壞家財了，於是把所有權狀交給兒子，把這件事情告訴兒子；雖然本來就登記在兒子名下，但對兒子來說，其實是這時才獲得的啊！同樣的道理，法會中的聖眾們（這是指二乘聖眾們，文殊師利等菩薩們早就證得了，所以大菩薩們除外），所有二乘聖眾們，這時雖然已經了然自知獲本妙心常住不滅，然而祂在哪裡呢？卻還是不知道，可是心中無限感激，所以就有下文了！於是：

【禮佛合掌，得未曾有，於如來前說偈讚佛：

「妙湛總持不動尊，首楞嚴王世希有；
銷我億劫顛倒想，不歷僧祇獲法身。
願今得果成寶王，還度如是恒沙眾；
將此深心奉塵剎，是則名為報佛恩。
伏請世尊為證明，五濁惡世誓先入；
如一眾生未成佛，終不於此取泥洹。
大雄大力大慈悲，希更審除微細惑；
令我早登無上覺，於十方界坐道場；

舜若多性可銷亡，爍迦羅心無動轉。」】

講記：「妙湛總持不動尊，首楞嚴王世希有；銷我億劫顚倒想，不歷僧祇獲法身。」我們先講解這四句。「妙湛」是說非常地微妙，並且是澄清而如如不動的。「妙湛」，是微妙而純清不動；你們讀到《狂密與眞密》書中寫到密宗的妙湛居士，就是陳淳隆，自稱妙湛居士。他弄了一個網站，在上面虛妄批判我，所以我在書中做了小小的回應，免得佛教界誤會，誤以爲我眞是如同他所講的那樣惡劣。這不是故意跟他計較，而是寫在書中讓佛教界評理，希望以後佛教界引以爲鑑，別再斷章取義、隨意扭曲眞相。但是陳淳隆根本沒有權利使用妙湛兩個字，因爲他說的法義既不微妙，又不是澄清而如如不動的，總是一天到晚在意識心上面不斷地亂轉，怎麼可以叫作妙湛？

妙湛，一定是證得如來藏以後，了知如來藏雖然在十八界法中從來不斷地運行，但祂於六塵諸法卻是從來如如不動的；不論誰罵祂，祂都無所謂，而且自從無始劫來就是如此的，不是修行以後才如此。乃至不管誰在座上把第一義諦說得多玄多妙，你們聽得很歡喜時，你們的如來藏依舊是永遠如如不動的；可是你在想什麼，祂卻又全都知道。譬如《維摩詰經》所講的那一句話：「於第一義而不動」，卻又能夠「了眾生心行」，這才能說是妙湛。以後若有因緣，再來開講《維摩詰經》（大眾拍手…）。（編案：《維摩詰經講記》總共六輯，已經整理出版完畢。《楞嚴經講記》是特地延後五年整理出版的。）你們若是聽完了《楞嚴經》以後，再來聽講《維摩詰經》，一定會覺得很輕鬆。

今天剛聽我講《楞嚴經》，如果還沒有破參，聽起來會很吃力。但是如果能夠聽習慣，就表示你的知見提升了，那時再來聽《維摩詰經》就容易聽懂了，不會像現在聽得那麼吃力。妙湛，是說如來藏是很微妙的，並且很澄清而如如不動；不管十八界法怎麼樣喧鬧，祂都住在寂靜之中，照常在運作而且不會動心去了別六塵；六塵永遠動不了祂，所以叫作妙湛。若能悟得如來藏心，而且能夠具足了知祂的總相，就叫作總持智。諸佛卻不是只有總持智，而是全都具足了知如來藏中的一切種子，就是了知一切界—一切功能差別—所以叫作一切種智。而一切種智也是由總持智來作總括性的受持，就能爲人鉅細靡遺講解出來。「妙湛總持不動尊」是說 世尊的覺知心中如同如來藏一般如如不動，不管怎麼樣都無法動轉 世尊的心情，永遠不會動轉。

「首楞嚴王世希有」這是讚歎 世尊能夠說出首楞嚴王的勝妙眞義。首楞嚴王，在剛開始講解經題時就講過了！現在不重複再講了。當時我們講了很久，單是首楞嚴三個字便講了兩個小時。因爲當時已經講得很詳細了，所以現在不重複再講。能夠說出首楞嚴王勝妙法義，眞的是世間所稀有的；不但人間，乃至在欲界天、色界天、無色界天都是非常稀有的，是三界世間裡面很難遇到的。

「銷我億劫顚倒想，不歷僧祇獲法身。」「世尊爲我們宣講出一切法根本的堅固究竟妙法以後，能夠消除我們很多億劫以來所累積的顚倒想——以前總認爲見聞覺知的自己都是因緣性或自然性，現在才知道不論是因緣性或自然性，全都是由如來藏的妙眞如性中產生的，使我們無量劫來的顚倒想被消除掉了；於是使我們不必經歷無量數劫的修行，就能夠獲得法身。」雖然說是獲得，卻還不知道法身在何處；但是也算獲得了，因爲已經知道自己確實有這個法身第八識存在，所以說「不歷僧祇獲法身」。如果想要找到祂，可得要好好修學這個法門；假使去禪三共修前還沒有破參，也沒有關係，我們會有很多善巧方便來幫助你們。只要知見正確，福德也足夠，去到禪三道場時，只要一破參就能找到。不必像有些大師們所說的：「要經過一大阿僧祇劫精進修行大乘法以後才能找到祂。」根本就不需要，只要一剎那間就能證得了。至於要怎麼樣找到祂，後面經文還會繼續開示。

上週有送來一則問題還沒有答覆：「蕭老師您好！謝謝老師每星期二都

來跟我們講經說法，很慚愧我的根器很差……」其實不很差，很差的人不會來這裡聽講深妙的經典。「雖然每次聽經都是似懂非懂，但能聽聞此了義法，我眞不知道修了多少劫的福報才有如此因緣。今有一個問題想請教老師：現佛教界最大盛事，莫過於佛指舍利恭迎來台灣，不知動用了多少人力與財力，老師您對這件事——恭迎佛指舍利之事，有什麼看法？願聞其詳，謝謝！」這個問題，如果是在一年前，我大概不會公開答覆。不過我們現在還是可答覆一下，因爲時空已經有一些變化了。

諸位可能會注意到：我們的書中從來沒有評論到佛光山、慈濟。這是因爲人家既然不來招惹我們，我們就不必招惹人家。各說各的法，我們只管把正確的法義弘傳出去就行了。不過因爲星雲大師在幾個月前，……（中略，無關法義故）既然事情已經發展到這麼嚴重的地步了，那我想，這個問題現在是可以公開答覆的。恭迎佛舍利來台，這件事情基本上我是贊同的，而且這在台灣的佛教界來講也是一大盛事；毋寧說，讚歎其實是多餘的，因爲凡是佛教徒都會認同的。如果迎佛指舍利的事情不該讚歎，那我就不會前往禮拜了。我也隨眾到台灣大學體育館去禮拜，可是我去到那裡時心中有一些感想。我剛剛到達時，不曉得他們有做法會，所以剛到的時候，我跟同修們也是一直問：「功德箱在哪裡？」我認爲個人也應該共襄盛舉。因爲佛指舍利來台畢竟是一件大事，也得要用到許多錢財，我應當要隨喜；可是問來問去都問不到功德箱，後來問到一位服務人員，說在法會會場裡面才有，因此我們就等著瞻仰以後再隨喜贊助。

當我們進入會場時，法會快結束了！那時唱了讚佛偈以後接著是一篇禱文，有一位法師在上面唱誦禱文。我不曉得那篇禱文是不是星雲法師寫的，我從頭聽到最後結束，只有兩個感覺：第一，是濃濃底政治味，第二個感覺則是濃濃底世俗味。那篇禱文中並沒有祈求佛加持前往瞻仰的佛弟子們，證得解脫道或佛菩提道，而是在祈求兩岸的和平，所以說是濃濃的政治味。第二是祈求佛弟子們身體健康、家庭和樂、事業順利，與佛法的熏習及修證或者佛教的永續利樂眾生完全無關，所以我說是濃濃的世俗味。這就是我對佛光山恭迎佛指舍利的感覺。

而且我又看見他們把專修雙身法的外道喇嘛拱在內壇佛舍利旁，還公開宣稱是最珍貴的金剛法師，因此我心中又覺得很難過。這些藏傳佛教喇嘛們明明是外道，爲什麼星雲法師這樣愚癡？佛光山說是八宗共弘、顯密圓通，又宣稱是「禪、淨、密三修」，可是他們對佛法的眞正密意顯然沒有通達，才會把邪淫而亂倫的藏傳佛教喇嘛們拱在最前面、最內圈，又說那個叫作金剛護法。藏傳佛教的雙身法哪能叫作金剛呢？只是欲界中的世俗法，而且是欲界中煩惱最重的世俗貪道，更是生滅法，怎麼可以叫作金剛呢？那是必壞有爲之生滅法啊！可是佛光山把他們拱到那麼高，一定會繼續誤導佛教界初機學人，所以我當時心中非常感慨。對於佛教界以及佛法的法義，被這些大師們配合藏傳佛教大力摧殘，很多年來每次想到時就會一直流淚。但是這兩年，我不再因此流淚了，我開始奮起，想要救護被藏傳佛教喇嘛所害的廣大眾生。你們看到《狂密與眞密》的扉頁中，我這樣寫著：

抬手拭濛眼，奮力疾呼！誓摧魔幟！

更矗正法幢，千年且看伊！

如果我再掉淚、再傷悲，還能豎起正法幢來跟他們周旋嗎？千年後藏傳佛教還是會繼續殘害眾生的法身慧命，還能看到他們改邪歸正嗎？所以我已經很久不掉淚了。我們幾個人等了很久，終於能走到舍利塔前面，於是在那裡胡跪發了一個願，也求了一件事；全都不是爲自己發願，也不是爲自己求事。第一，我發願要把佛教的千年基業、萬年基業做好，讓藏傳佛教附佛外道們離開佛教界，讓外道法完全摒除在佛教之外；我要盡形壽去做，並且把這件事情延續到未來世繼續做。第二，求佛圓滿我這個願，幫我加持，讓我得以完成這個工作。我所發的願，跟我所求其實是同一件事。

但是有一位同行的同修，看到佛光山這樣推崇藏傳佛教喇嘛外道，心中很感慨，忍不住哭得一塌糊塗；我只好拍拍他的肩膀，摟住他的肩膀，也沒辦法說什麼。我同修回到家中，因爲看見佛光山把邪淫的藏傳佛教喇嘛們拱到這麼高的地步，於是又感慨地說：「爲什麼今天修學佛的了義法，然後他們爲了要得到了義法，並沒有用心求法；這一些大師們穿了如來的衣服，竟然幹這些事情，都是藉著如來的衣服在賺錢，來聚斂錢財、騙財騙色。」我同修在現場當時並沒有掉眼淚，回家以後卻連續掉眼淚三個鐘頭。過了好幾天，她有時想起來還是會掉淚。她還會抱怨說：「世尊您把法傳下來，怎麼卻不管一管呢？讓這些人繼續這樣亂搞。」她也很難過。這就是我對佛光山星雲法師恭迎佛舍利來台灣的感想。

但是我已經不再掉淚了，我要做的，就是努力把所發的願達成。如果我們這一世所預定的計劃能夠圓滿做完，就不是只有百年的大業，這是佛教的千年基業、萬年基業，可以讓佛教一勞永逸，一直到未來月光菩薩降臨人間時，都不會再被藏傳佛教外道所害，這就是我的感想。當然可能諸位聽起來會覺得很沈重，但是事實上也確實是這樣的。所以我們不願意像那些大道場印了大量簿子要求大家去勸募，我們要有自己的風骨，要有我們的道風。我們必須是佛教界的一股清流，完全公開化、透明化去運作。

有些同修對我抱怨說：「那些道場如果不是傳應成派中觀的斷見論，不然就是意識境界的常見論、六識論；但是他們往往都要一百多億、二百億元。法鼓山不是要一百二十億元嗎？近年又弄一個人文基金會，又要勸募五十億元，這就將近二百億元了！可是咱們正法、究竟了義法的所在，只是爲了圖一個能夠容納大眾聽經的地方都做不到。」因爲我們團體小，諸位對正覺同修會都非常的護持，這麼小的團體，讓我們今天有四千萬的基金，可以用來買到這個講堂；可是畢竟還得要買一個根本道場，將來可以容納一千多人、二千人同時來聽經，卻是沒有辦法的，因爲我們財力不夠，做不到（編案：這是二〇〇二年所講。此書出版時台北已有四個講堂容納一千餘人同時聽經了）。雖然諸位確實已經盡力在護持，只是我們團體很小，所以做不到。但我的想法是，有一些事情，還是要看因緣時節，所以也沒必要抱怨，我們只要一步一步穩紮穩打、次第來做，這也是我順便要答覆某一些同修們的話。

言歸正傳，接下來繼續解說：「願今得果成寶王，還度如是恒沙眾；將此深心奉塵刹，是則名為報佛恩。」這四句是說，阿難尊者心中有個深願：「希望今世可以證得佛菩提果，乃至可以成為大寶法王，」當然這個大寶法王不是指藏傳佛教外道所講的大寶法王，藏傳佛教的大寶法王都是邪淫者、邪思者，都是世俗法中最貪而且欲界煩惱最重的俗人。你們若是讀過《狂密與眞密》第一輯時，大概就會對藏傳佛教外道有一些瞭解了。但不只是這樣，好戲還在後頭，當你們讀到第二、三輯時，會覺得藏傳佛教雙身法的法義眞是不堪入目。不堪入目的原因並不是我們把它添加上去的，而是藏傳佛教的法義本來就是那樣的；而我若是不加以詳細註解，他們又會繼續騙財及騙色，姦淫良家婦女，甚至於繼續破壞信徒們的家庭圓滿。因此說他們所謂的大寶法王，其實是人間層次最低、最淫賤者，哪裡可以稱之為大寶呢？而他們也沒有佛法智慧，又是哪裡可以稱之為法王呢？所以這裡所講的大寶法王，和藏傳佛教外道自封的大寶法王截然不同。

藏傳佛教外道一向都把佛教中層次最高的果位，拿來套在自己頭上；而他們不只是凡夫，其實更是欲界中層次最低的人，是欲界中煩惱最重的人。《狂密與眞密》第一輯封面的嘎巴拉，本來想展覽出來讓大家看一看實品，但是有人在問：「這個東西到底是幹什麼用的？是哪一灌用的？」這還眞是不便當眾啓齒說明，恐怕女眾聽了我的解釋以後當場會臉紅難堪。這個物品在紅教、花教、白教來講，是到第四灌才會用得著，乃至有時在第四灌還用不著，要到第四灌之後的輪座雜交實修時才會用得著。但是在黃教中，第三灌頂時就要用到，因爲它容量比較大。第四輯的封底也印有另一個嘎巴拉，卻是從不同角度所拍攝的，那第四個嘎巴拉，是第三灌時所用的，容量比較小，是做「交合供」的時候所用的。

爲什麼藏傳佛教外道的黃教，在第三灌時就要用到第一輯封面那個容量較大的嘎巴拉呢？因爲黃教宗喀巴主張在第三灌頂時，被灌頂的弟子必須提供「九明」給上師，上師才會爲他做祕密灌頂。「九明」知道嗎？都不知道。這些都是暗語，九明就是九位明妃；換句話說，要供養九位漂亮而且年輕的女人給主持灌頂的喇嘛，進了密壇與那個喇嘛一一交合以後，用那個嘎巴拉取得與九明交合以後的分泌物，才能爲弟子灌頂。宗喀巴怎麼規定呢？是從十二歲開始算起，提供給上師的明妃得要十二歲一位、十三歲一位、十四歲一位……最後是二十歲一位，這樣總共是九位明妃。既然要九位年輕女人與喇嘛一一合修雙身法之後，他們所說的甘露（喇嘛與九位女人交媾混合的淫液）當然就很多了，所以就要用那個容量較大的嘎巴拉。

所以藏傳佛教外道的黃教，在第三灌時就要用到那個嘎巴拉，因爲宗喀巴主張喇嘛要與九位明妃一一交合。如果是在紅、白、花教，他們只要求有一位就可以了，而且不限定必須要十二歲、十三歲的處女；只要年輕，不要年紀太大就可以了，如同台灣俗話說：「無魚，蝦也好。」這就是藏傳佛教外道。所以那個嘎巴拉，如果有人問起，你就把這些道理告訴他，就說是蕭老師講的，免得直接與人起諍論。在黃教以外的其他藏傳佛教外道的教派中，第一輯封面印的嘎巴拉，是要在密灌後，另外與上師及其他很多異性藏傳佛教行者共同合修（輪座雜交）時才用得著。若是以前曾經學過密法的人，可以自己判斷，看我說的有沒有正確？看我是不是無根據的冤枉藏傳佛教外道？不過說眞的，也有可能某些人學了十幾年密法以後都還沒有被密灌，所以還不曾與喇嘛合修過雙身法，因爲她們不夠美麗，或者已經年長而供養喇嘛的錢財還不夠多，這也是老實話。

因此說，佛法中眞正的大寶法王是指究竟佛，跟藏傳佛教外道自封的凡夫法王本質完全不一樣。譬如藏傳佛教外道的仁波切，仁波切是音譯，本義叫作人中寶；可是我要請問密宗的所有人：哪一個人夠格被稱爲人中寶？都應該叫作人中賤。因爲是人間最下賤的人，都是邪淫者，其實連當最基本的佛弟子都不夠格，卻被佛光山拱到佛舍利壇場的最內圍，在那邊看守佛舍利，還向新聞媒體宣稱那些邪淫者是金剛法師，眞是太顚倒了！至於什麼樣的頭骨可以拿來做成嘎巴拉？並不是普通人願意捐出頭骨時他們就願意接受，得要他們認定某人無上瑜伽—大樂光明雙身法—已經修到極致了，才有資格在死後被藏傳佛教外道拿他的頭骨來做嘎巴拉。換句話說，嘎巴拉的生前所有人，一定是妄想最癡重、貪欲最嚴重的人；是誤將三界最粗重的妄想認作是佛法實證的愚人，死後頭骨才可以拿來做嘎巴拉。所以那種東西，在藏傳佛教外道中，他們是供在佛龕裡的，我卻是放在書房椅子下的地上，因爲那是人間最下賤邪淫的物品，怎能放到桌子上來？我的桌子都不讓它放了，還能讓它放進佛龕中？絕對不行！

這首偈中所說的大寶法王，是在佛菩提道的修證至少已經到了十地滿心，才能稱爲大寶法王。可是藏傳佛教外道認爲，如果修學雙身法，可以把男女根中的樂觸提升到頂輪，那就是十地菩薩了，就可以成爲大寶法王，全都是用外道法來取代眞正的佛法。而他們所謂的果位修證，從初地到十地乃至成佛的境界，都只是外道閨房技藝貪愛的境界，與佛法完全無關。諸位要先瞭解這一點，才不會被他們唬住了。

阿難尊者說，他發願、也希望今生可以證得菩提果，乃至未來世可以成爲大寶法王。因爲一世之中不可能到達十地，所以是講未來世的事。然後還要回過頭來廣度如同恆河沙數這麼多的眾生。「還」是回頭的意思，佛宣講《楞嚴經》時也有諸方來的菩薩眾，阿難就發願成爲大寶法王以後還要回頭像佛一樣，廣度如同今天猶如恆河沙一樣多的眾生。並且說，願意將自己這個深重發願的至誠心奉獻出來，奉獻給十方虛空中無量數佛土中的眾生。塵剎，是如同微塵數那麼多的佛剎。假使把大地磨成微塵、細粉，如同大地所磨成的微塵數量那麼多的佛剎中的眾生，數目當然是不可計數的。阿難尊者願意將自己深切發願的心，在未來無量世所經歷的無量佛剎中，奉獻給所有眾生，以這種方式來報佛恩。這眞是大願，諸位敢不敢發這個大願？（有人說：敢！）然而光是敢發願還是沒有用的，得要發願以後眞的去做。如果發了願，自己卻都不肯奉獻時間與才能，說這叫作發願，那其實在欺騙佛陀，也是在騙自己。若是眞的發了這種大願，就會眞的去做。「深心」，是說這個願心絕對不會退轉，是從最深層的心中至誠發出來的。這樣眞正奉獻給一切微塵數佛剎中的眾生，確實去做了，才是眞正的報佛恩。

「伏請世尊爲證明，五濁惡世誓先入；如一眾生未成佛，終不於此取泥洹。」這眞是大願：「我跪伏在地上，請世尊爲我證明；我要學習世尊，在見濁、命濁、劫濁、煩惱濁、眾生濁的五濁惡世中，發誓要先進入五濁惡世來度眾生。假使沒有人敢來五濁惡世的時候，我阿難敢來這裡度眾生。」古時那些證悟的祖師們大部分都走了，往生諸佛淨土去了，沒有幾個人願意再來五濁惡世的人間。因爲越到末法時代，眾生根器越差，恩將仇報的眾生也越來越多，所以大部分祖師們就不願意再來了，只有我們這種「傻瓜」才願意再來。明知道把黃金（了義究竟的眞正佛法）送給貧苦眾生時，眾生還要罵你是在騙他，硬要說你送的是鍍金（因爲黃金若是沒有打磨時都不亮，鍍金卻一定很光亮），硬說他們手中的鍍金才是眞金；你把眞黃金送給他們，還要被侮辱。可是你還得發願再來五濁惡世中，而且是發誓要先來五濁惡世中。

「我發這個大願再來五濁惡世人間，勤苦度化眾生以後，如果還有一個眾生尚未成佛，我阿難就不取泥洹——就不會在這個世界示現進入無餘涅槃。」

這眞是大願啊！那些不迴心阿羅漢們聽了，一定都已經腳底痠麻，腳都軟了。縱使聽了以後被感動而熱淚盈眶，可是他們有誰敢發這個大願？然而阿難卻敢發這大願。如果不是阿難敢發這個願，我們今天哪裡還有佛法呢？早就沒了！也許有人問：「那阿難尊者在哪裡？怎麼今天沒看見？（大家笑…）

他躲到哪裡去了？」他沒有躲，在三千大千世界（銀河系）中。這個娑婆世界還有很多很多的地球，當然就還有很多很多眾生；這地球既然已經有人繼續在弘傳 世尊所遺傳下來的正法，阿難尊者可以另外去別的星球開疆闢土，利樂更多眾生。如果這地球已經沒有諸位，也沒有我在傳法，阿難尊者當然就會回來；既然有我們住持正法，他就可以另外去開疆闢土了。因為當年把《楞嚴經》聽完的時候，他已經進入初地了！現在不曉得他已是第幾地了！所以這裡由我們來度眾就可以了。除非他哪一天眞的來了，我們就趕快歡迎他，請他來當法主。這就是說，五濁惡世的眾生是很難度的，因為這時的眾生是剛強的，也是剛愎自用的，而且邪見很難轉易，因此祖師們大概都不願意再來，所以有的人往生去彌勒內院，有的人修到初地以上就往生去色究竟天，有的人則去極樂世界或者去琉璃世界，總之就是不願意在這五濁惡世中度眾生，所以阿難眞的是發大願。

「大雄大力大慈悲，希更審除微細惑；令我早登無上覺，於十方界坐道場；舜若多性可銷亡，爍迦羅心無動轉。」這是在請求大雄、大力、大慈悲的世尊加持，可以早登佛果。為什麼稱 世尊為大雄呢？因為 世尊雄猛無畏嘛！雄猛無畏的原因則是從往昔在九地菩薩位時的證量來的，因為九地滿心時有四無畏，再加上十地法王的法雲地智慧，能夠示現一切諸法而爲一切菩薩們解說，因此稱爲大雄世尊。大力，主要是從八地開始所修的力波羅蜜而產生的，也就是於相於土自在的大神變力，再加上九地、十地的證量，當然是大力世尊。大慈悲則是多劫累積下來的大悲心，不是短短幾劫時間就可以成就大慈悲的。

這六句偈的第一句是讚歎 世尊，然後希望 世尊更加詳細地觀察阿難尊者等人，還有哪一些微細的疑惑、微細的無明，爲大眾詳細說明，希望可以幫助阿難尊者等人早日登上正等正覺的佛位，可以在十方界到處示現坐道場成佛等八相成道的佛地大行。「坐道場」，是指示現爲最後身菩薩，在菩提樹下靜坐參禪而成佛。坐道場，並不是隨便哪一個寺院或講堂中，往法座上一坐就可以自稱爲坐道場，而是以最後菩薩身在某一處靜坐之後就成佛了；要以這樣的實質在那個地方靜坐參禪，才能稱爲坐道場。「舜若多性」是說空性，或者說虛空的不可壞性；藉虛空不可壞的體性，來比喻眞實空性的不可壞。「就好像虛空不可壞的體性一樣，也像是空性心的金剛性不可壞一樣，即使不可壞滅的虛空體性可以銷亡，而我阿難這個金剛心，是絕對不會動轉或退失的。」「爍迦羅心」，又名「斫迦羅心」，有很多名詞都是講同一個心

——金剛心。爍迦羅，意思就是堅固性、金剛性。阿難尊者是說：「我阿難這個金剛心、堅固心，發願了以後就絕對不會動搖或退轉。」

這眞的很難。多數人是前面發心了，後面還要努力保持不退轉。有這個心當然很好，若是敢發這個心，發了以後如果有眞的去做，道業的增進一定會非常快速。我常常自稱是一個笨人、傻瓜，而且從小被一位哥哥敲腦袋說：「你怎麼這麼笨？好東西老是拿出去送給別人。」我是這樣被敲大的。但是今天，我這個最笨的傻瓜，被老哥敲大的腦袋所說出來底法，以及寫出來的書，那位如今也在學佛的老哥卻讀不懂；他很聰明，可是卻讀不懂。有一天，我另一位哥哥悲心大發，跟我說：「你難道不可以把佛法寫得淺一點讓人容易懂嗎？」我說：「我已經寫得夠淺、夠明白了。」「可是多數人還是讀不懂啊！」眞的如此啊！然而爲什麼我能夠有大乘增上慧學的證量？不是因爲我聰明，而是靠佛力加持。因爲這個工作本來我沒有能力去做，可是我發了願，而且確實去做了，所以佛特地加持我這個笨笨的人出生了智慧。

但是別欺騙佛菩薩，諸佛菩薩都不會只觀察半年三個月，就認定某某人眞的在爲眾生做事，就莽撞地幫忙。得要好幾年又好幾世拼了命在努力，一直不斷地在做，才會加持你提升證量的。諸佛菩薩都不睡覺的，我們這個色身晚上還得要睡覺，諸佛菩薩們不在人間保有這個人身，所以都不用睡覺，全都看著你；而你眞的努力在做，眞正挑起如來的家業重擔了，可是你的肩膀還不夠硬——智慧還不夠深妙，佛菩薩當然要幫你肩膀更有力，於是你就有能力挑起如來家業了嘛！今天我們要做的工作，非得要有更高層次的智慧不行，所以佛就來暗中加持，一步一步把我提升上去。我既然走上去了，諸位跟著走就行了；這樣一步一步把佛法大路開出來，你們就跟著走，不必像我這樣自己摸索。

而且，當我此世還在摸索的過程中，也是佛菩薩的加持，這是常常感念在心的。所以我從來沒有起過一個念頭說：「嗯！我還是不錯的。」因爲心知肚明，從來都騙不了自己。因此說，如果眞的努力去做，諸佛菩薩都不會虧待你；諸佛菩薩從來沒有辜負人的，你所得到的只會更多，不會減少於你所付出的。阿難尊者當年發了這個大願，應該是已經在娑婆世界中的某個星球去利樂眾生了，今天的證量一定更是不得了。如果他哪一天回來我們這個地球時，可就是我們的福氣了！發了大心還敢保證絕對不退，阿難眞是不簡單啊！我當年發願的時候，還不敢保證未來世絕對不退這種大願呢！

而且此世有一段時候，我還眞的很灰心。最主要的是我們團體很小，而當時最核心的幾個幹部都在扯後腿；在成立正覺同修會之前的那年冬天，過農曆年之前，我已經決定在新春上第一堂課後，在下課時就宣布解散共修。那時曾經把這個決定，私底下告訴二、三位比較親近的同修們，也知道這個決定一定會被轉達給那些扯後腿的幾個最重要幹部；而那些扯後腿的幹部們，也一直都沒有表示想要繼續共修增上道業的意願，那時我確定應該是會終止共修的，已經決定要宣佈停止一切說法的事務了。好在那時有人熱心去租了中山北路六段的地下室而成立舊講堂，否則你們今天不可能有更勝妙的法可以繼續學，早已解散掉了！那時眞的是灰心，因爲核心的幹部（主要是四個共修處的主事者），竟然沒有一人肯全心全意支持正法，施設許多控制我的極不合理規定（譬如不許我破邪顯正，也不許我對外發言，要由他們發言；若欲接見會外人士時，都應先由他們審核決定……等），全無尊師重道之心，只有個人利害的考量；如今看來，全都是私心作祟。

後來是某些學員見義勇爲站起來支持：「這麼好的法，怎麼可以讓它中斷？」後來他們租了中山北路六段那個地下室成立講堂。直到新春期間他們要我去看房子時，我才知道原來是要租來當講堂，我當場就說：「那好！我也參加一份，大家一起出錢來租。」就這樣子才延續下來。而我也反對租太貴的場所，因此否決了幾個地點較好但是較貴的房子，因為我與家中同修作了決定：假使哪一天沒有人願意護持了，我們自己還可以永遠獨自負擔講堂的租金。才會決定租那個五十幾坪的地下室。否則，在那個舊曆年元宵後的第一堂課後，我就準備宣布解散而不再說法了。所以因緣很難說，當時我也沒有辦法像阿難尊者那樣保證弘法不退。但是發展到了今天，正覺同修會的制度已經建立，只要依照制度運作下去，是沒有人可以藉私心來破壞或掌控同修會的，所以我已經可以保證一定會將了義正法弘揚到底，不可能退隱下來自修，所以諸位都可以安心修學了。

《大佛頂如來密因修證了義諸菩薩萬行首楞嚴經》卷四

【爾時，富樓那彌多羅尼子在大衆中，即從座起，偏袒右肩，右膝著地，合掌恭敬而白佛言：「大威德世尊，善爲衆生敷演如來第一義諦。世尊常推說法人中、我爲第一；今聞如來微妙法音，猶如聾人逾百步外聆於蚊蚋，本所不見，何況得聞？佛雖宣明，令我除惑，今猶未詳斯義究竟無疑惑地。世尊！如阿難輩雖則開悟，習漏未除；我等會中登無漏者雖盡諸漏，今聞如來所說法音，尚紆疑悔。世尊！若復世間一切根塵陰處界等皆如來藏，清淨本然，云何忽生山河大地？諸有爲相次第遷流、終而復始？又如來說『地水火風本性圓融，周遍法界，湛然常住』，世尊！若地性遍，云何容水？水性周遍，火則不生，復云何明水火二性俱遍虛空、不相凌滅？世尊！地性障礙，空性虛通，云何二俱周遍法界？而我不知是義攸往，惟願如來宣流大慈，開我迷雲

及諸大眾。」作是語已五體投地，欽渴如來無上慈誨。】

講記：佛在前面說了這麼多佛菩提妙法之後，參與法會的聲聞聖眾們已經從 佛陀的教法正理上，確定各人都有眞心如來藏了；而且如來藏有妙眞如性，能夠藉各種因緣而出生十八界及七大等法；可是這些剛剛迴心大乘法的阿羅漢們，在尙未實證如來藏的所在以前，心中終究會有疑問，所以阿羅漢富樓那彌多羅尼子就有問題提出來請示；這是因爲心中有所疑惑，而自己沒有能力解開。也就是說，前面所說如來藏妙眞如性能生十八界及七大，世尊說得很勝妙，可是正因爲太深妙了，迴心阿羅漢們無法如實理解及現觀，往往會有很多人產生疑惑。既然心中產生了疑惑，不吐不快，總是要問清楚。這不只是對自己有益，也對當時參與法會的其他聖眾，乃至對後世的佛弟子也都有利益，所以就提出問題來。

富樓那彌多羅尼子是證得第四果的阿羅漢，他是聲聞十大弟子之中，說法第一的阿羅漢。當他聽完世尊開示這些佛菩提的道理之後，也聽聞阿難尊者發了大願、無盡願，可是心中畢竟還是有所疑惑，所以就從座位上站了起來，偏袒右肩，準備向 佛請法。偏袒右肩就像我現在搭衣一樣，搭衣其實就是偏袒右肩向 佛表示恭敬的意思。平常在增上班的課程中，我都不搭衣，是因爲我們平常增上班的課程並不是公開講經；如果是公開講經就得要搭衣，等於是偏袒右肩，藉此對佛表示尊敬的意思。搭衣，在佛世本來不是這樣穿法的；以前在印度，這本來是披在身上的；在向世尊請法之前，爲了對佛表示恭敬，顯示自己對佛是沒有隱瞞、沒有覆藏的，就以偏袒右肩，也就是把右邊衣服拉下來，露出右肩，表示對佛無遮無隱的意思，這是表示恭敬。所以平常僧衣還是要把肩膀蓋住的，就只有在請法時才要偏袒右肩示敬；所以我們若是搭衣時，就是向佛或上位菩薩表示恭敬的意思。所以現代佛弟子搭衣，本質上就等於佛世的偏袒右肩，意義相同。

偏袒了右肩之後還要右膝著地，也就是說右膝是直跪的，左膝是彎曲放到前面地上，這就是胡跪。胡跪時有時是叉手、有時是合掌，都可以。叉手是把十個手指頭互相交叉再相握起來，就像基督教徒跪在地上或床邊禱告時，把兩手十指互相交叉然後握成一個拳頭放在胸前的手勢，這叫叉手。叉手隱含的意思是：我已經把自己的手綁住，不會對善知識有不利的舉動，也是表示恭敬的意思。就好像四隻腳的動物，如果遇見了地位比自己高的，往往會把臀部面向對方，不可以把嘴巴面向對方；若是將尾巴面向對方，就是表示臣服。因爲動物的嘴是用來咬對方的，而臀部是不會咬人的，是代表安全的意思。人類若是叉手時，所顯示出來的意思，是自己把雙手握住而不會有動作；又放在胸前容易看見的心臟之處，是代表善意，也就是打從心中臣服的意思。合掌與叉手都是請法時常用的手勢。如果是發願，大多是叉手；但請法時可以合掌，也可以叉手。

這時富樓那阿羅漢偏袒右肩表示恭敬，右膝著地然後合掌，以恭敬的態度向 佛稟白：「大威德世尊！」因爲 世尊的威德是三界一切有情中最偉大的，沒有任何有情能夠超越，所以稱爲「大威德世尊」，又說：「世尊善於爲眾生敷演如來的第一義眞諦。」敷就是開敷，是打開而且攤平開來，使人容易看清楚。演就是推論及廣說。敷，也是指四無礙辯中的法無礙、義無礙，有智慧能夠打開而且攤開來給大眾清楚地看到深妙法的道理。演就是詳加演說，使大眾容易領受，就是詞無礙及樂說無礙的意思。富樓那的意思是說：「世尊善於爲眾生開敷及演說如來所證的第一義眞實道理，而世尊也常常推崇我，說我在世尊的聲聞十大弟子中，是說法人中最能說法的第一弟子；可是今天我這個最會說法的聲聞弟子，聽到如來演說微妙的法音，卻好像是一個聾人站在一百步之外，來聽聞一隻蚊蟲的聲音一樣；本來就已經太遠而看不出蚊蟲的所在了，何況又是聾人，怎麼能夠聽得到百步外那隻蚊蟲的聲音呢？佛陀雖然宣示得很明白，讓我除掉了一些疑惑，可是我現在仍然沒有辦法詳細了知這個如來藏妙眞如性的義理，無法確實理解而住於沒有疑惑的境界中。」

富樓那尊者又說：「世尊！譬如阿難那一類人，雖然開悟而證得初果了，可是他們三界貪愛所熏習的有漏法等現行，都還沒有消除；而我們同在法會之中已經登上阿羅漢果的聖弟子們，雖然已經諸漏永盡，能夠出三界生死了，可是如今聽到如來所說佛菩提等說法音聲，我們這些阿羅漢們還是有許多的疑惑以及掉悔，不能直接領解世尊的意旨。」阿難雖然悟了，只是悟得十八界虛妄，是聲聞解脫道的見地上面的事，只是斷我見而成爲聲聞初果人；可是證悟聲聞菩提以後，還有習漏未除，也就是還有思惑尚未修除，仍然有三界愛的熏習而使得三界愛繼續現行，這就是習漏未除。

聲聞菩提如是，佛菩提亦復如是；這個知見，諸位都應該要瞭解，以後有機會時也應當爲會外的學佛人做一些說明。因爲末法時的眾生，知見都是不夠的，特別是對於佛菩提道完全不瞭解的人，就他們所聞所知來說，如果眞的開悟明心了就是聖人。所以常常有大法師開示說：「開悟了就是聖僧。」對呀！悟了就是聖僧啊！卻還只是剛剛見道而已，在聲聞道中來講確實已經是聖人了，可是在佛菩提道中來說，卻還不算是聖人呢。對外道而言，開悟聲聞菩提時確實已是聖僧，因為外道法中所講的聖人，來到佛教聲聞法中的時候，都還只是凡夫而已。當然佛教中證悟聲聞菩提而證初果的人，依解脫道來說，當然有資格說是聖人了；可是這樣的聖人、聖僧，依佛菩提道來講，還只是三賢位第六住中的凡夫，還沒有進入第七住位中。

若是探聽佛菩提的見道密意，但是卻仍然未斷我見、三縛結的人，其實仍不是佛菩提中的見道者，仍然是凡夫。即使是在佛菩提道中開悟明心了，這一定是同時斷除我見的初果聖人，也是佛菩提道中已經見道的菩薩僧；可是，從佛菩提道五十二個階位來看，也只是三賢位中的賢人而不是聖人，因為只是第七住位的菩薩，距離入地都還早著呢。可是，若是對外道及聲聞菩提的修行者來說，這已經是聖人了！因為至少已經證得聲聞初果了。那麼凡夫們會這樣想：「明心開悟的人就是聖人，聖人是無比崇高的。」可是當他們看到初果聖人也會起貪、也會生瞋，心中無法接受這個現象，於是就說：「笑死人了！這樣也叫作聖人？他們的法義有問題。」這其實是因為他們不瞭解**外聖內凡**的道理。對外道而言，凡是斷我見的聲聞初果人都是聖人；但是若要依內明之學的佛菩提道而言，斷我見的人不論有沒有證悟明心，都還只是三賢位中的賢人，仍然屬於凡夫身分，這就是**外聖內凡**的眞義——內明之學中的賢位凡夫，對外道來講都是聖人。

對於會外的學佛人而言，他們不瞭解這個道理，往往對正法產生不如理作意的想法，一不小心就會跟著瞎眼阿師共同誹謗正法。所以諸位都有責任，只要破參以後還顯現出很貪、脾氣很大的行爲，就會影響大眾而導致會外不懂佛法者的誤解及誹謗，那你的貪瞋等行爲就是壞了正法的惡行。雖然已經知道明心時最多不過是第七住位的賢人，還是習種性位的賢人，還算不上大乘法中的聖人，但是對於外道及會外學佛人而言，已經是聖人啦！既是聖人，就得有聖人的樣子，千萬別再像以前那樣隨意造作輕率不良的行爲。

明心而開悟佛菩提了，仍然是十住位之內的習種性菩薩。習種性有兩個意思：般若實相智慧中，還有很多悟後應該要熏習的別相智；第二，由於習氣還很厚重，這時才是正要開始修行而已。可是會外學佛人及外道們並不明白這個道理，當他們看到你有不如法的地方，就會誹謗啊！這就會害他們造作口業了。所以你們悟了以後，在這個年代，沒有生氣的權利，也沒有貪財的權利；這些權利都應該放棄掉——面對所有凡夫學佛人時，所有貪瞋的現行都應該消滅掉，要爲正法的永續流傳著想，要爲他們的法身慧命著想。可是悟後要在什麼時候才會除盡貪瞋等習氣種子呢？這眞的很難啊！因爲通常習氣種子是到初地以後才開始修除的，地前是只除現行的，所以習氣種子要到七地滿心時才能除盡，那是第二大阿僧祇劫圓滿時的事了，所以很難除盡的。但是爲了眾生，不要讓他們在誤會的情況下不小心而誤謗正法，斷了他們的佛菩提慧命；也爲自已修行好，應該盡量在歷緣對境時修除這些不好習氣的現行，悟了以後應當要這樣修行。

可是現代一般學佛人，以及正在修學羅漢法的大師與學人們，對此都還不能瞭解啊！譬如一般人說，阿難尊者已經是初果人了，初果聖人怎麼還會有貪欲的現行？怎麼還會被摩登伽婬女給攝入淫坊中呢？以致於戒體都幾乎要失掉了！凡夫眾生不瞭解，我們就有義務要爲他們說明，要告訴他們：「初果人對外道及凡夫來講，雖然已經是聖人了，但是從內明之學的佛菩提道來講，還只是佛菩提道五十二個階位中的賢位六住凡夫罷了！得要修完第一大阿僧祇劫而進入初地以後，才能算是聖人。所以你們別對開悟明心的菩薩們要求太高了。」要這樣爲他們說明，讓他們瞭解。

這時富樓那尊者說：「像阿難他們那些初果、二果人，雖然是開悟聲聞菩提了，可是習漏未除。」爲什麼說是習漏未除呢？初果人當然是習漏未除，然而二果人一樣是習漏未除，只是除掉一部分，還不算是眞正的聖人。二果人又名薄地，雖然已經薄貪瞋癡了，還是會有貪瞋癡的現行，只是比較淡薄而已。得要成爲三果及四果人以後，貪瞋癡才不會再有現行。所以任何一個佛教團體，或者任何一個僧團，假使有是非，那都是正常的；因爲必須要教團中的每一位成員都修到三果了，才不會有是非。只要還有一個人尚未修到三果，就會有是非。在娑婆世界的五濁惡世時代中，絕對沒有辦法使教團中的每一個成員都修到三果以上，即使是 佛在世時都沒有辦法啊！

往昔 佛陀在世度眾時，僧團中都還有初果、二果以及更多的凡夫，怎麼可能我們末法時代的現在，能使每一個人都修到三果以上？既然不可能，那我們正覺同修會中就一定會有是非啊！我們會中如此，其他的凡夫僧團中當然更是如此；所以，如果聽到某某山、某某寺中有什麼是非，務必要見怪不怪，因爲這是五濁惡世的所有道場中都會有的正常事，不足爲奇。即使所有人都證得二果了，尚且還會有是非，因爲都只是薄貪瞋癡而已，不是已斷五下分結的聖人，更何況如今正覺同修會以外的所有道場中，都還沒有誰已經斷我見，當然比我們有更多是非，只是不會傳出來罷了。而我這一世不穿僧衣，當然會有更多人瞧不起我；他們對我的心境是無法理解的，而他們也都還沒有修到三果階段，會對我生起是非、無根誹謗，都是正常的。因爲，他們的貪瞋癡都還具足存在，更無法想像我的心境，總是會以爲我跟他們的心境是一樣的。所以這都是正常事。

可別像那些不明就裡的會中極少數人這樣子說：「我走過好多道場了，全都有是非，想不到我來到正覺同修會中真的開悟了，竟然還有是非。」然後就失望了，那就錯了！這表示他們對佛法還沒有通達。如果到了通達位，就會知道除非會中每一個人都證到三果以上，否則一定會有是非。這才是正常事啊！不然怎麼叫作五濁惡世？又怎麼會說是初果、二果人呢？

也許有人說：「人家極樂世界就沒有是非啊！」誰告訴你說極樂世界沒有是非？極樂世界一樣有是非，只是那些會產生是非的人，暫時被奉養在蓮花中，等到將來不會產生是非心了，再讓他們的蓮花開敷而出生。因爲那些上品中生、下生的人，以及中品中生、下生的人，以及所有下品往生的人，都是會有是非的人；當他們還會有是非心的時候，就讓他們暫時待在蓮花中，每天就好像在聽錄音帶一般，不斷地聽聞苦啊！空啊！無我啊！無常啊！六波羅蜜啊！十二因緣啊！讓他們反覆地聽，聽到性障除掉了，然後才會把蓮花開敷，讓他們出來在極樂世界中來來去去及聽聞佛法。但是他們蓮花開敷而出生時，不一定能證果，也不一定就能開悟明心。但是當蓮花開敷以後離開了蓮花，那時就不會再有是非心啦！因爲經過長時間的聞法熏習，又沒有別的事情可做，長劫一心熏習很久以後，怎麼可能還有貪瞋癡的行爲現行？

我們先只說上品中生就好了，這種往生極樂世界的念佛人，他們至少要在蓮花中住一個晚上，極樂世界一個晚上等於娑婆世界半個大劫，這半個大劫究竟是幾十億年呢？在幾十億年中一直聽聞苦、空、無常、無我、六波羅蜜、十二因緣等法義，像這樣聽聞熏習幾十億年而從蓮花中出來以後，還會跟人家耍脾氣嗎？都不會了！所以生在極樂世界的人們，雖然不是每一個人出了蓮花都可以證得三果以上，卻一樣不會有是非；可是那些還在五百由旬大蓮花宮殿中享受的人，心中仍然有是非。如果我們也弄個蓮花宮殿，把一個人關在裡面聽上半個大劫，然後放出來時雖然還沒有證悟明心，也沒有初果證量，但也不會有是非；因爲幾十億年中都在聞熏佛法，而心地已經被改變了。這才是求生淨土的精神所在啊！《觀經》中有很多道理，是很多人都沒有想到。今天我們把它說出來，誰都無法推翻，因爲事實正是這樣。

這意思就是說，雖然在娑婆世界證得初果、二果了，可是習漏未除，卻不一定比往生極樂世界更差；若是生在極樂世界時不是中品上生，也不是上品上生，想要證果都是很緩慢的。但是，在娑婆世界想要證果卻很快，去參加正覺禪三，一不小心就弄個初果回來了！因爲三縛結確實斷除了，而且是以如來藏爲眞實自心，不再以覺知心爲自心，實相般若智慧就生起了，成爲菩薩僧中的一分子，所以也有五十二位階中的果證了。可能剛開悟時，覺得似乎沒有什麼功德受用，但卻一定可以確定自己的三縛結斷了，而且也開始讀懂禪宗祖師證悟的公案了，這時一定可以確定蕭老師寫的書，自己已經開始能讀懂了！以前老是讀不懂，這一不小心弄個初果回來，弄個明心的七住位菩薩果回來，可就開始讀懂了！而且，有許多經典也開始能懂了，才知道以前請閱時的理解全都是誤解，這才開始產生了功德受用。

聲聞初果雖是聖人，卻還不知道七住位菩薩的明心智慧，還不懂七住菩薩到底是悟個什麼呢！所以生在娑婆世界中容易開悟、證果啊！但是習氣的消除可就沒有辦法了！因爲一天到晚都在五濁惡世的色聲香味觸法中打滾，逆緣多得不得了，只要心中把持不住，一下子就爆發出來而成爲現行了！因爲這時才只是聲聞法的見道而已，還沒開始聲聞法中的修道呢！所以說「雖則開悟，習漏未除」，這才是正確的說法。諸位今天知道這個道理，以後若是有人談起來，正應該要爲他們敷演開示才對，這是諸位的責任。然後他們聽了你的開示以後，跟你說：「喔！原來佛法是這樣，我們怎麼都沒想到！」你就說：「你沒想到的還很多呢，你若是想要學，就趕快來正覺。」於是你就度了一個人，將來他也是你在成佛之道中的好道侶。

富樓那尊者接著又說：「而我們正在法會中已經登上無漏位的阿羅漢們，雖然已經是諸漏永盡了，可是如今聽到如來所說佛菩提道的法音，心中卻還是有很多的疑惑與掉悔。」爲什麼會有疑惑及掉悔呢？阿羅漢們迴心大乘以後，總是會有悔心。紆，意思是說無法直接了當地理解，心中彎彎曲曲地思惟著，無法直接聽懂世尊所說的妙法。迴心大乘的阿羅漢們心中會有悔心，是因爲還沒有悟入大乘菩提，所以世尊所說的許多法義眞的無法理解。於是心中就會妄想說：「我到底要不要繼續走佛菩提道這條路？我眞的能開悟佛菩提嗎？或者我乾脆捨報時就入無餘涅槃算了，就不會很辛苦修學卻還是悟不了。」所以阿羅漢們證悟佛菩提以前，當然心中會有疑悔。

富樓那尊者接著就提出疑惑，向 世尊請問：「如果世間的一切六根、六塵、五陰、十二處、十八界等法，全都是如來藏妙眞如性，而且本來就是清淨性，也是本來就存在著，應該就是不生不滅的境界相，然而爲什麼會突然出生了山河大地？然後就有山河大地及蘊處界世間等有爲相，隨著生滅的順序而前前後後依照次第遷變及流轉呢？並且爲什麼這樣生住異滅的遷流次第，還會終而復始、不曾停止？使眾生不斷地輪迴？並且，如來又說『地水火風這四大的本性是圓滿融通的，而且是周遍於一切法界中，同樣是清淨不動而常住於法界之中』；世尊！如果地大的體性是遍於法界中，在遍有地大的法界中又怎麼能夠容得水性存在呢？」這是因爲地性、水性互相排擠的緣故。地大會排擠水大的存在，而水大也會排擠地大的存在空間啊！

富樓那尊者又接著請問：「依照世尊所開示，水大的體性也是周遍法界的，那麼法界中就不應該還有火大存在，火就不應該出生於人間法界中，那又應該如何明白水大火大二種不同而且會互滅的自性，全都一樣遍滿虛空中而不會互相欺凌及互相毀滅呢？」確實該有這種疑惑啊！因爲水大遍滿法界中，水是會滅火的，那就不應該遍法界中執持凸透鏡來聚集日光時，就可以遍法界中都有火出生了，因爲遍滿法界中的水大一定會滅掉火大的，所以火就不該會出生了。可是明明遍法界中都有人在日光下持凸透鏡聚集日光時，應該火就都可以出生火苗來啊！爲什麼會這樣呢？當水大遍滿法界中時，應該火就是無法出生的。假使水性、火性全都是遍滿虛空，卻可以不相凌滅，是很奇怪的事情。因爲火在的地方，水就會滅；或者水在的地方，火就會滅啊！但爲什麼這水大與火大都遍於虛空，卻不會互相凌滅呢？

富樓那尊者又提出疑惑來問：「世尊！地大的體性是障礙性，虛空的體性卻是虛無而相通的，這兩個法性是互相衝突的，有地性存在時就不應該還有虛空，有虛空時就不應該還有地性啊！爲什麼世尊卻說空大跟地大，都同樣是周遍於法界的？而我富樓那聽到這裡，已經不知道這個道理到底是要往哪個方向思惟才能夠通達；惟願如來宣布流通您的大慈悲心，打開我這種迷惑的烏雲，也就同時開導了諸位大眾。」稟告完了以後，富樓那尊者就五體投地，也就是兩膝、兩手以及額頭全都著地來禮拜佛陀；並且欽仰　如來，就如同大渴之時盼望清涼淨水一般，等待如來至高無上的慈悲教誨。

因爲這是無上深妙法呀！當然應該五體投地來禮佛、求佛開示。可是諸位來到我們正覺講堂中，已經沒辦法在聽經之前和我共同禮佛了！因爲目前我們只有這一個講堂（編案：這是二〇〇二年所講的，當時還只有九樓一個講堂），人這麼多，實在是太擠了！已經是膝蓋碰膝蓋，所以諸位都沒辦法禮佛了！所以講經前我在禮佛時，諸位就只能問訊了！照道理講，是應該要禮佛的，因爲我們講解的正是無上深妙法。富樓那尊者五體投地禮佛之後，欽渴　如來至高無上的慈悲教誨。

【爾時世尊告富樓那及諸會中漏盡無學諸阿羅漢：「如來今日普爲此會，宣勝義中眞勝義性，令汝會中定性聲聞及諸一切未得二空、迴向上乘阿羅漢等，皆獲一乘寂滅場地、眞阿練若正修行處。汝今諦聽！當爲汝說。」富樓那等欽佛法音，默然承聽。】

講記：這時，世尊告訴富樓那尊者以及會中所有的漏盡無學諸阿羅漢（因爲前面經文一開頭就說只有阿難尊者是初果，其他都是菩薩與阿羅漢，所以說「會中諸漏盡無學的阿羅漢」），佛說：「**如來今天要普遍地爲這個大會中的聞法者，宣演勝義諦中的眞實勝義法性，**」勝義，是說最殊勝的眞義，二乘法所修的解脫道不能說是最殊勝的眞義，因爲全都是在十八界等世俗法中觀修的，只是現前觀察十八界法的虛妄不實、無常苦空無我；而十八界法都是世俗有爲之法，只能說是世俗法中的眞實道理，不能說是勝義法中的眞實道理。勝義法中的眞實道理，是指世俗法的根源——宇宙萬有的本源，才可以說是眞勝義諦；二乘解脫道從來不曾觸及萬有的本源，不是勝義，不能稱爲眞諦，所以只能稱爲俗諦；因此二乘人修解脫道所證解脫果，只能稱之爲**世**

俗法中的眞諦——俗諦。由於是依世俗法蘊處界的無常空相來修的，並不牽涉到法界的眞實相，所以又稱之爲**世俗諦**。這個世俗諦的眞義，印順法師和他門下的所有人都解釋錯了！但我們今天且不談它。

二乘法所說的，不能說爲勝義，只能說爲世間勝義；然而《楞嚴經》所說的卻是世間和出世間眞實勝義，因爲講的是世間一切法和出世間一切法的眞實體性，所以叫作「眞勝義性」。佛說：「如來今天普爲此會宣演殊勝眞義中的眞實勝義性，要使你們這些與會的決定性聲聞聖人，以及一切還沒有證得人空、法空卻已經迴向最上乘的阿羅漢們，都能夠獲得唯一佛乘的寂滅場地，這也是眞正寂靜、出離的正修行處。」定性聲聞，很多人誤會成每天只喜歡修定打坐的聲聞人。其實不是這個意思，而是指決定性的聲聞聖人。意思是說他們的心意已經決定而不會再轉易爲菩薩性、凡夫性的二乘聖人，由於心樂聲聞解脫法而得決定，心意絕對不會改變爲菩薩性或凡夫性，是永遠的聲聞性人；所以一旦捨壽時間到了，一定會入無餘涅槃，絕對不會迴心進入大乘法中廣行菩薩道。

爲什麼會成爲定性聲聞而成爲絕對不迴心大乘的阿羅漢呢？是因爲他們害怕隔陰之迷，心中想：「我這一世有把握在捨報後可以入無餘涅槃，永遠離開三界輪迴。但我如果學菩薩們一般發了受生願再來受生，一再入胎及出生，可是未來世出生以後，並沒有把握能再證得阿羅漢的果位；那時若是遇到惡緣、造了惡業，成就惡業種子，萬一因此而墮落了，我怎麼辨？萬一未來世中聽到聞所未聞的大乘勝妙法，心不信受而不小心誹謗了，捨報後就得下地獄，可就淪轉三塗了，那時要等到何時才證得阿羅漢果而出離三界生死呢？」所以他們心中害怕啊！因爲連俱解脫的大阿羅漢都還沒有辦法離開隔陰之迷啊！必須是三明六通的大阿羅漢才能離開胎昧。所以他們往往這樣想：「我捨報時還是應該入無餘涅槃才對，自然就沒有這些問題困擾了。」正因爲害怕發願重新受生的未來世中，會有隔陰之迷，所以就成爲定性聲聞聖人，一直都不肯迴心大乘生生世世受生人間來廣行菩薩道。

那麼 佛還是要爲這些定性聲聞解說佛菩提道，爲他們宣演勝義諦。爲什麼要講呢？因爲 佛陀滿懷慈悲，想要贈送最好的法給定性聲聞聖人，幫助他們實證佛菩提法的最殊勝眞勝義性，讓那些定性聲聞聖人生起對大乘法的愛樂之心，期望他們聽完以後會迴心大乘法，成爲大乘菩薩。即使明知是不迴心的定性聲聞聖人，捨壽後一定會入無餘涅槃，佛陀還是一樣要說給他們聽，並沒有期望他們這一世就迴向大乘。但是，把大乘佛菩提道的種子種進聲聞阿羅漢們的心中去，將來定性聲聞聖人儘管取無餘涅槃了，釋迦牟尼佛還是可以慢慢等待他們。因為佛菩提種子種進他們的八識田中了，而這些種子都是勝法；如果是會導致輪迴的有漏法種，一旦斷了就永遠不會再生長出來；然而極殊勝的無漏法種一旦種進去以後，它自己會增長。所以即使入了無餘涅槃，他們第八識中的勝法佛菩提種，將會由於如來藏中的自心流注，漸漸導致佛菩提種子增長，而在未來一劫、二劫乃至八千萬大劫或八億萬大劫之後，由於增長具足而重新使他們的末那識現行，於是又來人間投胎；那時就會愛樂佛菩提道了，已經不是定性聲聞人了。所以 世尊為了這些定性聲聞聖人的未來，還是要宣講。

明知他們是不迴心阿羅漢，只要有一絲絲希望，世尊也是要為他們宣講佛菩提勝法。他們未來很多劫以後，由於如來藏裡的種子自心流注，還是會回到人間繼續修學佛菩提道。所以 佛還是不捨下下根人，因為定性聲聞人在佛菩提道中屬於下下根人，比凡夫還不如。雖然凡夫們應該要供養他們，但他們其實不如凡夫；因為凡夫也許幾世、幾劫以後就會圓滿十信心，開始修學大乘法；可是已經聞熏最勝妙法的定性聲聞入涅槃後，往往得要幾十劫、幾億劫以後才會離開無餘涅槃，重新回來人間修學佛菩提道。所以佛陀先為他們宣講了以後，他們未來多劫以後種子就會開始增長而轉變種性，卻不會比具有菩薩種性的凡夫尊貴——種性尊貴的菩薩才是諸佛所看重的人，因為這些凡夫們將來一定會具足發起菩薩性而修入初地，成為諸佛的真子——都能紹繼諸佛的家業。

並且，為這些定性聲聞人宣講了以後，在法會中還有許多阿羅漢們是已經迴心大乘法成為賢位菩薩，這些迴心成為賢位六住菩薩的阿羅漢們還沒有證得二空，也就是人空還沒有具足證得，而法空也還沒有絲毫實證；但他們也可以同時聽聞而證得佛菩提的一乘寂滅場地，證得真正寂靜處、真正出離處的正修行處。這個正修行處，指的就是如來藏，所以 佛說：「令汝會中定性聲聞及諸一切未得二空、迴向上乘阿羅漢等，皆獲一乘寂滅場地、真阿練若正修行處。」迴心大乘的阿羅漢們，世尊為什麼說他們還沒有證得人空？是說他們在人空的實證上面還沒有具足，因為他們在聲聞解脫道上的實證，是只斷現行，尚未斷盡人空境界所應斷除的三界愛習氣種子；在佛菩提道中，三界愛的習氣種子尚未斷盡的人，仍然是未具足證得人空者。而且，親證如來藏時所證的人空，是指如來藏無人我的人空，阿羅漢們這時都還沒有證得，所以也是未證人空——未證大乘「人無我智」。（編案：詳見平實導師著

《楞伽經詳解》中，依經文所作的解釋）至於法空，則是指一切法無我故空，但不是斷滅空，這是屬於諸地菩薩所證無生法忍的智慧，迴心阿羅漢們當時必然更是還未證得，所以說爲「一切未得二空、迴向上乘阿羅漢等」。

又譬如阿難尊者當時還是聲聞初果，是後來才成爲阿羅漢；如今想要進入菩薩位，但是解脫道的部分還沒有具足證得，當然也還沒有具足人空。法空則是諸地菩薩們所證的，不是阿羅漢們所證。有些菩薩雖然悟了，譬如有人是很久以前往生極樂世界見了阿彌陀佛而開悟了，憑仗阿彌陀佛威神之力，也可以來這裡聞法，阿彌陀佛絕對不會說：「你在我這裡開悟，在我這裡得到神通，怎麼還跑去娑婆世界聽釋迦牟尼佛說法？」十方諸佛所有弟子都是互通有無，不會限制自己的弟子去別的道場聞法。所以我們這裡如果有人要去外面學法，我都不會拒絕他們學完以後再回來；但我也不會特地叫他們回來，想去就去、想留在會外就留在會外。將來想要回來時，我也隨時都歡迎。當然，假使離開時是有過失的，當然會教他先懺悔滅罪，然後歡迎他回來，我都是這樣的。

所以，極樂世界的菩薩們若是在那邊明心了，但因爲諸佛說法都有次第性，而且那邊是長劫，這裡是短劫，若是想要迅速提升道業，也可以回來娑婆世界聽聞釋迦牟尼佛說法，這樣就可以很迅速修證法空。所以，短劫有短劫的好處，道業增長快速；長劫也有長劫的好處，壽命長，可以長時間延續同一世的所學啊！而短劫雖然壽命短，但修起來也很快，也有好處。這就是說，有一部分菩薩雖然已證法空，可是尚未具足；因爲法空是到達佛地才具足的，剛明心的人還沒有法空可說，而地上菩薩也都還沒有具足，還是得要來進修，所以爲了這些還沒有具足二空的菩薩們也得要宣講啊！但是這段經文中主要是講迴心大乘而沒有具足人空、沒有證得法空的迴心阿羅漢們，所以說「**迴向上乘阿羅漢等**」。

爲什麼說是迴向上乘？因爲二乘的解脫道是下乘。《法華經》中正是講解三乘殊劣的經典，說聲聞乘是下乘，只是羊車而已；羊車最多只能載一個人，拉車的羊卻是拉得很辛苦。緣覺乘是中乘，是鹿車，而麋鹿拉車時可以乘載二、三個人。大乘就像一隻大白牛拖著牛車，把牛車坐滿了，大白牛一樣可以輕鬆地拖著走；大白牛車可以乘載很多人，所以是最上大乘，所以大乘又叫作上乘。可是大乘並不是徒有其名，必須是有大乘法的實質；這大乘法的實質就是佛菩提道，可以讓菩薩們如實成佛；也可以讓菩薩們藉大乘法來度得很多有情將來一樣成佛，所以叫作最上乘，不是像聲聞乘、緣覺乘只能使人成爲阿羅漢或辟支佛。

大部分阿羅漢證得解脫果之後，對佛所說的法有具足信心；而且在佛出現於人間弘法之前，他們本來就具足菩薩種性，多劫隨佛修學正法，因此當他們剛剛聽聞大乘法時就敢立即迴向大乘。當時世尊爲了這一些人，也就是想要幫助這三種人（定性聲聞、未得二空的菩薩們、迴向上乘的阿羅漢們），想要讓這一些人都獲得唯一佛乘的寂滅場地——獲得眞正的阿練若正修行處，所以才要爲他們宣講楞嚴勝義。寂滅場地是講如來藏，如來藏的自住境界才是眞正的寂滅境界——眞正的阿練若；因爲如來藏自住境界離見聞覺知、離一切思量；如來藏始終住於涅槃中，就是眞正的寂滅，因爲涅槃中是離六塵境界的。修定，不管定境如何深妙，始終不是眞正的寂滅，因爲即使已經修得非非想定時，定境中仍然有極微細的覺知心，還不是究竟的寂靜，只是那時定境中的微細覺知心已經不再返觀自己，所以出定後誤以爲那時已經沒有覺觀了；其實非非想定中的覺知心還是存在著的，仍然有微細覺觀存在著，所以名爲非有想、非無想（想就是了知）。

或許還有人這樣說：「那俱解脫阿羅漢入了滅盡定，不就是絕對寂靜了嗎？因爲六識都滅了，沒有見聞覺知了。」雖然沒有見聞覺知，可是意根的思量性還在，那裡面還是有微細法塵存在，就不能說是絕對寂靜了。如果有人堅持說：「滅盡定中意根的思量性已經不在了。」那他入了滅盡定，可就永遠出不了定，只能等死了。至於睡著無夢時，意根的五遍行心所法全都具足在運作著；諸位若有智慧，可以慢慢去體驗。眠熟位意根的觸、作意、受、想、思，全都具足，當然是還有法塵在，不是究竟寂滅境界。在六識滅除後的滅盡定中，只是把意根的受與想兩個心行除掉而已；這時六識雖然滅了，但意根的觸、作意、思心所都還在運作啊！若是睡著無夢時，意根五個遍行心所法可都全部存在，而且五別境中的慧心所也還是具足存在，所以仍然不是眞正的寂滅場地啊！

只有自心如來藏的自住境界才是如來藏的常住境界，這是唯一佛乘中證悟後並且有種智的菩薩才有的現觀智慧，二乘人並不知道。因爲即使是俱解脫的阿羅漢也都不知道如來藏在哪裡啊！何況能知道如來藏的自住境界是怎麼樣的寂靜境界呢？他們怎能知道唯一佛乘的寂滅場地呢？所以他們的寂滅場地—二乘聖人所謂的阿練若住處—不是眞正的寂滅場地，不是眞正的阿練若；只有自心如來藏的自住境界才是眞正的寂滅場地，才是眞正的阿練若正修行處。而且，成就佛道的過程與結果，完全要靠如來藏的自住境界來修行啊！

「眞阿練若」，阿練若有時翻譯爲阿蘭若，就是山林荒野離開喧鬧之處，是寂靜而不吵雜的地方，這是出家以後所應當住的地方。但是佛法中有二個阿練若：一個是二乘法中出家以後所應該住的，就是山林荒野中的樹下、山洞、曠野，遠離人間喧囂之處；到了早上十點鐘過後，才往市集去托鉢。第二種是菩薩的阿練若，菩薩不是以聲聞人這種事相上的寂靜山林荒野作爲阿練若，菩薩是以如來藏的自住寂滅境界作爲阿練若，即使住在喧鬧的市集中，如來藏還是遠離六塵而不了知六塵的；菩薩在喧囂的市集中，時時了知六塵、不離六塵的意識覺知心，是依止於如來藏離六塵的作意來安住身心。菩薩覺知心中無妨吵吵鬧鬧地與人洽談生意，或者與世人、家眷討論各種事務，卻同時現觀自心如來藏永住於極寂靜而離六塵的涅槃境界中；在這樣的智慧境界中來利益眾生，這才是眞正的寂滅場地，才是佛法中眞正的阿練若正修行處。那麼 佛陀開示到這裡，大眾都在等待 佛陀繼續說法。

【佛言：「富樓那！如汝所言『清淨本然，云何忽生山河大地？』汝常不聞如來宣說性覺妙明，本覺明妙？」**富樓那言：**「唯然！世尊！我常聞佛宣說斯義。」**佛言**：「汝稱覺明；爲復性明，稱名爲覺？爲覺不明，稱爲明覺？」**富樓那言**：「若此不明，名爲覺者，則無無明。」**佛言**：「若無所明，則無明覺；有所非覺，無所非明，無明又非覺湛明性。性覺必明，妄爲明覺；覺非所明，因明立所；所既妄立，生汝妄能；無同異中，熾然成異。異彼所異，因異立同，同異發明，因此復立無同無異。如是擾亂，相待生勞，勞久發塵，自相渾濁；由是引起塵勞煩惱，起爲世界，靜成虛空，虛空爲同，世界爲異；彼無同異眞有爲法、覺明空昧相待成搖，故有風輪執持世界。因空生搖，堅明立礙，彼金寶者明覺立堅，故有金輪保持國土；堅覺寶成，搖明風出，風金相摩，故有火光爲變化性；寶明生潤，火光上蒸，故有水輪含十方界；火騰水降，交發立堅，濕爲巨海，乾爲洲潬；以是義故，彼大海中火光常起；彼洲潬中，江河常注。水勢劣火，結爲高山，是故山石擊則成炎，融則成水；土勢劣水，抽爲草木，是故林藪遇燒成土，因絞成水。交妄發生，遞相爲種；以是因緣，世界相續。」

講記：佛說：「富樓那！就好像你所說的：『如來藏既是清淨而本然存在的，爲什麼又會出生了山河大地？』」因爲 佛說六根、六塵、六識、七大全都是如來藏妙眞如性所出生的，而如來藏心體的自性又是清淨的，也是本然存在而本就清淨的，並不是修行以後才變成清淨性的；既然是本然清淨的，就不應該忽然在虛空之中出生了山河大地啊！山河大地顯然是不淨的，怎麼會由本來就清淨性的如來藏變生出如此不淨的山河大地呢？這確實是未悟如來藏的人常常會產生的迷惑。佛又說：「你富樓那不是常常聽聞如來宣揚及解說法界實相的體性是能覺了諸法，並且是微妙而光明的；你難道沒有聽我說過這種覺是本來就有的覺，而且是光明又微妙的？」富樓那回答說：「確實是如您所說！世尊！我常常聽聞佛陀宣說這個道理啊！」

佛陀就反問說：「你所說的覺與明，」明就是能夠了知，也就是具有光明性——能清楚了知諸法，「這個本來就能夠覺察了知諸法的光明性，是由於祂的體性本來就能夠明白地了知而稱之為覺呢？或者是說如來藏這個本覺還不能夠清楚地了知諸法，而可以稱之為明覺？」這是先對富樓那尊者甄明「覺明」的義理：這覺與明是討論說，本識如來藏的覺是本來就具有光明性——是本來就能清楚了知諸法？是不須加功用行來使祂產生光明？或者是如來藏自體性這個本覺仍然有所不明，所以得要經由修行來使本覺的光明性顯發出來—使本覺的了知功能顯發出來—才能夠稱為光明而勝妙的知覺呢？富樓那答覆說：「如果這個本覺是不能清楚分明了知諸法而能夠被稱為本來之覺，那麼世間就沒有無明可說了。」說得也對，因爲無知無覺或者雖然有知有覺，卻是昏昧不明的覺，常常錯會而無法如實了知諸法，當然不能稱爲明覺或覺明了。接下來 佛就順著富樓那尊者的答覆而作了以下的開示。

「若無所明，則無明覺；有所非覺，無所非明，無明又非覺湛明性。」

佛陀隨即順著富樓那尊者的說法，作了開示：「你剛才說如果如來藏的本覺是暗昧的，是不能了知諸法的，那麼如來藏的本覺就不可能有明白的覺知性可說了。在世間六塵萬法之中若有覺，那已經不是如來藏本覺眞覺了；可是假使因此就說如來藏的本覺眞覺是不能了知諸法的，顯然又成爲無所明了的無知無覺者，應該說是無明了！然而無所明了而完全無覺無知時，這樣的無明狀態又成爲沒有知覺而且不是澄湛光明而能明了的自性了。」這就是說，如來藏妙眞如性是有了知性的，但是祂的了知性是寂而常照的；寂而常照之中卻永遠都不落入六塵之中，所以是永遠寂靜安寧的。從另一方面來說，如來藏雖然永遠不了知六塵而寂靜，卻又是常照的——針對祂所了別的蘊處界大都是了了靈知而不曾有一剎那是昏昧的，是沒有一時一刻乃至一剎那昏沈不明的，所以**常照**而不是有時明照、有時昏沈不能明照。乃至有情處於眠熟位、悶絕位、正死位、滅盡定位、無想定位時，祂都是寂靜而常照，從來不曾有一剎那是昏沈不明的。這種自性是極難瞭解的，不但凡夫們不懂，乃至阿羅漢迴小向大而未明心以前，都還是不懂的；那些自以爲悟而落入識陰離念靈知心中的古今大師們，當然更不懂了。

然後因爲蘊處界大等法是由如來藏妙眞如性出生的，妙眞如性出生了蘊處界大等法以後，由蘊處界大等法去了知自己，一切有情直到學佛而證悟明心以前，從來不曾了知蘊處界大以外的法性——從來不曾了知能生蘊處界大的如來藏妙眞如性。如來藏妙眞如性能了知蘊處界大等法，時時刻刻回應蘊處界大，以及實行業種、無明種、淨業種，所以如來藏妙眞如性雖然不了別六塵中的諸法（六塵中的諸法是由識陰來了別的），卻仍然是有覺的——能覺了蘊處界大及業種、無明種、淨業種；而這種覺出生了六塵而相待於識陰覺知心所明的六塵時，這個「覺」並不是由「所」來明了的，除非是修學大乘法而證悟如來藏，成爲菩薩僧了。

這也是因爲「有」（所）與明覺是相待而有的，「所」就是講山河大地以及蘊處界大等法，當然也包含了蘊處界所攝的六塵萬法，「明」則是指如來藏妙眞如性所顯現的六塵外的知覺性。然而這卻不是當代所有大師們所能知道及猜測的，只有證悟後精進而深入修學的菩薩們才能聽懂，這裡就暫且不再細說，就從一般人比較容易聽懂的部分，也就是從一般大師們所能理解的層次來說一說，然後再回歸經文來講解，才比較能理解經文中的眞實義理：因爲有山河大地及蘊處界大等法，才會有六塵萬法。而山河大地中的六塵萬法是識陰等知覺性所明底法，因爲有這所明底法，才會有表相大師與一般學佛人所知道的明覺之性。

前面說過錯悟大師所知的明覺之性就是六識面對六塵時的六種識別性，因爲有這所明的山河大地、六塵萬法，所以有了六識的六種分別性。由於有了六根對六塵的能觸性，然後才能有面對六塵的分別性出現，而意根也有祂的分別性；前面也有說過，意根也有自己的識性。那麼如果有一個所覺，有所的時候就是有所覺，所覺的當然是不外於蘊處界等法的範圍，而這個所覺並不是如來藏妙眞如性的眞覺。在六塵中的所覺與能了知六塵諸法的能覺，只是世俗法中的蘊處界所攝之法，這種所覺是六塵，能覺是識陰，並不是眞覺。換句話說，覺有眞覺、妄覺的差異；一般人所知道的覺都是妄覺，所知道的覺都是在山河大地中顯現出來的六塵上面在作覺察，已經是落入世俗法中的妄覺，所以這個有所的覺並不是如來藏的眞覺，因此說「有所非覺」。

無所，並不是在山河大地的六塵上面去覺知的，是在六塵外的知覺性，這個才是眞覺。這個眞覺，能夠了知山河大地，也能了知蘊處界大等法應該如何運作，並且還能了知業種、無明種、淨業種而加以執行，但不是凡夫大師們的意識覺知心所能知道，這個六塵外的知覺才叫作眞覺。這個眞覺是本來就有的，不是出生以後或修行以後才有，所以這個眞覺又名爲本覺。而這個眞覺還有一種顯現於外的功德性，由十住菩薩在山河大地上面眼見分明，卻還不能了知這個眞覺的功德性；要有道種智以後，才能少分了知祂的功德性，才能少分運用祂的功德性；若是究竟了知而能具足運用祂的功德性，已經是發起成所作智的佛地境界了！十住菩薩眼見佛性的眞與不眞，就是在這裡分野；諸地菩薩與佛地的隨順佛性有極大差異存在，也是在這裡分野。

爲什麼見性這一關會有各種不同呢？我們《宗通與說通》有講過了：一般人都是處在凡夫隨順佛性的層次中，都是錯把六識的自性認作佛性，都沒有辦法眼見佛性的。當我們說佛性無形無相，卻可以在山河大地上眼見分明，那些凡夫位的大師以及學人們都無法信受，他們再怎麼想像思惟，還是弄不清楚：既然佛性是無形無相的，怎麼可以看得見？然而我們可是確實看見分明，而且不是只有我一個人可以眼見。不過，見性這一關很難勘驗，因爲唯見乃知，我只能從對方的敘述中去判定他有沒有看見，而我沒有辦法透過他的眼睛看出去，只能用我自己的眼睛看，所以很難勘驗。我的眼睛可以在山河大地上看見自己的佛性，可是對方是不是一樣看見了呢？我無法進入對方的眼睛裡看出去，只能透過勘驗的經驗累積，從對方的敘述中加以判斷。

然而佛性眞的可以看見，乃至到了更高層次時還可以運作祂，所以這個部分會有四個層次差別：凡夫隨順佛性、未入地菩薩隨順佛性、諸地菩薩隨順佛性、諸佛隨順佛性。凡夫位的隨順佛性，是一般人所知的，他們所認爲的見性就是說：「我看得見、我聽得見、我能夠感覺、我能夠了知，當我見聞覺知了了分明時，就是見性。」但這叫作凡夫隨順佛性。十住菩薩所見佛性，一直到未入初地以前，都屬於未入地菩薩隨順佛性，只能看得見，還無法運用祂，但可以當場圓成世界如幻、身心如幻的現觀，這就是十住菩薩的如幻觀。地上菩薩的隨順佛性，是可以有條件地感應眾生心，也可以有條件地運用佛性，一地勝過一地；上地能知下地境，下地無法想像上地境界。

至於諸佛的隨順佛性，沒有條件限制，隨時隨地可以感應眾生心（但不一定要現前指示，學法因緣尙未具足的異生凡夫，諸佛都不會示現），也可以完全運作自如；所以當 世尊一個晚上沒睡覺，破參明心了，大圓鏡智現前了，卻還是無法成佛，處在領受大圓鏡智的智慧境界中；直到天快要亮起來之前，東方明星出時，才終於眼見佛性了，這時成所作智隨即現前，才終於成佛了。那不是等覺菩薩所知的，菩薩只能夠去揣摩、去思惟，完全沒有辦法了知的；乃至最後身菩薩位的妙覺菩薩，在成佛的那一剎那之前，都還是無法想像的，這才是佛地的隨順佛性。這是與諸地菩薩完全不一樣的佛地隨順佛性，十方國土不論是哪個世界，下雨之後究竟下了幾滴雨，諸佛都不必計算，隨即了知。那我們要怎麼想像呢？

且不說佛地的隨順佛性，光說我們這個娑婆世界，程度這麼差的十住菩薩眼見佛性——在山河大地上看見了自己的佛性，也可以從別人身上看見自己的佛性，也可以在悶絕位及眠熟位的別人身上看見他們的佛性。這種眼見佛性境界，才只是三賢位中的第十住滿心菩薩所見，大家就已經無法想像了，心中完全不信所以極力誹謗（編案：後來還有慧廣法師寫文章誹謗，詳見正光居士所著《眼見佛性》及《明心與眼見佛性》二書的辨正）。總是誹謗我們是胡亂講的！

然而，佛性無形無色，怎麼可能以肉眼看得見？但我就是跟大家拍胸脯保證：是眞的看得見，只是大家有沒有因緣看得見而已。條件很簡單，只有三個：第一、福德夠不夠？如果往世累積的福德不夠，這一世就好好去累積、好好去做；第二、動中的定力夠不夠？也就是無相念佛轉進爲看話頭的功夫行不行？一般大師們都是在看話尾，而且還不是看，是在唸話尾：「參禪的是誰？」是在覺知心中不斷地唸著這句話來問自己，都落入話尾中。第三、慧力夠不夠？一般大師及學人們，總是連參禪的正確知見都不夠，何況眼見佛性需要另一種慧力，卻不是短時間就能訓練成功的；更何況那些大師與學人們，根本不信我們的說法，如何能有因緣眼見佛性呢？連六住菩薩雙斷能取與所取的知見都沒有，何況能明心證得如來藏？至於眼見佛性，那就眞的是天方夜譚了。而佛性其實就是如來藏妙眞如性的覺精，是可以把六識自性函蓋在內的，然而六識自性卻不是十住菩薩所眼見的佛性內容，卻又函蓋在十住菩薩所眼見的佛性中；而十住菩薩卻仍然無法想像初地菩薩所隨順的佛性，最後身的妙覺菩薩也仍然無法想像諸佛的隨順佛性境界。所以，修學大乘法底人，最好是謙虛一些；千萬別隨意評論諸地菩薩或上位菩薩，除非是有明顯的錯誤，否則就會不經意地犯了無根誹謗上位菩薩的過失，而這過失是很重的，因爲這是無根毀謗大乘勝義僧寶。

回到經文，這意思就是說：「覺，有眞覺、妄覺的差異，眞覺與妄覺是不一樣的。」這得要眞正明心了，才能分清楚眞覺與妄覺。等到意識去了知，落入六塵境界中，那都已經是識陰六識的自性了，那個怎麼可以叫作佛性？只能說是自性見外道所說的佛性，也正是凡夫大師與學人們所說的見性，這樣的凡夫大師與自性見外道的所見並無不同（編案：譬如徐恆志、黃明堯、劉東亮等人，於網際網路散播錯誤言論，誹謗如來藏正法，錯將六識能見、能聞等自性認作佛性，自以爲已經見性，更寫文章貼在網站上公開誹謗如來藏妙義，都屬於凡夫隨順於六識自性，誤以爲是佛性。詳見正圜居士所著《護法與毀法》一書之舉例辨正）。但是眼見分明而不退失的十住菩薩們，是有兩個境界並行的，所以正當在看山河世界時，既在看著山河世界，也在山河世界上看著自己的佛性；然而徐恆志及台灣各大名山等凡夫大師們，都是落入六識自性中，而六識自性是能見者，佛性是被六識所見的，是兩個法同時存在的，不可以混同爲同一個法。一切十住菩薩們都同樣是以六識自性的能見，來看見所見的佛性——都可以從六根去看見佛性的；能見的見聞覺知與所見的佛性是並存的，是同時存在的，怎麼可以將能見的見聞知覺性當作所見的佛性呢？豈不是將魚作蝦的無眼人？

因此說，如果在六塵中有所覺，都是識陰六識的見聞知覺，那不是眞正的覺，不是 佛所說的本覺、明覺，也不是 世尊在《大般涅槃經》中所說的佛性。如來藏雖然不在六塵中作了別，不對六塵起見聞覺知，所以經中往往說「**法離見聞覺知**」；但是，若完全沒有所覺，又不是明覺了，豈不是與木頭、石塊一樣成爲無情了嗎？那又怎麼可以稱之爲心而說祂有本覺、有佛性呢？所以眞心如來藏當然是有覺的，只是不在六塵中起見聞覺知罷了！那麼「無明」（這裡講的無覺無知猶如木石——沒有明），就是完全不能了知任何一法；若是完全不了知，那又怎能說祂有覺湛明性？眞的跟死人一樣了，還談得上「覺湛明性」嗎？

當一個人悶絕或死亡時，前六識固然斷滅了，可是意根的覺明還在，不單是有如來藏的覺湛明性。如果沒有意根的覺明，死人就沒辦法出生中陰身；如果沒有意根的覺明，斷了煩惱障的菩薩，捨壽就會入無餘涅槃。正因爲有意根的覺明，恆時不斷運作著受生願，所以才不會入無餘涅槃，還會出生中陰身而轉入後世去。正當死時，六識斷滅，都沒有見聞覺知的時候，除了有意根的覺明以外，還有如來藏的覺明；如來藏的覺明才是眞覺，意根的覺明仍然是針對六塵中的法塵來作了知的，不是像如來藏一般外於法塵及五塵而作了知。所以，如來藏還是有知覺的，只是不落入六塵中，都在六塵外作各種了別。如果沒有如來藏這種明了性，那就不是覺湛的明性，將會如同識陰六識的知覺性，常常會昏沈而且也會間斷，譬如眠熟或悶絕時。

但是，證悟了這個道理以後，還得要在明心以後加修般若的別相智以及種智，一步一步往上學習及進修。在修學的過程當中，還要透過日常生活中去體驗；所以明心以後，連睡覺的時候也是修行的時候；睡覺時不是讓你睡覺的，還得要繼續體驗八識心王的運作。會外有很多人總以爲開悟了就沒事了，大事已了，他們根本不知道開悟了才是正要開始修行。正如祖師們說的：「悟前如喪考妣；悟後也如喪考妣。」悟後還是弄不清楚：睡著無夢的時候，我的意識中斷了，那我的意根在眠熟時是在幹什麼？我覺知心不存在了，那時意根都在幹什麼？而如來藏又在幹什麼？這裡面有很多法義，假使悟後能夠這樣去修行，進步才會快。但這絕對不是喇嘛教講的夢瑜伽，他們是在人生大夢中再作了虛妄的夢中夢。

當你睡著無夢的時候，你眞的不在嗎？不！意根的你還是繼續存在，但是意根究竟在幹什麼？要有能力體會、觀察。要怎麼樣才有這個能力？那就是常常似睡非睡、似醒非醒，常常在醒與睡之間去加以體會。但這很難細觀，一般人一定要經過一個階段的實修以後才能做到。一般人在經歷這個階段之前，通常是一睡著了就什麼都不知道，不然就是都沒辦法睡著，所以都沒辦法體驗，難就難在這裡。若是有定力的人，就可以進入等持位中，配合即將進入眠熟位的境界來作觀察，就比較容易修持，比較容易細觀意根在眠熟位的運作。所以眠熟時不是沒有自我的，意根還是持續在運作而從來不曾中斷過；但是要知道祂—眞正的世間自己—究竟還在幹什麼？這與佛菩提道的修證是息息相關的。

這意思就是說：有所覺，是六塵法，不是佛菩提中所說的眞覺，而是妄覺。如果全無所覺，那就跟石頭、木塊一樣成爲無情，又怎能說是有情的眞覺呢？所以在你睡著無夢時，那裡面還是有眞覺、有妄覺，兩者並行。意根的覺照部分是妄覺，如來藏則有祂自己不同的覺照力，祂能夠鑑機照用，卻不是六塵中的事業。因此，才從凡夫眾生、從剛明心的菩薩所能了知的法義來說「無所非明」，這與經文中的眞義還是有一些差距的。可是如果有人主張說眠熟位中根本沒有明覺性，那又不是經文中所說覺湛明性了，可就跟石頭、木塊一樣囉！如何可以說這樣子是佛法呢？又如何可以說遍一切時都有眞實佛法的法性存在？那麼他所知的佛法可就是有斷法了，不是常住法了。因此不能夠像那些凡夫大師所說的全無所覺，也不能夠說有所覺；因爲有所覺是六塵中的妄覺，無所覺則是如同木石一般，都是錯誤的。

上一週我們答覆佛指舍利來台的事，有很多人也看見星雲法師去花蓮拜訪慈濟的證嚴法師；我們看她倒是沒有像昭慧法師一樣想要廢除聲聞法中的八敬法，她還是有向星雲法師頂禮。但是，我想問一下諸位，請大家判斷一下，看星雲法師去拜訪慈濟證嚴法師時，會不會去見印順法師？（有人說：會！）因為既然來到慈濟，印順法師此時住在慈濟，他若不去拜見，也是很失禮。既然去見了印順法師的徒弟證嚴，卻不去見人家的師父，也是失禮的事。但是緊接著來的下文是，他見了印順法師之後，會談什麼？可能大家都沒想到這件事。他們一定會談到一個主題：「**蕭平實把佛教界搞得烏煙瘴氣，但是為什麼導師不稍微處理一下呢？**」他們都認為我們作法義辨正是把佛教界搞成烏煙瘴氣，而他們也都推崇印順法師為導師。

諸位想一想，印順法師會怎麼回答呢？我想，不管他怎麼答，我們可以用八個字來概括一下：「**天要下雨，娘要嫁人。**」老天要下雨，眾生沒辦法管；年輕的父親突然死了，年輕的媽媽為了養活家中五、六個小孩子，還得要嫁人，三歲乃至六、七歲的孩子們管得了嗎？印順法師是管不了正覺同修會的法義辨正的，他自己都已經是自顧不暇了。不過，我們今晚正在談這件事情，他們卻有一些回應了！剛才有人拿給我，好像是從網站上下載的，厚厚的兩疊。其中一疊是昭慧法師跟性廣法師提出一個總結論，應該是針對我們所講的來爲印順法師護航，另外一疊則是有人下載的評論印順的文字。這兩疊文字我還沒有時間去翻它，不知道內容，但是另外一疊文字的題目叫作「印順法師的悲哀」，也是厚厚的一疊。（編案：後來由本會正式出版爲書籍《印順法師的悲哀》，現仍流通中。）

但是印順法師本身是不會回應的，因爲他很清楚知道自己這回眞的踢到鐵板了！我們兩年前就等待印順法師的回應，但沒等到，結果是附佛法外道喜饒根登先跳出來，幫我在三大報的頭版登了半版彩色廣告，對我作人身攻擊、無根誹謗。現在是由昭慧及性廣出面來爲印順護航，雖然沒有提到正覺的名號，等我明後天看過，再決定要不要有人寫書來回應，但他們只是困獸猶鬥。這意思就是說，在世間有名聲的人，能夠公開認錯、公開懺悔，是非常困難的事，不是容易的事。像我們常常在書上寫下過失來公開懺悔，是很不容易做到的。這在我們會中覺得很平常，但在會外是很困難底事。我們在弘法過程中，只要是有過失，就立刻認錯改正。但大部分的大法師們都不會改正，會堅決的硬撐到底；但是遇到正覺的法義辨正時，卻又無力可施、無智能辯，所以他們若是想要處理正覺同修會的法義辨正，是很困難的事情，所以我說：「對印順法師一派人而言，這是天要下雨，娘要嫁人，無法可管。」

但我卻有個妄想：有可能印順法師自己將來會願意認錯。因爲他很清楚自己的落處，但是很可能有些人會爲印順辯解說：「我們其實也是認同如來藏的，不是全面反對如來藏的。」有可能會作這樣的曲解，因爲印順一向是兩面說法的。就像他在自立早報登出來答覆鍾慶吉的信中也說，他是認同眞常唯心思想的。可是印順法師這話不老實，他的《妙雲集》、《華雨集》裡面，全部都在否定眞常唯心的如來藏妙義，可是這時被質疑了，卻說自己是認同如來藏的，說話眞的不老實。不過，說實話，印順法師的落處清楚分明地顯現在他的書中，他卻從來不知道自己的錯誤所在，遇到正法實證者對他評論時，當然就像遇到「天要下雨、娘要嫁人」一樣無可奈何了！

言歸正傳，回到《楞嚴經》，今天要從六十二頁倒數第二行說起「性覺必明，妄爲明覺；覺非所明，因明立所；所既妄立，生汝妄能；無同異中，熾然成異。」這段經文，得要先從三賢位證悟者的見解來說，然後再從實證道種智的立場來說。

依三賢菩薩的智慧來說，其實能覺並不是所覺，也不是所明；能覺是我們的見聞知覺性，我們的見聞覺知能夠在六塵上面作種種的覺知，這個覺知心並不是所明的色法——六塵，而是與六塵相待的能覺；六塵只是所覺的對象，而這個能覺也不是所明的空無——虛空。這是說，能覺與所覺是相對待而建立的，但是眞正的眞覺沒有這種相對待性，因爲如來藏的眞覺從來不落於能覺和所明的相對待法中；能覺與所明的六塵、山河大地等等，全部都從如來藏的眞覺中出生，所以如來藏函蓋了能覺與所明的六塵等法，可是如來藏本身不落到能覺與所覺裡面。因爲，在六塵萬法上面作種種的覺知、明照，這都是六識心的作用，六識心是有自我認知的，也是與所明的對象相待的；因此說「覺非所明」，是「因明而立所」。

但是，雖然「覺非所明」，卻也是「因明而立所」。有很多人認爲，因爲有六塵萬法，所以才會有我們這個能知覺性；可是他們從來沒有想到，是因爲有我們的見聞知覺性，才會有六塵萬法出現在覺知心中。大家都可以返觀一下，當睡著無夢還沒有醒過來時，也就是在見聞知覺心還沒有現前時，還能有所明的六塵嗎？根本就沒有嘛！必定是意識心及前五識現起了，然後才有所明的六塵萬法呀！因此說「因明立所」。是因爲六識覺知心現前而有明了性，從六識心的明了性而建立所了知的六塵萬法，所以叫作「因明立所」。

被能覺底識陰所知的六塵萬法、山河大地，既然是依覺知心而妄立，因為是依於妄心的見聞知覺性而建立的。若不是有見聞覺知，有情心中就不可能會有六塵及山河大地的相分存在了。

可是話說回來，既然所明的六塵萬法是妄立，由於妄心的見聞覺知而妄立有情心中的六塵萬法，所以是妄立所明。但是卻要先有如來藏妙眞如性所出生的內相分六塵萬法，然後才能再從如來藏中出生了能明、能覺的六識心，才會有見性、聞性乃至身識的覺性、意識的了知性；因此，能覺與所覺、能明與所明，全都是從如來藏中現前的。而如來藏從來都不了知六塵，也都不返觀自己、不了知自己而沒有我性；所以，菩薩從如來藏的境界中來看能覺與所覺、能明與所明時，根本就沒有同也沒有異可說，所以才說「因明立所」然後才會「生汝妄能」。這是有能有所，都是在六塵事相上面來說有能有所啊！可是如果從如來藏來講，能覺與所明都是我如來藏所出生，出生了以後在這邊互相應對，可是我如來藏不在這裡面去做任何的應對，我如來藏不在這裡面作任何的了知，不起任何貪厭，也從來不了知自己的存在，全無我性，全無能覺與所明的相待境界。因此說，從如來藏來講，能覺與所明既沒有同也沒有異可說，從來都不落在同異之中。可是在事相上，如來藏這樣出生了能覺與所明時，對於能覺與所明來說，卻又熾然成異，從來不會和合而永遠都是相待法。所以又說：「異彼所異，因異立同，同異發明，因此復立無同無異。」

再從道種智的立場來解說這一小段經文：凡夫、外道、錯悟底大師們，總是誤會了眞覺、本覺的眞義，認爲一定是要在六塵之中可以覺知萬法，不會昏沈暗昧的覺知心，才能說是明覺；然而這其實是佛法中所說，以無明爲因而產生的妄覺，凡夫大師們及諸外道們卻虛妄地建立爲明覺。這種錯誤建立的明覺，其實只是識陰六識對如來藏所生六塵相分加以了知的妄覺，不是佛法中所說的眞覺、本覺。「覺」與「所」是相待的，當如來藏的眞覺時時刻刻、剎那剎那鑑機照用之時，就產生了「所」，「所」就是五蘊、六根界、六塵界、六識界、七大，因爲是如來藏妙眞如性「所」生的緣故，也是如來藏妙眞如性所了知的緣故。是由於如來藏的本覺、眞覺才建立了被生的蘊處界大等「所」。換句話說，如來藏這個眞覺、本覺就稱之爲明覺，因爲祂從來不曾昏沈或眠熟過一剎那，更別說是眠熟幾個小時了。然後，由如來藏的「明覺」來建立「所」——蘊處界大等法，這個「明覺」就是前面所說的「覺精」佛性，是如來藏的功德性。「所」——蘊處界大——既然已由如來藏執行有情的無明妄想而虛妄地建立起來了，於是就出生了覺知心在六塵萬法中的能知能覺等功能。

其實蘊處界大等「所」被出生了以後，蘊處界的能知能覺，就在如來藏所生的「所」裡面虛妄地作出種種分別，從來不曾在如來藏心以外分別及運作；而這個能知能覺六塵諸法的知覺性，其實是含攝在「所」之內——是在「所」內分別自己與六塵諸法，是與「所」中的六塵諸法同時並存的；而「所」從來都在如來藏心中，「所」中的能分別與所分別——六識自性與六塵諸法，同樣都是如來藏妙眞如性所含攝的法，本就應該歸屬於如來藏，都同樣是如來藏自己而不是相對待的法，所以從如來藏的自住境界來說，確實是「無異」的。可是卻在如來藏所含攝之中，又顯示出來能覺與所明等相待境界，所以又是「無同」。就這樣在無同無異之中，由於眾生並不知道能覺與所明全都屬於如來藏的妙眞如性所生之法，更不知道全都應該攝歸如來藏同一心中，於是作了種種迥然互異的認知與執著；這絕對不是凡夫識陰六識的知覺性所能知道、所能臆測的，所以世尊才說：「無同異中，熾然成異。」

「異彼所異，因異立同，同異發明，因此復立無同無異。」也就是說，能覺異於所異的所明，所明異於所異的能覺，能覺與所明是互相對待的，不是同一法，也不能和合爲一個法而不分彼此。所以在事相上來看，由於一直都有相異之處，所以從有情心中的境界來看，能覺與所明都不是自己單獨能夠存在的——有情覺知心中的能覺與所明一定是同時存在的，不可能單獨有能覺或單獨有所明，所以是「異彼所異」。可是從證悟之後深入觀察法界實相的菩薩們來說，由於已經現觀能覺與所明二法，全都是如來藏藉著各種因緣而自然地從如來藏心中出生的，所以應該都攝歸於如來藏心體之中，全都是如來藏的妙眞如性啊！並且，若是沒有事相上「異彼所異」的能覺與所明二法，也無法證實法界中的這個眞相，也無法證實能覺與所明都應該攝歸如來藏同一法中，因此就由能覺與所明的「異」再來「立同」，於是異中有同，同中有異，這樣子，同與異就發明出來了：「同異發明。」

「同異發明」之後，再因同異而另外建立「無同無異」，因爲菩薩現觀如來藏雖然出生了能覺與所明，而如來藏只是如鏡現像一般，從來不對六塵諸法加以了知，也不反觀自己的存在，更不反觀自己是否具有能覺與所生的功德；所以，對如來藏而言，根本就沒有同與異可說，「因此復立無同無異」。這就好像禪宗的公案一樣，祖師會藉某個事物告訴你弦外之音，譬如他說：「萬法都從這裡出生。」就在你眼前畫一個圓相，然後就說：「有人說『我知道這是什麼』，但卻是錯誤的認知。因爲他是思而知之，」是經過思惟以後才知道爲什麼萬法都從這裡出生：「因爲這只是一個圓相嘛！圓相代表已經圓滿一切法了，所以一切法從圓滿的法中出生嘛！」禪師就說：「你這是思索以後才知道的，這已經落到第二頭了。」然後有人就說：「我不必思惟就知道了。」禪師卻說：「講自己不思而知的人，其實是落入第三頭了。」那更遠了！這就是說，不思而知，其實是因爲前面人家說思而知之，被責備落到第二頭中，所以才說自己是不思而知，當然是落入第三頭了嘛！而眞正的知，是當下就知道，不必再思，也不必再從不思而知之中再來議論，而實際理地是沒有思也沒有不思的，佛菩提法就是這樣啊！

同樣的道理，「因異立同，同異發明」之後，再因這個同異的發明，再來建立無同也無異，那就是意識思惟了嘛！已經不是眞正證道者所親證的法。眞正見道的人，沒有這一些法可說，直接就契入，「是」就是「是」，「不是」就是「不是」，一言立當，直接了當；然後直接住在如來藏自心如來的無我、無智、無彼、無此的境界中，不再有是或不是，不再有異或同，卻又無妨事相上有著異同，而且了然分明；菩薩就這樣在同異發明之中，轉依於自心如來藏不分別同異的實相境界，全無異同可說。可是爲了教導隨學的有情們，要讓他們進而轉依如來藏自心境界而得解脫、而生智慧，於是還要爲隨學的菩薩們，重新建立「無同與無異」，因此說：「同異發明，因此復立無同無異。」這不是未明心或明錯心的大師與學人們，單憑意識思惟所了知的。

接著 佛說：

「如是擾亂，相待生勞，勞久發塵，自相渾濁；由是引起塵勞煩惱，起爲世界，靜成虛空，虛空爲同，世界爲異；彼無同異眞有爲法、覺明空昧相待成搖，故有風輪執持世界。」因爲富樓那尊者問：「既然眾生的如來藏清淨本然，爲什麼卻會出生了山河大地？」佛就是答覆「山河大地爲什麼會出生」的道理。目前佛教界中也有這種現象，我們就先依這段經文的義理，來講佛教界中的大師現象，再針對經中的義理來說。由於能覺與所明互相對待，眾生以及末法大師們都沒有智慧了知無同無異底道理，於是純憑想像及文字研究、法義思惟，就從同異發明之中再去建立一個無同無異的思想，眞是頭上安頭。因爲這些虛妄想的關係，於是就變成互相擾亂，就不可能了知實相；不了知的緣故，心中就紛紛擾擾。如是擾亂的結果，相待於六塵中所生的所謂佛法的法塵，於是心中生勞，不能安住；不能安住的結果，勞久發塵，結果是自己想了一大堆虛妄法。這就好像印順法師一樣，想了一大堆法義，然後自己創造一些虛妄的見解，寫出那四十一本書，其實也是叫作「自相渾濁」。

佛菩提道是很本然的事，很單純的事，只要直接契入就好了，根本就不必思惟了一大堆、解釋了一大堆，都是意識想像所知的虛妄法。所以去參加禪三精進共修時，我們只有在晚上才作普說，白天都是很單純地要你們自己直接悟入。要非常單純，頭腦越複雜就越難悟，越單純就越容易悟。所以我說那些佛學研究者都是勞久發塵，就以他們的妄想寫出很多的書，結果是連自己也亂了套，也把自己給騙了！然後眾生當然也是越讀越混亂。因爲連大師們自己都弄不通了，寫出來的書，眾生當然越讀就越迷糊了，於是很單純的佛法開悟內容，就變成很渾濁而且有各家不同的說法——各家所悟的內容都不相同。正因爲這樣的緣故，修行人「自相渾濁」。

世俗人當然更是在六塵萬法中「自相渾濁」，於是就引起了塵勞以及種種的煩惱；因爲如來藏從來不在能分別與所分別之中，而能覺與所明都是由如來藏自心所出生的；如來藏對於「所——蘊處界大」等法，當然是能了知的，卻不是在六塵中加以了知及分別的，所以如來藏又是離能所的。而能覺的六識覺知心與所明的六塵萬法，全都是在如來藏心中廣作分別的，是能覺與所明互相異彼所異的。而這些同異，如來藏心中是從來都不存在的，所以又是無同無異的。然而眾生根本就不懂這個實相，總是落入能覺與所明之中，將所明立爲實有法，也將能覺的自己建立爲常住法。

既然如此，當然就要爲能覺的自己設想，於是就有了種種塵勞：如何爲自己的名聲、眷屬、錢財，乃至出家了以後如何爲自己的道場增大、徒眾增多、名聲廣大、錢財鉅量……等世間法設想起來；在這裡面最根本的設想則是如何保持色身健康，以便繼續擁有這些世間有爲法。於是就和世間人一樣，擾亂了自己，每天落入相待法之中，這時就是「相待生勞」的境界。在這種相待成勞的境界中，如來藏感應了這些種子，於是這些大師們就與世俗人追求世間諸法一樣，「勞久發塵」而「自相渾濁」，就會使如來藏中的煩惱塵勞種子發起，於是應該受報的世界——山河大地就這樣逐漸出生了，這就是「起爲世界」。但是這些眾生們心中有時厭煩塵勞，卻又沒有智慧看穿塵勞，不能看穿自己的虛假，更不知道自己的一切全然是如來藏妙眞如性，於是也會常常厭逆塵勞而趣向寂靜，常常止妄想而求安寧寂靜，於是他們心中的虛空相就這樣隨著出生了：「靜成虛空。」

爲什麼勞久發塵而靜成虛空呢？先來講「勞久發塵」，譬如三界中的欲界與色界有情，眞可說是差別萬端，其中的色界有情之間差別最少，越是下地境界，差別就越大。特別是欲界的人間，人類、畜生、餓鬼道等三類有情共處，差別非常大；而地獄道有情單純是受苦，種類差別卻又小了一些，然而境界相則是差別很大。再回頭來說人間，單是人類的妄想差別就有極多不同，所以人間事就有許多差異性，因此而有各類不同的風俗，於是人情心想也就隨之產生各類差異，「**如是擾亂，相待生勞**」，這不就是世界風情嗎？觀光業不就是在這種情況下來發展的嗎？如果再加上畜生道及餓鬼道眾生雜處於人間，再加上欲界六天的不同境界相，於是欲界各類有情的心想當然會成爲「**自相渾濁**」的狀況。這種狀況，相待於專修禪定而制心一處的初禪到四禪天的單純境界中的心想，差異性是很大的；這正是欲界與色界有情「**勞久發塵、自相渾濁**」的原因。這二界的眾生心想互相差異的結果，當然就會如同 佛所說的「**由是引起塵勞煩惱，起爲世界**」；因爲欲界與色界有情的業行導致必須有這二界境界作爲受報的場所，於是「勞久發塵」之後當然「**起爲世界**」，出生了欲界世界及色界世界，這些有情才能繼續生活於各自應該安住的世界境界中。

可是三界有情之中，還有一種人是修得四空定的，心境是極寂靜的，常常住在定境之中；與色界定不同的是，他們在定境中並沒有色界身的貪著，也沒有色界境界中的樂觸或捨觸境界；他們的識陰六識中只剩下意識一心而不與色界觸覺相應，是不必有色界來安住定境的，全屬意識自心境界。由於這個緣故，這些人的心境與色界定的實證不同，所住純屬意識覺知心自內境界；當他們捨報時並不需要色身，於是住入四空定中，他們的如來藏根本不參與其他三界有情來共同變生欲界與色界的世間，於是「靜成虛空」。這就是無色界境界，但因為仍有四陰而有生死，所以仍然不離「世」；又因為其中的意識境界仍有所住的侷限而不離「界」，所以仍然不離「世界」的範圍。

修學出世間法的人，若是和世間俗人一樣作了很多錯誤的思惟；然後心不能安定，當然更不可能住於實相智慧之中。塵勞煩惱是說世俗人就在六塵上面起種種的貪厭，引起了這些塵勞和煩惱時就會產生兩個狀況：**起為世界**，**靜成虛空**。當共業有情的塵勞和煩惱升起時，如來藏就會感應而出生了世界；如果大眾都厭棄塵勞而修定，如果還只是色界定的境界，也就是初禪到第四禪的定境，那還是與色身相應的定境，仍然是「**起為世界**」的範圍所攝。假使脫離了色界定而進入四空定中，卻又落到虛空一邊去，仍然沒有辦法觸及到實相，所以說「**靜成虛空**」；而實相心如來藏的境界是不會落入「**起爲世界」或是「靜成虛空」的，是橫跨世界與虛空兩邊而不落入兩邊之內的。從「起爲世界」與「靜成虛空」這兩部分來看，就知道十方無量無數世界中都一定會有兩種人：一種人修定，一天到晚打坐，一心不亂，最後離開外塵攀緣而進入四空定，安住於純屬意識內心的定境中；另一種人是一天到晚在六塵萬法中攀緣執著，最多只能修到第四禪爲止，就會有種種欲界及色界世間，被這些有情的如來藏所出生及維持，於是由於這些人的緣故，欲界及色界世間就會繼續存在；無色界的境界也同樣是唯心所成的道理，所以十方虛空就永遠會有世界跟虛空並存，永遠都會是這樣。

在這種情況下，就產生了「虛空爲同，世界爲異」的現象。由於所有的世界中都有人修定而制心一處、一念不生，長時間住在四空定等自心內境中，而自心內境是可以無窮盡的，所以虛空就無窮無盡；但是一切修得四空定有情所成就的虛空，並無差別，就只有一種虛空而無第二種，所以「虛空爲同」。在「虛空爲同」的時候，無邊虛空中一定會有許多不同之處，那就是虛空中的一切世界會有各種差異；所以，有的世界是清淨的，有的世界卻是污濁的；有的世界適合各類有情共同居住，有的世界則是只能有極少數有情安住。當虛空中的各個世界各有清淨與污濁不同時，也會因爲清淨與污濁程度的差異，而有很多差別的現象出現，所以說「世界為異」。但是這些世界的出生與存在，都是由於有情心想的差異而產生的；這些有情的共通點，就是同樣都有意識覺知心，都有明性（都有能對六塵明了的功能性），卻因為三界中這些有情的明性差別—也就是覺明的不同差別性—不同的了知性，於是產生了三界不同世間與不同境界。而這些明性所能產生的境界相，都屬於三界有為法的流轉法，不能使人遠離三界生死，所以 佛說三界有情的明覺或覺明，雖然同樣都要求「性覺必明」，卻同樣都是「妄為明覺」。檢點當代所有大師及學人們，不都是如此的嗎？具體的代表正是徐恆志、上平居士黃明堯、中華佛教在線的劉東亮，同樣都是以六識的見聞知覺性作為佛性，墮入識陰六識的自性中，同於自性見外道一般，這不是「性覺必明，妄為明覺」的寫照嗎？

在同一個虛空以及無量無邊的不同世界中，卻有「無同」亦有「無異」的法性存在著，從來都是眞心妄心和合運作不斷的；法界中的眞相一直都是離開同與異兩邊，卻又同時函蓋同異兩邊的，當然講的正是如來藏的無漏無為法以及無漏有為法。這個如來藏心體才有的眞正有為法，講的就是如來藏妙眞如性中，時時都和如來藏的大種性自性相互結合而出生的眾生佛性，也就是前面經中所說七大中的覺精，這就是「彼無同異」的「眞有為法」。如來藏這個遍在眾生五陰身心中恆時存在、恆時運作不斷的覺精佛性，是「無同異眞有為法」，並不是某些佛學研究者口中所說的純屬名言施設而無實法可證。這個覺精佛性在三界中運作時，是時時與眾生識陰六識的「覺明空昧相待」的。為何這麼說呢？譬如證悟重關而眼見佛性者，可以分明看見覺精佛性從來無所染污，可是卻有作用；而這個覺精佛性是與識陰或意識所落入的覺明與空昧同時存在著，是並行運作著。這個覺精佛性並不是只有開悟的賢聖才有，而是一切尊勝或卑賤有情同共有之；當有情眾生「無同異眞有為法」的佛性，與「覺明空昧」的各種不同層次意識境界互相對待而並存時，這二者相待（因為一定會由佛性來支援意識的覺明空昧境界）而互相影響時，當然會有搖動不止的現象存在，於是「故有風輪執持世界」。虛空中的一切天文現象，已經證實有風輪在執持世界，現在的學術名稱就叫作星球引力；藉著星球引力而使各個不同的星系互相旋繞運作，這個力量就稱為風輪。若是沒有這種風輪，世界就會散失而歸於毀滅。當世界這樣保持著，各種不同狀態的「洲潬」就維持著，從極遠處看去，就是渾濁的世界；若是虛空中沒有這些世界存在，純一虛空，不就都清淨無塵了嗎？

如果是在見性上面已經有所解悟，可以稍微聽懂這些意思；若是在見性這一關確實有眼見，那就更加瞭解、更加清楚，卻還是講不出其中的內容，只能受用而不能運作，也不能爲人深入解說；當然諸地菩薩是可以更瞭解的，可是究竟清楚這裡面的關係，那已經是佛地的境界了，是成所作智出生以後的事了。這裡講的「無同異眞有爲法」，在一切種智中說的就是無漏性的有爲法，無漏有爲法的涵義很廣，一般人是不懂的。但是大略來說，有爲法就只有兩種啊！凡夫眾生們的有爲法全都是有漏性的，名爲有漏有爲法，只能跟有漏性相應，所以永無解脫可說。但是到了無學果以上的聲聞、緣覺，或者到了初地以上的菩薩們，那就會有許多是無漏性的有爲法，同樣具足有爲法，卻是無漏性的啊！

四聖眾跟六凡眾生一樣都能見色聞香乃至知覺萬法，這些全都是有爲法啊！可是四聖身心相應的這些有爲法都是無漏性，因爲不與分段生死的煩惱相應。但是，四聖的這個無漏有爲法中，除了佛及八地以上菩薩，都還有一部分的煩惱障的習氣種子相應，也還有無始無明的上煩惱相應，合起來就成爲七地以下菩薩的變易生死；若是斷盡習氣種子，剩下無始無明上煩惱，就成爲八地以上菩薩的變易生死，要到佛地才能斷盡。所以，雖然斷了分段生死，在人間托缽的有爲法雖然已經是無漏性的，卻仍然不是究竟的無漏有爲法；得要是菩薩的無生法忍修到了究竟佛地時，才算是究竟的無漏有爲法。也因爲如此，所以一切有情的隨順佛性，才會分爲四個層次的差別不同。

那麼這裡講的正是佛性—七大之一的覺精—純屬無漏有爲法，在十方三世一切世界的每一個有情身心之中恆時存在而不曾中斷過一剎那。這個無同異的眞有爲法，其實是一切眾生身心之中都有，不管他是如何污濁、下劣的眾生，一樣具足圓滿，但是卻被貪瞋癡慢疑等煩惱牽著去跟有漏法相應，然而祂自己本身還是保持著無漏有爲的法性啊！這個就是無同異的眞有爲法。當「彼」共業眾生的「無同異眞有爲法」覺精佛性運作時，這些共業眾生的意識心所住「覺明、空昧」—也就是智慧渾濁而不能了知實相—所以落入三界境界中，依附於覺精佛性同時運作時，二者互相對待、互相招感，當然一定會成就動搖不止的心行。如此「相待成搖」的結果，所以就會有風輪出現，來維持世界的存在與正常運作，直到共業有情應受的果報已經受盡了，這個風輪才會消失。世尊接著又開示說：

「因空生搖，堅明立礙，彼金寶者明覺立堅，故有金輪保持國土；堅覺寶成，搖明風出，風金相摩，故有火光爲變化性；寶明生潤，火光上蒸，故有水輪含十方界；火騰水降，交發立堅，濕爲巨海，乾爲洲潭；以是義故，彼大海中火光常起；彼洲潭中，江河常注。水勢劣火，結爲高山，是故山石擊則成炎，融則成水；土勢劣水，抽爲草木，是故林藪遇燒成土，因絞成水。交妄發生，遞相爲種；以是因緣，世界相續。」（未完，詳續第六輯中續講。）

佛教正覺同修會〈修學佛道次第表〉

第一階段

* 以憶佛及拜佛方式修習動中定力。
* 學第一義佛法及禪法知見。
* 無相拜佛功夫成就。
* 具備一念相續功夫—動靜中皆能看話頭。
* 努力培植福德資糧，勤修三福淨業。

第二階段

* 參話頭，參公案。
* 開悟明心，一片悟境。
* 鍛鍊功夫求見佛性。
* 眼見佛性〈餘五根亦如是〉親見世界如幻，成就如幻觀。
* 學習禪門差別智。
* 深入第一義經典。
* 修除性障及隨分修學禪定。
* 修證十行位陽焰觀。

第三階段

* 學一切種智真實正理—楞伽經、解深密經、成唯識論…。
* 參究末後句。
* 解悟末後句。
* 透牢關—親自體驗所悟末後句境界，親見實相，無得無失。
* 救護一切眾生迴向正道。護持了義正法，修證十迴向位如夢觀。
* 發十無盡願，修習百法明門，親證猶如鏡像現觀。
* 修除五蓋，發起禪定。持一切善法戒。親證猶如光影現觀。
* 進修四禪八定、四無量心、五神通。進修大乘種智，求證猶如谷響現觀。

佛菩提二主要道次第概要表——二道並修，以外無別佛法

佛菩提道——大菩提道

十信位修集信心——一劫乃至一萬劫

資糧位

初住位修集布施功德（以財施爲主）。
二住位修集持戒功德。
三住位修集忍辱功德。
四住位修集精進功德。
五住位修集禪定功德。
六住位修集般若功德（熏習般若中觀及斷我見，加行位也）。

外門廣修六度萬行

見道位

七住位明心般若正觀現前，親證本來自性清淨涅槃。
八住位起於一切法現觀般若中道。漸除性障。
十住位眼見佛性，世界如幻觀成就。

一至十行位，於廣行六度萬行中，依般若中道慧，現觀陰處界猶如陽焰，至第十行滿心位，陽焰觀成就。

一至十迴向位熏習一切種智；修除性障，唯留最後一分思惑不斷。第十迴向滿心位成就菩薩道如夢觀。

內門廣修六度萬行

遠波羅蜜多

初地：第十迴向位滿心時，成就道種智一分（八識心王一一親證後，領受五法、三自性、七種第一義、七種性自性、二種無我法）復由勇發十無盡願，成通達位菩薩。復又永伏性障而不具斷，能證慧解脫而不取證，由大願故留惑潤生。此地主修法施波羅蜜多及百法明門。證「猶如鏡像」現觀，故滿初地心。

二地：初地功德滿足以後，再成就道種智一分而入二地；主修戒波羅蜜多及一切種智。滿心位成就「猶如光影」現觀，戒行自然清淨。

解脫道：二乘菩提

→ 斷三縛結，成初果解脫

→ 薄貪瞋癡，成二果解脫

→ 斷五下分結，成三果解脫

入地前的四加行令煩惱障現行悉斷，成四果解脫，留惑潤生。分段生死已斷，煩惱障習氣種子開始斷除，兼斷無始無明上煩惱。

近波羅蜜多　　大波羅蜜多　　圓滿波羅蜜多

修道位　　究竟位

三地：二地滿心再證道種智一分，故入三地。此地主修忍波羅蜜多及四禪八定、四無量心、五神通。能成就俱解脫果而不取證，留惑潤生。滿心位成就「猶如谷響」現觀及無漏妙定意生身。

四地：由三地再證道種智一分故入四地。主修精進波羅蜜多，於此土及他方世界廣度有緣，無有疲倦。進修一切種智，滿心位成就「如水中月」現觀。

五地：由四地再證道種智一分故入五地。主修禪定波羅蜜多及一切種智，斷除下乘涅槃貪。滿心位成就「變化所成」現觀。

六地：由五地再證道種智一分故入六地。此地主修般若波羅蜜多——依道種智現觀十二因緣一一有支及意生身化身，皆自心眞如變化所現，「非有似有」，成就細相觀，不由加行而自然證得滅盡定，成俱解脫大乘無學。

七地：由六地「非有似有」現觀，再證道種智一分故入七地。此地主修一切種智及方便波羅蜜多，由重觀十二有支一一支中之流轉門及還滅門一切細相，成就方便善巧，念念隨入滅盡定。滿心位證得「如犍闥婆城」現觀。

八地：由七地極細相觀成就故再證道種智一分而入八地。此地主修一切種智及願波羅蜜多。至滿心位純無相觀任運恆起，故於相土自在，滿心位復證「如實覺知諸法相意生身」故。

九地：由八地再證道種智一分故入九地。主修力波羅蜜多及一切種智，成就四無礙，滿心位證得「種類俱生無行作意生身」。

十地：由九地再證道種智一分故入此地。此地主修一切種智——智波羅蜜多。滿心位起大法智雲，及現起大法智雲所含藏種種功德，成受職菩薩。

等覺：由十地道種智成就故入此地。此地應修一切種智，圓滿等覺地無生法忍；於百劫中修集極廣大福德，以之圓滿三十二大人相及無量隨形好。

妙覺：示現受生人間已斷盡煩惱障一切習氣種子，並斷盡所知障一切隨眠，永斷變易生死無明，成就大般涅槃，四智圓明。人間捨壽後，報身常住色究竟天利樂十方地上菩薩；以諸化身利樂有情，永無盡期，成就究竟佛道。

七地滿心斷除故意保留之最後一分思惑時，煩惱障所攝色、受、想三陰有漏習氣種子全部斷盡。←

煩惱障所攝行、識二陰無漏習氣種子任運漸斷，所知障所攝上煩惱任運漸斷。←

斷盡變易生死
成就大般涅槃

圓滿成就究竟佛果

佛子蕭平實 謹製
（二〇〇九、〇二 修訂）
（二〇一二、〇二 增補）

佛教正覺同修會 共修現況 及 招生公告 2016/1/16

一、共修現況：(請在共修時間來電，以免無人接聽。)

台北正覺講堂 103 台北市承德路三段 277 號九樓 捷運淡水線圓山站旁
Tel..**總機** 02-25957295（晚上）(**分機：九樓**辦公室 10、11；知客櫃檯 12、13。 **十樓**知客櫃檯 15、16；書局櫃檯 14。 **五樓**辦公室 18；知客櫃檯 19。**二樓**辦公室 20；知客櫃檯 21。)
Fax..25954493

第一講堂 台北市承德路三段 277 號九樓

禪淨班：週一晚上班、週三晚上班、週四晚上班、週五晚上班、週六下午班、週六上午班（皆須報名建立學籍後始可參加共修，欲報名者詳見本公告末頁）

增上班：瑜伽師地論詳解：每月第一、三、五週之週末 17.50～20.50 平實導師講解（僅限已明心之會員參加）

禪門差別智：每月第一週日全天 平實導師主講（事冗暫停）。

佛藏經詳解 平實導師主講。已於 2013/12/17 開講，歡迎已發成佛大願的菩薩種性學人，攜眷共同參與此殊勝法會聽講。詳解 釋迦世尊於《佛藏經》中所開示的眞實義理，更爲今時後世佛子四眾，闡述佛陀演說此經的本懷。眞實尋求佛菩提道的有緣佛子，親承聽聞如是勝妙開示，當能如實理解經中義理，亦能了知於大乘法中：如何是諸法實相？善知識、惡知識要如何簡擇？如何才是清淨持戒？如何才能清淨說法？於此末法之世，眾生五濁益重，不知佛、不解法、不識僧，唯見表相，不信眞實，貪著五欲，諸方大師不淨說法，各各將導大量徒眾趣入三塗，如是師徒俱堪憐憫。是故，平實導師以大慈悲心，用淺白易懂之語句，佐以實例、譬喻而爲演說，普令聞者易解佛意，皆得契入佛法正道，如實了知佛法大藏。

此經中，對於實相念佛多所著墨，亦指出念佛要點：以實相爲依，念佛者應依止淨戒、依止清淨僧寶，捨離違犯重戒之師僧，應受學清淨之法，遠離邪見。本經是現代佛門大法師所厭惡之經典：一者由於大法師們已全都落入意識境界而無法親證實相，故於此經中所說實相全無所知，都不樂有人聞此經名，以免讀後提出問疑時無法回答；二者現代大乘佛法地區，已經普被藏密喇嘛教滲透，許多有名之大法師們大多已曾或繼續在修練雙身法，都已失去聲聞戒體及菩薩戒體，成爲地獄種姓人，已非眞正出家之人，本質只是身著僧衣而住在寺院中的世俗人。這些人對於此經都是讀不懂的，也是極爲厭惡的；他們尚不樂見此經之印行，何況流通與講解？今爲救護廣大學佛人，兼欲護持佛教血脈永續常傳，特選此經宣講之。每逢週二 18.50~20.50 開示，不限制聽講資格。會外人士需憑身分證件換證入內聽講（此是大樓管理處之安全規定，敬請見諒）。桃園、台中、台南、高雄等地講堂，亦於每週二晚上播放平實導師所講本經之 DVD，不必出示身分證件即可入內聽講，歡迎各地善信同霑法益。

第二講堂　台北市承德路三段 267 號十樓。

禪淨班：週一晚上班、週六下午班。

進階班：週三晚上班、週四晚上班、週五晚上班（禪淨班結業後轉入共修）。

佛藏經詳解：平實導師講解。每週二 18.50~20.50（影像音聲即時傳輸）。本會學員憑上課證進入聽講，會外學人請以身分證件換證進入聽講（此爲大樓管理處安全管理規定之要求，敬請諒解）。

第三講堂　台北市承德路三段 277 號五樓。

進階班：週一晚上班、週三晚上班、週四晚上班、週五晚上班。

佛藏經詳解：平實導師講解。每週二 18.50~20.50（影像音聲即時傳輸）。本會學員憑上課證進入聽講，會外學人請以身分證件換證進入聽講（此爲大樓管理處安全管理規定之要求，敬請諒解）。

第四講堂　台北市承德路三段 267 號二樓。

進階班：週一晚上班、週三晚上班、週四晚上班、週五晚上班（禪淨班結業後轉入共修）。

佛藏經詳解：平實導師講解。每週二 18.50~20.50（影像音聲即時傳輸）。本會學員憑上課證進入聽講，會外學人請以身分證件換證進入聽講（此爲大樓管理處安全管理規定之要求，敬請諒解）。

第五、第六講堂　爲**開放式講堂**，不需以身分證件換證即可進入聽講，台北市承德路三段 267 號地下一樓、地下二樓。已規劃整修完成，每逢週二晚上講經時段開放給會外人士自由聽經，請由大樓側面梯階逕行進入聽講。**聽講者請尊重講者的著作權及肖像權，請勿錄音錄影，以免違法；若有錄音錄影被查獲者，將依法處理。**

正覺祖師堂　大溪鎮美華里信義路 650 巷坑底 5 之 6 號（台 3 號省道 34 公里處 妙法寺對面斜坡道進入）電話 03-3886110　傳眞 03-3881692 本堂供奉 克勤圓悟大師，專供會員每年四月、十月各二次精進禪三共修，兼作本會出家菩薩掛單常住之用。除禪三時間以外，每逢單月第一週之週日 9:00~17:00 開放會內、外人士參訪，當天並提供午齋結緣。教內共修團體或道場，得另申請其餘時間作團體參訪，務請事先與常住確定日期，以便安排常住菩薩接引導覽，亦免妨礙常住菩薩之日常作息及修行。

桃園正覺講堂（第一、第二講堂）：桃園市介壽路 286、288 號 10 樓（陽明運動公園對面）電話：03-3749363（請於共修時聯繫，或與台北聯繫）

禪淨班：週一晚上班、週三晚上班、週四晚上班、週五晚上班。

進階班：週六上午班、週五晚上班。

佛藏經詳解：平實導師講解。每週二晚上，以台北正覺講堂所錄 DVD 放映；歡迎會外學人共同聽講，不需出示身分證件。

新竹正覺講堂 新竹市東光路 55 號二樓之一　電話 03-5724297（晚上）

第一講堂：

禪淨班：週一晚上班、週五晚上班、週六上午班。

進階班：週三晚上班、週四晚上班（由禪淨班結業後轉入共修）。

佛藏經詳解：平實導師講解。每週二晚上，以台北正覺講堂所錄 DVD 放映。歡迎會外學人共同聽講，不需出示身分證件。

第二講堂：

禪淨班：週三晚上班、週四晚上班。

佛藏經詳解：每週二晚上與第一講堂同時播放佛藏經詳解 DVD。

台中正覺講堂 04-23816090（晚上）

第一講堂 台中市南屯區五權西路二段 666 號 13 樓之四（國泰世華銀行樓上。鄰近縣市經第一高速公路前來者，由五權西路交流道可以快速到達，大樓旁有停車場，對面有素食館）。

禪淨班：週三晚上班、週四晚上班。

進階班：週一晚上班、週六上午班（由禪淨班結業後轉入共修）。

增上班：單週週末以台北增上班課程錄成 DVD 放映之，限已明心之會員參加。

佛藏經詳解：平實導師講解。每週二晚上，以台北正覺講堂所錄 DVD 放映。歡迎會外學人共同聽講，不需出示身分證件。

第二講堂 台中市南屯區五權西路二段 666 號 4 樓

禪淨班：週一晚上班、週三晚上班、週六上午班。

進階班：週五晚上班（由禪淨班結業後轉入共修）。

佛藏經詳解：每週二晚上與第一講堂同時播放佛藏經詳解 DVD。

第三講堂、第四講堂：台中市南屯區五權西路二段 666 號 4 樓。

嘉義正覺講堂 嘉義市友愛路 288 號八樓之一　電話：05-2318228

第一講堂：

禪淨班：週一晚上班、週四晚上班、週五晚上班。

進階班：週三晚上班（由禪淨班結業後轉入共修）。

佛藏經詳解：平實導師講解。每週二晚上，以台北正覺講堂所錄 DVD 放映。歡迎會外學人共同聽講，不需出示身分證件。

第二講堂 嘉義市友愛路 288 號八樓之二。

台南正覺講堂

第一講堂 台南市西門路四段 15 號 4 樓。06-2820541（晚上）

禪淨班：週一晚上班、週三晚上班、週四晚上班、週五晚上班、週六下午班。

增上班：單週週末下午，以台北增上班課程錄成 DVD 放映之，限已明心之會員參加。

佛藏經詳解：平實導師講解。每週二晚上，以台北正覺講堂所錄 DVD 放映。歡迎會外學人共同聽講，不需出示身分證件。

第二講堂　台南市西門路四段 15 號 3 樓。

佛藏經詳解：每週二晚上與第一講堂同時播放佛藏經詳解 DVD。

第三講堂　台南市西門路四段 15 號 3 樓。

進階班：週三晚上班、週四晚上班、週六上午班（由禪淨班結業後轉入共修）。

佛藏經詳解：每週二晚上與第一講堂同時播放佛藏經詳解 DVD。

高雄正覺講堂　高雄市新興區中正三路 45 號五樓 07-2234248（晚上）

第一講堂（五樓）：

禪淨班：週一晚上班、週三晚上班、週四晚上班、週五晚上班、週六上午班。

增上班：單週週末下午，以台北增上班課程錄成 DVD 放映之，限已明心之會員參加。

佛藏經詳解：平實導師講解。每週二晚上，以台北正覺講堂所錄 DVD 放映。歡迎會外學人共同聽講，不需出示身分證件。

第二講堂（四樓）：

進階班：週三晚上班、週四晚上班、週六上午班（由禪淨班結業後轉入共修）。

佛藏經詳解：每週二晚上與第一講堂同時播放佛藏經詳解 DVD。

第三講堂（三樓）：

進階班：週四晚上班（由禪淨班結業後轉入共修）。

香港正覺講堂　**☆已遷移新址☆**

九龍觀塘，成業街 10 號，電訊一代廣場 27 樓 E 室。

（觀塘地鐵站 B1 出口，步行約 4 分鐘）。電話：(852) 23262231

英文地址：Unit E, 27th Floor, TG Place, 10 Shing Yip Street, Kwun Tong, Kowloon

禪淨班：雙週六下午班 14:30-17:30，已經額滿。

雙週日下午班 14:30-17:30，2016 年 4 月底前尚可報名。

進階班：雙週五晚上班（由禪淨班結業後轉入共修）。

增上班：單週週末上午，以台北增上班課程錄成 DVD 放映之，限已明心之會員參加。

妙法蓮華經詳解：平實導師講解。雙週六 19:00-21:00，以台北正覺講堂所錄 DVD 放映；歡迎會外學人共同聽講，不需出示身分證件。

美國洛杉磯正覺講堂　☆已遷移新址☆

825 S. Lemon Ave Diamond Bar, CA 91798 U.S.A.

Tel. (909) 595-5222（請於週六 9:00~18:00 之間聯繫）

Cell. (626) 454-0607

禪淨班：每逢週末 15：30~17：30 上課。

進階班：每逢週末上午 10：00~12：00 上課。

佛藏經詳解：平實導師講解。每週六下午 13：00~15：00，以台北正覺講堂所錄 DVD 放映。歡迎各界人士共享第一義諦無上法益，不需報名。

二、招生公告　**本會台北講堂及全省各講堂，每逢四月、十月下旬開新班，每週共修一次**（每次二小時。開課日起三個月內仍可插班）；**但美國洛杉磯共修處之禪淨班得隨時插班共修。各班共修期間皆爲二年半，欲參加者請向本會函索報名表**（各共修處皆於共修時間方有人執事，非共修時間請勿電詢或前來洽詢、請書），**或直接從本會官方網站**(http://www.enlighten.org.tw/newsflash/class)**或成佛之道網站下載報名表**。共修期滿時，若經報名禪三審核通過者，可參加四天三夜之禪三精進共修，有機會明心、取證如來藏，發起般若實相智慧，成爲實義菩薩，脫離凡夫菩薩位。

三、新春禮佛祈福 農曆**年假**期間停止共修：自農曆新年前七天起停止共修與弘法，正月 8 日起回復共修、弘法事務。新春期間正月初一～初七 9.00～17.00 開放台北講堂、正月初一～初三開放新竹講堂、台中講堂、台南講堂、高雄講堂，以及大溪禪三道場（正覺祖師堂），方便會員供佛、祈福及會外人士請書。美國洛杉磯共修處之休假時間，請逕詢該共修處。

密宗四大派修雙身法，是外道性力派的邪法；又以生滅的識陰作為常住法，是常見外道，是假的藏傳佛教。

西藏覺囊巴以他空見弘揚第八識如來藏勝法，才是真藏傳佛教

佛教正覺同修會　弘法行事表

2014/08/19

1、**禪淨班**　以無相念佛及拜佛方式修習動中定力，實證一心不亂功夫。傳授解脫道正理及第一義諦佛法，以及參禪知見。共修期間：二年六個月。每逢四月、十月開新班，詳見招生公告表。

2、**《佛藏經》詳解**　平實導師主講。已於 2013/12/17 開講，歡迎已發成佛大願的菩薩種性學人，攜眷共同參與此殊勝法會聽講。詳解釋迦世尊於《佛藏經》中所開示的眞實義理，更爲今時後世佛子四眾，闡述 佛陀演說此經的本懷。眞實尋求佛菩提道的有緣佛子，親承聽聞如是勝妙開示，當能如實理解經中義理，亦能了知於大乘法中：如何是諸法實相？善知識、惡知識要如何簡擇？如何才是清淨持戒？如何才能清淨說法？於此末法之世，眾生五濁益重，不知佛、不解法、不識僧，唯見表相，不信眞實，貪著五欲，諸方大師不淨說法，各各將導大量徒眾趣入三塗，如是師徒俱堪憐憫。是故，平實導師以大慈悲心，用淺白易懂之語句，佐以實例、譬喻而爲演說，普令聞者易解佛意，皆得契入佛法正道，如實了知佛法大藏。每逢週二 18.50~20.50 開示，不限制聽講資格。會外人士需憑身分證件換證入內聽講（此是大樓管理處之安全規定，敬請見諒）。桃園、新竹、台中、台南、高雄等地講堂，亦於每週二晚上播放平實導師講經之 DVD，不必出示身分證件即可入內聽講，歡迎各地善信同霑法益。

有某道場專弘淨土法門數十年，於教導信徒研讀《佛藏經》時，往往告誡信徒曰：「**後半部不許閱讀。**」由此緣故坐令信徒失去提升念佛層次之機緣，師徒只能低品位往生淨土，令人深覺愚癡無智。由有多人建議故，平實導師開始宣講《佛藏經》，藉以轉易如是邪見，並提升念佛人之知見與往生品位。此經中，對於實相念佛多所著墨，亦指出念佛要點：**以實相爲依，念佛者應依止淨戒、依止清淨僧寶，捨離違犯重戒之師僧，應受學清淨之法，遠離邪見。**本經是現代佛門大法師所厭惡之經典：**一者由於大法師們已全都落入意識境界而無法親證實相，故於此經中所說實相全無所知，都不樂有人聞此經名，以免讀後提出問疑時無法回答；二者現代大乘佛法地區，已經普被藏密喇嘛教滲透，許多有名之大法師們大多已曾或繼續在修練雙身法，都已失去聲聞戒體及菩薩戒體，成爲地獄種姓人，已非眞正出家之人，本質上只是身著僧衣而住在寺院中的世俗人。**這些人對於此經都是讀不懂的，也是極爲厭惡的；他們尙不樂見此經之印行，何況流通與講解？今爲救護廣大學佛人，兼欲護持佛教血脈永續常傳，特選此經宣講之，主講者平實導師。

3、**瑜伽師地論**詳解　詳解論中所言凡夫地至佛地等 17 師之修證境界與理論，從凡夫地、聲聞地……宣演到諸地所證一切種智之眞實正理。由平實導師開講，每逢一、三、五週之週末晚上開示，僅限已明心之會員參加。

4、**精進禪三**　主三和尚：平實導師。於四天三夜中，以克勤圓悟大師及大慧宗杲之禪風，施設機鋒與小參、公案密意之開示，幫助會員剋期取證，親證不生不滅之眞實心——人人本有之如來藏。每年四月、十月各舉辦二個梯次；平實導師主持。僅限本會會員參加禪淨班共修期滿，報名審核通過者，方可參加。並選擇會中定力、慧力、福德三條件皆已具足之已明心會員，給以指引，令得眼見自己無形無相之佛性遍佈山河大地，眞實而無障礙，得以肉眼現觀世界身心悉皆如幻，具足成就如幻觀，圓滿十住菩薩之證境。

5、**阿含經**詳解　選擇重要之阿含部經典，依無餘涅槃之實際而加以詳解，令大眾得以現觀諸法緣起性空，亦復不墮斷滅見中，顯示經中所隱說之涅槃實際—如來藏—確實已於四阿含中隱說；令大眾得以聞後觀行，確實斷除我見乃至我執，證得**見到**眞現觀，乃至**身證**……等眞現觀；已得大乘或二乘見道者，亦可由此聞熏及聞後之觀行，除斷我所之貪著，成就慧解脫果。由平實導師詳解。不限制聽講資格。

6、**大法鼓經**詳解　詳解末法時代大乘佛法修行之道。佛教正法消毒妙藥塗於大鼓而以擊之，凡有眾生聞之者，一切邪見鉅毒悉皆消殞；此經即是大法鼓之正義，凡聞之者，所有邪見之毒悉皆滅除，見道不難；亦能發起菩薩無量功德，是故諸大菩薩遠從諸方佛土來此娑婆聞修此經。由平實導師詳解。不限制聽講資格。

7、**解深密經**詳解　重講本經之目的，在於令諸已悟之人明解大乘法道之成佛次第，以及悟後進修一切種智之內涵，確實證知三種自性性，並得據此證解七眞如、十眞如等正理。每逢週二 18.50~20.50 開示，由平實導師詳解。將於《大法鼓經》講畢後開講。不限制聽講資格。

8、**成唯識論**詳解　詳解一切種智眞實正理，詳細剖析一切種智之微細深妙廣大正理；並加以舉例說明，使已悟之會員深入體驗所證如來藏之微密行相；及證驗見分相分與所生一切法，皆由如來藏—阿賴耶識—直接或展轉而生，因此證知一切法無我，證知無餘涅槃之本際。將於增上班《瑜伽師地論》講畢後，由平實導師重講。僅限已明心之會員參加。

9、**精選如來藏系經典**詳解　精選如來藏系經典一部，詳細解說，以此完全印證會員所悟如來藏之眞實，得入不退轉住。另行擇期詳細解說之，由平實導師講解。僅限已明心之會員參加。

10、**禪門差別智**　藉禪宗公案之微細淆訛難知難解之處，加以宣說及剖析，以增進明心、見性之功德，啓發差別智，建立擇法眼。每月第一週日全天，由平實導師開示，僅限破參明心後，復又眼見佛性者參加（事冗暫停）。

11、**枯木禪**　先講智者大師的《小止觀》，後說《釋禪波羅蜜》，詳解四禪八定之修證理論與實修方法，細述一般學人修定之邪見與岔路，及對禪定證境之誤會，消除枉用功夫、浪費生命之現象。已悟般若者，可以藉此而實修初禪，進入大乘通教及聲聞教的三果心解脫境界，配合應有的大福德及後得無分別智、十無盡願，即可進入初地心中。親教師：平實導師。未來緣熟時將於大溪正覺寺開講。不限制聽講資格。

註：本會例行年假，自 2004 年起，改為每年農曆新年前七天開始停息弘法事務及共修課程，農曆正月 8 日回復所有共修及弘法事務。新春期間（每日 9.00~17.00）開放台北講堂，方便會員禮佛祈福及會外人士請書。大溪鎮的正覺祖師堂，開放參訪時間，詳見〈正覺電子報〉或成佛之道網站。本表得因時節因緣需要而隨時修改之，不另作通知。

佛教正覺同修會　贈閱書籍 目錄　　2015/09/29

1.**無相念佛**　平實導師著　回郵 10 元
2.**念佛三昧修學次第**　平實導師述著　回郵 25 元
3.**正法眼藏—護法集**　平實導師述著　回郵 35 元
4.**真假開悟簡易辨正法＆佛子之省思**　平實導師著　回郵 3.5 元
5.**生命實相之辨正**　平實導師著　回郵 10 元
6.**如何契入念佛法門**（附：印順法師否定極樂世界）平實導師著　回郵 3.5 元
7.**平實書箋**—答元覽居士書　平實導師著　回郵 35 元
8.**三乘唯識**—如來藏系經律彙編　平實導師編　回郵 80 元
（精裝本　長 27 ㎝　寬 21 ㎝　高 7.5 ㎝　重 2.8 公斤）
9.**三時繫念全集**—修正本　回郵掛號 40 元（長 26.5 ㎝×寬 19 ㎝）
10.**明心與初地**　平實導師述　回郵 3.5 元
11.**邪見與佛法**　平實導師述著　回郵 20 元
12.**菩薩正道**—回應義雲高、釋性圓…等外道之邪見　正燦居士著　回郵 20 元
13.**甘露法雨**　平實導師述　回郵 20 元
14.**我與無我**　平實導師述　回郵 20 元
15.**學佛之心態**—修正錯誤之學佛心態始能與正法相應　孫正德老師著　回郵35元
附錄：平實導師著**《略說八、九識並存…等之過失》**
16.**大乘無我觀**—《悟前與悟後》別說　平實導師述著　回郵 20 元
17.**佛教之危機**—中國台灣地區現代佛教之真相（附錄：公案拈提六則）
平實導師著　回郵 25 元
18.**燈　影**—燈下黑（覆「求教後學」來函等）　平實導師著　回郵 35 元
19.**護法與毀法**—覆上平居士與徐恒志居士網站毀法二文
張正圜老師著　回郵 35 元
20.**淨土聖道**—兼評**選擇本願念佛**　正德老師著　**由正覺同修會購贈**　回郵 25 元
21.**辨唯識性相**—對「紫蓮心海《辯唯識性相》書中否定阿賴耶識」之回應
正覺同修會 台南共修處法義組 著　回郵 25 元
22.**假如來藏**—對法蓮法師《如來藏與阿賴耶識》書中否定阿賴耶識之回應
正覺同修會 台南共修處法義組 著　回郵 35 元
23.**入不二門**—公案拈提集錦 第一輯（於平實導師公案拈提諸書中選錄約二十則，
合輯爲一冊流通之）平實導師著　回郵 20 元
24.**真假邪說**—西藏密宗索達吉喇嘛《破除邪說論》真是邪說
釋正安法師著　回郵 35 元
25.**真假開悟**—真如、如來藏、阿賴耶識間之關係　平實導師述著　回郵 35 元
26.**真假禪和**—辨正釋傳聖之謗法謬說　孫正德老師著　回郵 30 元

27.**眼見佛性**—駁慧廣法師眼見佛性的含義文中謬說
游正光老師著　回郵25元

28.**普門自在**—公案拈提集錦 第二輯（於平實導師公案拈提諸書中選錄約二十則，合輯爲一冊流通之）平實導師著　回郵25元

29.**印順法師的悲哀**—以現代禪的質疑為線索　恒毓博士著　回郵25元

30.**識蘊真義**—現觀識蘊內涵、取證初果、親斷三縛結之具體行門。
—依《成唯識論》及《惟識述記》正義，略顯安慧《大乘廣五蘊論》之邪謬
平實導師著　回郵35元

31.**正覺電子報** 各期紙版本　免附回郵　每次最多函索三期或三本。
（已無存書之較早各期，不另增印贈閱）

32.**現代人應有的宗教觀**　蔡正禮老師 著　回郵3.5元

33.**遠惑趣道**—正覺電子報般若信箱問答錄　第一輯　回郵20元

34.**遠惑趣道**—正覺電子報般若信箱問答錄　第二輯　回郵20元

35.**確保您的權益**—器官捐贈應注意自我保護　游正光老師 著　回郵10元

36.**正覺教團電視弘法三乘菩提 DVD 光碟（一）**
由正覺教團多位親教師共同講述錄製 DVD 8 片，MP3 一片，共 9 片。有二大講題：一爲「三乘菩提之意涵」，二爲「學佛的正知見」。內容精闢，深入淺出，精彩絕倫，幫助大眾快速建立三乘法道的正知見，免被外道邪見所誤導。有志修學三乘佛法之學人不可不看。（製作工本費 100 元，回郵 25 元）

37.**正覺教團電視弘法 DVD 專輯（二）**
總有二大講題：一爲「三乘菩提之念佛法門」，一爲「學佛正知見（第二篇）」，由正覺教團多位親教師輪番講述，內容詳細闡述如何修學念佛法門、實證念佛三昧，以及學佛應具有的正確知見，可以幫助發願往生西方極樂淨土之學人，得以把握往生，更可令學人快速建立三乘法道的正知見，免於被外道邪見所誤導。有志修學三乘佛法之學人不可不看。（一套 17 片，工本費 160 元。回郵 35 元）

38.**佛藏經** 燙金精裝本　每冊回郵 20 元。正修佛法之道場欲大量索取者，請正式發函並蓋用大印寄來索取（2008.04.30 起開始敬贈）

39.**喇嘛性世界**—揭開假藏傳佛教譚崔瑜伽的面紗　張善思 等人合著
由正覺同修會購贈　回郵20元

40.**假藏傳佛教的神話**—性、謊言、喇嘛教　張正玄教授編著　回郵20元
由正覺同修會購贈　回郵20元

41.**隨　緣**—理隨緣與事隨緣　平實導師述　回郵20元。

42.**學佛的覺醒**　正枝居士 著　回郵25元

43.**導師之真實義**　蔡正禮老師 著　回郵10元

44.**淺談達賴喇嘛之雙身法**—兼論解讀「密續」之達文西密碼
吳明芷居士 著　回郵10元

45.**魔界轉世**　張正玄居士 著　回郵10元

46.**一貫道與開悟**　蔡正禮老師 著　回郵10元

47.**博愛**—愛盡天下女人　正覺教育基金會 編印　回郵10元
48.**意識虛妄經教彙編**—實證解脫道的關鍵經文　正覺同修會編印　回郵25元
49.**邪箭囈語**—破斥藏密外道多識仁波切《破魔金剛箭雨論》之邪說
陸正元老師著　上、下冊回郵各30元
50.**真假沙門**—依 佛聖教闡釋佛教僧寶之定義
蔡正禮老師著　俟正覺電子報連載後結集出版
51.**真假禪宗**—藉評論釋性廣《印順導師對變質禪法之批判
及對禪宗之肯定》以顯示真假禪宗
附論一：凡夫知見 無助於佛法之信解行證
附論二：世間與出世間一切法皆從如來藏實際而生而顯
余正偉老師著　俟正覺電子報連載後結集出版　回郵未定
52.**假鋒虛焰金剛乘**—揭示顯密正理，兼破索達吉師徒《般若鋒兮金剛焰》。
釋正安 法師著　俟正覺電子報連載後結集出版

★ 上列贈書之郵資，係台灣本島地區郵資，大陸、港、澳地區及外國地區，請另計酌增（大陸、港、澳、國外地區之郵票不許通用）。尚未出版之書，請勿先寄來郵資，以免增加作業煩擾。

★ 本目錄若有變動，唯於後印之書籍及「成佛之道」網站上修正公佈之，不另行個別通知。

函索書籍請寄：佛教正覺同修會　103台北市承德路3段277號9樓
台灣地區函索書籍者請附寄郵票，無時間購買郵票者可以等值現金抵用，但不接受郵政劃撥、支票、匯票。大陸地區得以人民幣計算，國外地區請以美元計算（請勿寄來當地郵票，在台灣地區不能使用）。欲以掛號寄遞者，請另附掛號郵資。

親自索閱：正覺同修會各共修處。　★請於共修時間前往取書，餘時無人在道場，請勿前往索取；共修時間與地點，詳見書末正覺同修會共修現況表（以近期之共修現況表為準）。

註：正智出版社發售之局版書，請向各大書局購閱。若書局之書架上已經售出而無陳列者，請向書局櫃台指定洽購；若書局不便代購者，請於正覺同修會共修時間前往各共修處請購，正智出版社已派人於共修時間送書前往各共修處流通。 郵政劃撥購書及 大陸地區 購書，請詳別頁正智出版社發售書籍目錄最後頁之說明。

成佛之道 網站：http://www.a202.idv.tw　　正覺同修會已出版之結緣書籍，多已登載於 成佛之道 網站，若住外國、或住處遙遠，不便取得正覺同修會贈閱書籍者，可以從本網站閱讀及下載。　　書局版之《宗通與說通》亦已上網，台灣讀者可向書局洽購，售價 300 元。《狂密與眞密》第一輯~第四輯，亦於 2003.5.1.全部於本網站登載完畢；台灣地區讀者請向書局洽購，每輯約 400 頁，售價 300 元（網站下載紙張費用較貴，容易散失，難以保存，亦較不精美）。

＊＊假藏傳佛教修雙身法，非佛教＊＊

正智出版社 籌募弘法基金發售書籍目錄 2016/11/11

1.**宗門正眼**—公案拈提 第一輯 重拈平實導師著 500 元
因重寫內容大幅度增加故，字體必須改小，並增為 576 頁 主文 546 頁。比初版更精彩、更有內容。初版《禪門摩尼寶聚》之讀者，可寄回本公司免費調換新版書。免附回郵，亦無截止期限。（2007 年起，每冊附贈本公司精製公案拈提〈超意境〉CD 一片。市售價格 280 元，多購多贈。）

2.**禪淨圓融** 平實導師著 200 元（第一版舊書可換新版書。）

3.**真實如來藏** 平實導師著 400 元

4.**禪—悟前與悟後** 平實導師著 上、下冊，每冊 250 元

5.**宗門法眼**—公案拈提 第二輯 平實導師著 500 元
（2007 年起，每冊附贈本公司精製公案拈提〈超意境〉CD 一片）

6.**楞伽經詳解** 平實導師著 全套共 10 輯 每輯 250 元

7.**宗門道眼**—公案拈提 第三輯 平實導師著 500 元
（2007 年起，每冊附贈本公司精製公案拈提〈超意境〉CD 一片）

8.**宗門血脈**—公案拈提 第四輯 平實導師著 500 元
（2007 年起，每冊附贈本公司精製公案拈提〈超意境〉CD 一片）

9.**宗通與說通**—成佛之道 平實導師著 主文 381 頁 全書 400 頁售價 300 元

10.**宗門正道**—公案拈提 第五輯 平實導師著 500 元
（2007 年起，每冊附贈本公司精製公案拈提〈超意境〉CD 一片）

11.**狂密與真密 一～四輯** 平實導師著 西藏密宗是人間最邪淫的宗教，本質不是佛教，只是披著佛教外衣的印度教性力派流毒的喇嘛教。此書中將西藏密宗密傳之男女雙身合修樂空雙運所有祕密與修法，毫無保留完全公開，並將全部喇嘛們所不知道的部分也一併公開。內容比大辣出版社喧騰一時的《西藏慾經》更詳細。並且函蓋藏密的所有祕密及其錯誤的中觀見、如來藏見……等，藏密的所有法義都在書中詳述、分析、辨正。每輯主文三百餘頁 每輯全書約 400 頁 售價每輯 300 元

12.**宗門正義**—公案拈提 第六輯 平實導師著 500 元
（2007 年起，每冊附贈本公司精製公案拈提〈超意境〉CD 一片）

13.**心經密意**—心經與解脫道、佛菩提道、祖師公案之關係與密意 平實導師述 300 元

14.**宗門密意**—公案拈提 第七輯 平實導師著 500 元
（2007 年起，每冊附贈本公司精製公案拈提〈超意境〉CD 一片）

15.**淨土聖道**—兼評「選擇本願念佛」 正德老師著 200 元

16.**起信論講記** 平實導師述著 共六輯 每輯三百餘頁 售價各 250 元

17.**優婆塞戒經講記** 平實導師述著 共八輯 每輯三百餘頁 售價各 250 元

18.**真假活佛**—略論附佛外道盧勝彥之邪說（對前岳靈犀網站主張「盧勝彥是證悟者」之修正） 正犀居士（岳靈犀）著 流通價 140 元

19.**阿含正義**—唯識學探源 平實導師著 共七輯 每輯 300 元

20.**超意境** CD 以平實導師公案拈提書中超越意境之頌詞，加上曲風優美的旋律，錄成令人嚮往的超意境歌曲，其中包括正覺發願文及平實導師親自譜成的黃梅調歌曲一首。詞曲雋永，殊堪翫味，可供學禪者吟詠，有助於見道。內附設計精美的彩色小冊，解說每一首詞的背景本事。每片 280 元。【每購買公案拈提書籍一冊，即贈送一片。】

21.**菩薩底憂鬱** CD 將菩薩情懷及禪宗公案寫成新詞，並製作成超越意境的優美歌曲。 1.主題曲〈菩薩底憂鬱〉，描述地後菩薩能離三界生死而迴向繼續生在人間，但因尚未斷盡習氣種子而有極深沈之憂鬱，非三賢位菩薩及二乘聖者所知，此憂鬱在七地滿心位方才斷盡；本曲之詞中所說義理極深，昔來所未曾見；此曲係以優美的情歌風格寫詞及作曲，聞者得以激發嚮往諸地菩薩境界之大心，詞、曲都非常優美，難得一見；其中勝妙義理之解說，已印在附贈之彩色小冊中。 2.以各輯公案拈提中直示禪門入處之頌文，作成各種不同曲風之超意境歌曲，值得玩味、參究；聆聽公案拈提之優美歌曲時，請同時閱讀內附之印刷精美說明小冊，可以領會超越三界的證悟境界；未悟者可以因此引發求悟之意向及疑情，眞發菩提心而邁向求悟之途，乃至因此眞實悟入般若，成眞菩薩。 3.正覺總持咒新曲，總持佛法大意；總持咒之義理，已加以解說並印在隨附之小冊中。本 CD 共有十首歌曲，長達 63 分鐘。每盒各附贈二張購書優惠券。每片 280 元。

22.**禪意無限** CD 平實導師以公案拈提書中偈頌寫成不同風格曲子，與他人所寫不同風格曲子共同錄製出版，幫助參禪人進入禪門超越意識之境界。盒中附贈彩色印製的精美解說小冊，以供聆聽時閱讀，令參禪人得以發起參禪之疑情，即有機會證悟本來面目而發起實相智慧，實證大乘菩提般若，能如實證知般若經中的眞實意。本 CD 共有十首歌曲，長達 69 分鐘，每盒各附贈二張購書優惠券。每片 280 元。

23.**我的菩提路**第一輯　釋悟圓、釋善藏等人合著　售價 300 元

24.**我的菩提路**第二輯　郭正益、張志成等人合著　售價 300 元

25.**鈍鳥與靈龜**—考證後代凡夫對大慧宗杲禪師的無根誹謗。

平實導師著　共 458 頁　售價 350 元

26.**維摩詰經講記**　平實導師述　共六輯　每輯三百餘頁　售價各 250 元

27.**真假外道**—破劉東亮、杜大威、釋證嚴常見外道見　正光老師著　200 元

28.**勝鬘經講記**—兼論印順《勝鬘經講記》對於《勝鬘經》之誤解。

平實導師述　共六輯　每輯三百餘頁　售價 250 元

29.**楞嚴經講記**　平實導師述　共 **15** 輯，每輯三百餘頁　售價 300 元

30.**明心與眼見佛性**—駁慧廣〈蕭氏「眼見佛性」與「明心」之非〉文中謬說

正光老師著　共 448 頁　售價 300 元

31.**見性與看話頭**　黃正倖老師 著，本書是禪宗參禪的方法論。

內文 375 頁，全書 416 頁，售價 300 元。

32.**達賴真面目**—玩盡天下女人 白正偉老師 等著 中英對照彩色精裝大本 800 元

33.**喇嘛性世界**—揭開假藏傳佛教譚崔瑜伽的面紗　張善思 等人著　200元
34.**假藏傳佛教的神話**—性、謊言、喇嘛教　正玄教授編著　200元
35.**金剛經宗通**　平實導師述　共九輯　每輯售價250元。
36.**空行母**—性別、身分定位，以及藏傳佛教。
珍妮·坎貝爾著 呂艾倫 中譯 售價250元
37.**末代達賴**—性交教主的悲歌　張善思、呂艾倫、辛燕編著 售價250元
38.**霧峰無霧**—給哥哥的信　辨正釋印順對佛法的無量誤解
游宗明 老師著　售價250元
39.**第七意識與第八意識？**—穿越時空「超意識」
平實導師述　每冊300元
40.**黯淡的達賴**—失去光彩的諾貝爾和平獎
正覺教育基金會編著　每冊250元
41.**童女迦葉考**—論呂凱文〈佛教輪迴思想的論述分析〉之謬。
平實導師 著 定價180元
42.**人間佛教**—實證者必定不悖三乘菩提
平實導師 述，定價400元
43.**實相經宗通**　平實導師述　共八輯　每輯250元
44.**真心告訴您(一)**—達賴喇嘛在幹什麼？
正覺教育基金會編著　售價250元
45.**中觀金鑑**—詳述應成派中觀的起源與其破法本質
孫正德老師著　分為上、中、下三冊，每冊250元
46.**佛法入門**—迅速進入三乘佛法大門，消除久學佛法漫無方向之窘境。
○○居士著　將於正覺電子報連載後出版。售價250元
47.**藏傳佛教要義**—《狂密與真密》之簡體字版　平實導師 著 上、下冊
僅在大陸流通　每冊300元
48.**法華經講義**　平實導師述　共二十五輯　每輯300元
已於2015/05/31起開始出版，每二個月出版一輯
49.**西藏「活佛轉世」制度**—附佛、造神、世俗法
許正豐、張正玄老師合著　定價150元
50.**廣論三部曲**　郭正益老師著　定價150元
51.**真心告訴您(二)**—達賴喇嘛是佛教僧侶嗎？
—補祝達賴喇嘛八十大壽
正覺教育基金會編著　售價300元
52.**廣論之平議**—宗喀巴《菩提道次第廣論》之平議　正雄居士著
約二或三輯　俟正覺電子報連載後結集出版　書價未定
53.**末法導護**—對印順法師中心思想之綜合判攝　正慶老師著　書價未定
54.**菩薩學處**—菩薩四攝六度之要義　陸正元老師著　出版日期未定。
55.**八識規矩頌**詳解　○○居士 註解　出版日期另訂　書價未定。

56.**印度佛教史**—法義與考證。依法義史實評論印順《印度佛教思想史、佛教史地考論》之謬說　正偉老師著　出版日期未定　書價未定
57.**中國佛教史**—依中國佛教正法史實而論。○○老師 著　書價未定。
58.**中論正義**—釋龍樹菩薩《中論》頌正理。
孫正德老師著　出版日期未定　書價未定
59.**中觀正義**—註解平實導師《中論正義頌》。
○○法師（居士）著　出版日期未定　書價未定
60.**佛藏經講記**　平實導師述　出版日期未定　書價未定
61.**阿含經講記**—將選錄四阿含中數部重要經典全經講解之，講後整理出版。
平實導師述　約二輯　每輯300元　出版日期未定
62.**寶積經講記**　平實導師述　每輯三百餘頁 優惠價300元 出版日期未定
63.**解深密經講記**　平實導師述 約四輯　將於重講後整理出版
64.**成唯識論略解**　平實導師著　五～六輯　每輯300元　出版日期未定
65.**修習止觀坐禪法要講記**　平實導師述　每輯三百餘頁
將於正覺寺建成後重講、以講記逐輯出版　出版日期未定
66.**無門關**—《無門關》公案拈提　平實導師著　出版日期未定
67.**中觀再論**—兼述印順《中觀今論》謬誤之平議。正光老師著 出版日期未定
68.**輪迴與超度**—佛教超度法會之真義。
○○法師（居士）著　出版日期未定　書價未定
69.**《釋摩訶衍論》平議**—對偽稱龍樹所造《釋摩訶衍論》之平議
○○法師（居士）著　出版日期未定　書價未定
70.**正覺發願文**註解—以真實大願為因 得證菩提
正德老師著　出版日期未定　書價未定
71.**正覺總持咒**—佛法之總持　正圜老師著　出版日期未定　書價未定
72.**涅槃**—論四種涅槃　平實導師著　出版日期未定　書價未定
73.**三自性**—依四食、五蘊、十二因緣、十八界法，說三性三無性。
作者未定　出版日期未定
74.**道品**—從三自性說大小乘三十七道品　作者未定　出版日期未定
75.**大乘緣起觀**—依四聖諦七真如現觀十二緣起 作者未定　出版日期未定
76.**三德**—論解脫德、法身德、般若德。　作者未定　出版日期未定
77.**真假如來藏**—對印順《如來藏之研究》謬說之平議　作者未定 出版日期未定
78.**大乘道次第**　作者未定　出版日期未定　書價未定
79.**四緣**—依如來藏故有四緣。　作者未定　出版日期未定
80.**空之探究**—印順《空之探究》謬誤之平議　作者未定 出版日期未定
81.**十法義**—論阿含經中十法之正義　作者未定　出版日期未定
82.**外道見**—論述外道六十二見　作者未定　出版日期未定

正智出版社有限公司書籍介紹

禪淨圓融：言淨土諸祖所未曾言，示諸宗祖師所未曾示；禪淨圓融，另闢成佛捷徑，兼顧自力他力，闡釋淨土門之速行易行道，亦同時揭櫫聖教門之速行易行道；令廣大淨土行者得免緩行難證之苦，亦令聖道門行者得以藉著淨土速行道而加快成佛之時劫。乃前無古人之超勝見地，非一般弘揚禪淨法門典籍也，先讀爲快。平實導師著 200元。

宗門正眼—**公案拈提**第一輯：繼承克勤圜悟大師碧巖錄宗旨之禪門鉅作。先則舉示當代大法師之邪說，消弭當代禪門大師鄉愿之心態，摧破當今禪門「世俗禪」之妄談；次則旁通教法，表顯宗門正理；繼以道之次第，消弭古今狂禪；後藉言語及文字機鋒，直示宗門入處。悲智雙運，禪味十足，數百年來難得一睹之禪門鉅著也。平實導師著 500元（原初版書《禪門摩尼寶聚》，改版後補充爲五百餘頁新書，總計多達二十四萬字，內容更精彩，並改名爲《宗門正眼》，讀者原購初版《禪門摩尼寶聚》皆可寄回本公司免費換新，免附回郵，亦無截止期限）（2007年起，凡購買公案拈提第一輯至第七輯，每購一輯皆贈送本公司精製公案拈提〈超意境〉CD一片，市售價格280元，多購多贈）。

禪—悟前與悟後：本書能建立學人悟道之信心與正確知見，圓滿具足而有次第地詳述禪悟之功夫與禪悟之內容，指陳參禪中細微淆訛之處，能使學人明自眞心、見自本性。若未能悟入，亦能以正確知見辨別古今中外一切大師究係眞悟？或屬錯悟？便有能力揀擇，捨名師而選明師，後時必有悟道之緣。一旦悟道，遲者七次人天往返，便出三界，速者一生取辦。學人欲求開悟者，不可不讀。平實導師著。上、下冊共500元，單冊250元。

眞實如來藏：如來藏眞實存在，乃宇宙萬有之本體，並非印順法師、達賴喇嘛等人所說之「唯有名相、無此心體」。如來藏是涅槃之本際，是一切有智之人竭盡心智、不斷探索而不能得之生命實相；是古今中外許多大師自以爲悟而當面錯過之生命實相。如來藏即是阿賴耶識，乃是一切有情本自具足、不生不滅之眞實心。當代中外大師於此書出版之前所未能言者，作者於本書中盡情流露、詳細闡釋。眞悟者讀之，必能增益悟境、智慧增上；錯悟者讀之，必能檢討自己之錯誤，免犯大妄語業；未悟者讀之，能知參禪之理路，亦能以之檢查一切名師是否眞悟。此書是一切哲學家、宗教家、學佛者及欲昇華心智之人必讀之鉅著。平實導師著 售價400元。

宗門法眼——**公案拈提**第二輯：列舉實例，闡釋土城廣欽老和尚之悟處；並直示這位不識字的老和尚妙智橫生之根由，繼而剖析禪宗歷代大德之開悟公案，解析當代密宗高僧卡盧仁波切之錯悟證據，並例舉當代顯宗高僧、大居士之錯悟證據（凡健在者，爲免影響其名聞利養，皆隱其名）。藉辨正當代名師之邪見，向廣大佛子指陳禪悟之正道，彰顯宗門法眼。悲勇兼出，強捋虎鬚；慈智雙運，巧探驪龍；摩尼寶珠在手，直示宗門入處，禪味十足；若非大悟徹底，不能爲之。禪門精奇人物，允宜人手一冊，供作參究及悟後印證之圭臬。本書於2008年4月改版，增寫為大約500頁篇幅，以利學人研讀參究時更易悟入宗門正法，以前所購初版首刷及初版二刷舊書，皆可免費換取新書。平實導師著 500元（2007年起，凡購買公案拈提第一輯至第七輯，每購一輯皆贈送本公司精製公案拈提〈超意境〉CD一片，市售價格280元，多購多贈）。

宗門道眼——**公案拈提**第三輯：繼宗門法眼之後，再以金剛之作略、慈悲之胸懷、犀利之筆觸，舉示寒山、拾得、布袋三大士之悟處，消弭當代錯悟者對於寒山大士……等之誤會及誹謗。亦舉出民初以來與虛雲和尚齊名之蜀郡鹽亭袁煥仙夫子——南懷瑾老師之師，其「悟處」何在？並蒐羅許多眞悟祖師之證悟公案，顯示禪宗歷代祖師之睿智，指陳部分祖師、奧修及當代顯密大師之謬悟，作爲殷鑑，幫助禪子建立及修正參禪之方向及知見。假使讀者閱此書已，一時尚未能悟，亦可一面加功用行，一面以此宗門道眼辨別眞假善知識，避開錯誤之印證及歧路，可免大妄語業之長劫慘痛果報。欲修禪宗之禪者，務請細讀。平實導師著 售價500元（2007年起，凡購買公案拈提第一輯至第七輯，每購一輯皆贈送本公司精製公案拈提〈超意境〉CD一片，市售價格280元，多購多贈）。

楞伽經詳解：本經是禪宗見道者印證所悟眞僞之根本經典，亦是禪宗見道者悟後起修之依據經典；故達摩祖師於印證二祖慧可大師之後，將此經典連同佛缽祖衣一併交付二祖，令其依此經典佛示金言、進入修道位，修學一切種智。由此可知此經對於眞悟之人修學佛道，是非常重要之一部經典。此經能破外道邪說，亦破佛門中錯悟名師之謬說，亦破禪宗部分祖師之狂禪：不讀經典、一向主張「一悟即成究竟佛」之謬執。並開示愚夫所行禪、觀察義禪、攀緣如禪、如來禪等差別，令行者對於三乘禪法差異有所分辨；亦糾正禪宗祖師古來對於如來禪之誤解，嗣後可免以訛傳訛之弊。此經亦是法相唯識宗之根本經典，禪者悟後欲修一切種智而入初地者，必須詳讀。　平實導師著，全套共十輯，已全部出版完畢，每輯主文約320頁，每冊約352頁，定價250元。

宗門血脈—公案拈提第四輯：末法怪象—許多修行人自以爲悟，每將無念靈知認作眞實；崇尚二乘法諸師及其徒眾，則將外於如來藏之緣起性空—無因論之無常空、斷滅空、一切法空—錯認爲 佛所說之般若空性。這兩種現象已於當今海峽兩岸及美加地區顯密大師之中普遍存在；人人自以爲悟，心高氣壯，便敢寫書解釋祖師證悟之公案，大多出於意識思惟所得，言不及義，錯誤百出，因此誤導廣大佛子同陷大妄語之地獄業中而不能自知。彼等書中所說之悟處，其實處處違背第一義經典之聖言量。彼等諸人不論是否身披袈裟，都非佛法宗門血脈，或雖有禪宗法脈之傳承，亦只徒具形式；猶如螟蛉，非眞血脈，未悟得根本眞實故。禪子欲知佛、祖之眞血脈者，請讀此書，便知分曉。平實導師著，主文452頁，全書464頁，定價500元（2007年起，凡購買公案拈提第一輯至第七輯，每購一輯皆贈送本公司精製公案拈提〈超意境〉CD一片，市售價格280元，多購多贈）。

宗通與說通：古今中外，錯誤之人如麻似粟，每以常見外道所說之靈知心，認作眞心；或妄想虛空之勝性能量爲眞如，或錯認物質四大元素藉冥性（靈知心本體）能成就吾人色身及知覺，或認初禪至四禪中之了知心爲不生不滅之涅槃心。此等皆非通宗者之見地。復有錯悟之人一向主張「宗門與教門不相干」，此即尚未通達宗門之人也。其實宗門與教門互通不二，宗門所證者乃是眞如與佛性，教門所說者乃說宗門證悟之眞如佛性，故教門與宗門不二。本書作者以宗教二門互通之見地，細說「宗通與說通」，從初見道至悟後起修之道、細說分明；並將諸宗諸派在整體佛教中之地位與次第，加以明確之教判，學人讀之即可了知佛法之梗概也。欲擇明師學法之前，允宜先讀。平實導師著，主文共381頁，全書392頁，只售成本價300元。

宗門正道—**公案拈提**第五輯：修學大乘佛法有二果須證解脫果及大菩提果。二乘人不證大菩提果，唯證解脫果；此果之智慧，名爲聲聞菩提、緣覺菩提。大乘佛子所證二果之菩提果爲佛菩提，故名大菩提果，其慧名爲一切種智函蓋二乘解脫果。然此大乘二果修證，須經由禪宗之宗門證悟方能相應。而宗門證悟極難，自古已然；其所以難者，咎在古今佛教界普遍存在三種邪見：1.以修定認作佛法，2.以無因論之緣起性空—否定涅槃本際如來藏以後之一切法空作爲佛法，3.以常見外道邪見（離語言妄念之靈知性）作爲佛法。如是邪見，或因自身正見未立所致，或因邪師之邪教導所致，或因無始劫來虛妄熏習所致。若不破除此三種邪見，永劫不悟宗門眞義、不入大乘正道，唯能外門廣修菩薩行。平實導師於此書中，有極爲詳細之說明，有志佛子欲摧邪見、入於內門修菩薩行者，當閱此書。主文共496頁，全書512頁。售價500元（2007年起，凡購買公案拈提第一輯至第七輯，每購一輯皆贈送本公司精製公案拈提〈超意境〉CD一片，市售價格280元，多購多贈）。

狂密與真密：密教之修學，皆由有相之觀行法門而入，其最終目標仍不離顯教經典所說第一義諦之修證；若離顯教第一義經典、或違背顯教第一義經典，即非佛教。西藏密教之觀行法，如灌頂、觀想、遷識法、寶瓶氣、大聖歡喜雙身修法、喜金剛、無上瑜伽、大樂光明、樂空雙運等，皆是印度教兩性生生不息思想之轉化，自始至終皆以如何能運用交合淫樂之法達到全身受樂為其中心思想，純屬欲界五欲的貪愛，不能令

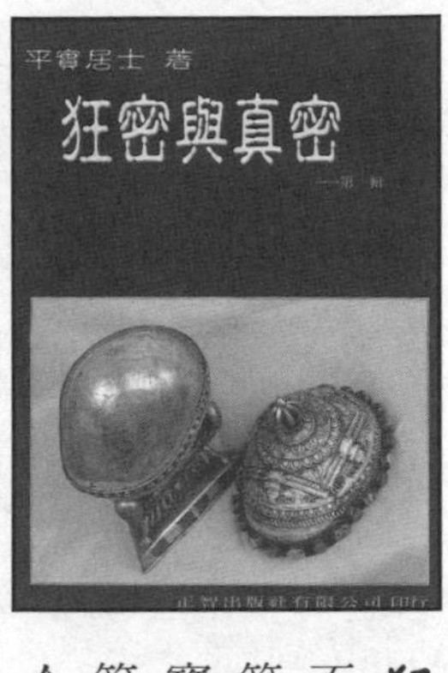

人超出欲界輪迴，更不能令人斷除我見；何況大乘之明心與見性，更無論矣！故密宗之法絕非佛法也。而其明光大手印、大圓滿法教，又皆同以常見外道所說離語言妄念之無念靈知心錯認為佛地之眞如，不能直指不生不滅之眞如。西藏密宗所有法王與徒眾，都尚未開頂門眼，不能辨別眞僞，以依人不依法、依密續不依經典故，不肯將其上師喇嘛所說對照第一義經典，純依密續之藏密祖師所說為準，因此而誇大其證德與證量，動輒謂彼祖師上師為究竟佛、為地上菩薩；如今台海兩岸亦有自謂其師證量高於 釋迦文佛者，然觀其師所述，猶未見道，仍在觀行即佛階段，尚未到禪宗相似即佛、分證即佛階位，竟敢標榜為究竟佛及地上法王，誑惑初機學人。凡此怪象皆是狂密，不同於眞密之修行者。近年狂密盛行，密宗行者被誤導者極眾，動輒自謂已證佛地眞如，自視為究竟佛，陷於大妄語業中而不知自省，反謗顯宗眞修實證者之證量粗淺；或如義雲高與釋性圓…等人，於報紙上公然誹謗眞實證道者為「騙子、無道人、人妖、癩蛤蟆…」等，造下誹謗大乘勝義僧之大惡業；或以外道法中有為有作之甘露、魔術……等法，誑騙初機學人，狂言彼外道法為眞佛法。如是怪象，在西藏密宗及附藏密之外道中，不一而足，舉之不盡，學人宜應愼思明辨，以免上當後又犯毀破菩薩戒之重罪。密宗學人若欲遠離邪知邪見者，請閱此書，即能了知密宗之邪謬，從此遠離邪見與邪修，轉入眞正之佛道。平實導師著 共四輯 每輯約400頁（主文約340頁）每輯售價300元。

宗門正義—公案拈提第六輯：佛教有六大危機，乃是藏密化、世俗化、膚淺化、學術化、宗門密意失傳、悟後進修諸地之次第混淆；其中尤以宗門密意之失傳，爲當代佛教最大之危機。由宗門密意失傳故，易令世尊本懷普被錯解，易令世尊正法被轉易爲外道法，以及加以淺化、世俗化，是故宗門密意之廣泛弘傳與具緣佛弟子，極爲重要。然而欲令宗門密意之廣泛弘傳予具緣之佛弟子者，必須同時配合錯誤知見之解析、普令佛弟子知之，然後輔以公案解析之直示入處，方能令具緣之佛弟子悟入。而此二者，皆須以公案拈提之方式爲之，方易成其功、竟其業，是故平實導師續作宗門正義一書，以利學人。全書500餘頁，售價500元（2007年起，凡購買公案拈提第一輯至第七輯，每購一輯皆贈送本公司精製公案拈提〈超意境〉CD一片，市售價格280元，多購多贈）。

心經密意—心經與解脫道、佛菩提道、祖師公案之關係與密意。二乘菩提所證之解脫道，實依第八識心之斷除煩惱障現行而立解脫之名；大乘菩提所證之佛菩提道，實依親證第八識如來藏之涅槃性、清淨自性、及其中道性而立般若之名；禪宗祖師公案所證之眞心，即是此第八識如來藏；是故三乘佛法所修所證之三乘菩提，皆依此如來藏心而立名也。此第八識心，即是《心經》所說之心也。證得此如來藏已，即能漸入大乘佛菩提道，亦可因證知此心而了知二乘無學所不能知之無餘涅槃本際，是故《心經》之密意，與三乘佛菩提之關係極爲密切、不可分割，三乘佛法皆依此心而立名故。今者平實導師以其所證解脫道之無生智及佛菩提之般若種智，將《心經》與解脫道、佛菩提道、祖師公案之關係與密意，以演講之方式，用淺顯之語句和盤托出，發前人所未言，呈三乘菩提之眞義，令人藉此《心經密意》一舉而窺三乘菩提之堂奧，迥異諸方言不及義之說；欲求眞實佛智者、不可不讀！主文317頁，連同跋文及序文…等共384頁，售價300元。

宗門密意—公案拈提第七輯：佛教之世俗化，將導致學人以信仰作爲學佛，則將以感應及世間法之庇祐，作爲學佛之主要目標，不能了知學佛之主要目標爲親證三乘菩提。大乘菩提則以般若實相智慧爲主要修習目標，以二乘菩提解脫道爲附帶修習之標的；是故學習大乘法者，應以禪宗之證悟爲要務，能親入大乘菩提之實相般若智慧中故，般若實相智慧非二乘聖人所能知故。此書則以台灣世俗化佛教之三大法師，說法似是而非之實例，配合眞悟祖師之公案解析，提示證悟般若之關節，令學人易得悟入。平實導師著，全書五百餘頁，售價500元（2007年起，凡購買公案拈提第一輯至第七輯，每購一輯皆贈送本公司精製公案拈提〈超意境〉CD一片，市售價格280元，多購多贈）。

淨土聖道—兼評日本本願念佛：佛法甚深極廣，般若玄微，非諸二乘聖僧所能知之，一切凡夫更無論矣！所謂一切證量皆歸淨土是也！是故大乘法中「聖道之淨土、淨土之聖道」，其義甚深，難可了知；乃至眞悟之人，初心亦難知也。今有正德老師眞實證悟後，復能深探淨土與聖道之緊密關係，憐憫眾生之誤會淨土實義，亦欲利益廣大淨土行人同入聖道，同獲淨土中之聖道門要義，乃振奮心神、書以成文，今得刊行天下。主文279頁，連同序文等共301頁，總有十一萬六千餘字，正德老師著，成本價200元。

起信論講記：詳解大乘起信論**心生滅門**與**心眞如門**之眞實意旨，消除以往大師與學人對起信論所說**心生滅門**之誤解，由是而得了知眞心如來藏之非常非斷中道正理；亦因此一講解，令此論以往隱晦而被誤解之眞實義，得以如實顯示，令大乘佛菩提道之正理得以顯揚光大；初機學者亦可藉此正論所顯示之法義，對大乘法理生起正信，從此得以眞發菩提心，眞入大乘法中修學，世世常修菩薩正行。平實導師演述，共六輯，都已出版，每輯三百餘頁，售價各250元。

優婆塞戒經講記：本經詳述在家菩薩修學大乘佛法，應如何受持菩薩戒？對人間善行應如何看待？對三寶應如何護持？應如何正確地修集此世後世證法之福德？應如何修集後世「行菩薩道之資糧」？並詳述第一義諦之正義：五蘊非我非異我、自作自受、異作異受、不作不受……等深妙法義，乃是修學大乘佛法、行菩薩行之在家菩薩所應當了知者。出家菩薩今世或未來世登地已，捨報之後多數將如華嚴經中諸大菩薩，以在家菩薩身而修行菩薩行，故亦應以此經所述正理而修之，配合《楞伽經、解深密經、楞嚴經、華嚴經》等道次第正理，方得漸次成就佛道；故此經是一切大乘行者皆應證知之正法。平實導師講述，每輯三百餘頁，售價各250元；共八輯，已全部出版。

真假活佛——略論附佛外道盧勝彥之邪說：人人身中都有眞活佛，永生不滅而有大神用，但眾生都不了知，所以常被身外的西藏密宗假活佛籠罩欺瞞。本來就眞實存在的眞活佛，才是眞正的密宗無上密！諾那活佛因此而說禪宗是大密宗，但藏密的所有活佛都不知道、也不曾實證自身中的眞活佛。本書詳實宣示眞活佛的道理，舉證盧勝彥的「佛法」不是眞佛法，也顯示盧勝彥是假活佛，直接的闡釋第一義佛法見道的眞實正理。眞佛宗的所有上師與學人們，都應該詳細閱讀，包括盧勝彥個人在內。正犀居士著，優惠價140元。

阿含正義——唯識學探源：廣說四大部《阿含經》諸經中隱說之眞正義理，一一舉示佛陀本懷，令阿含時期初轉法輪根本經典之眞義，如實顯現於佛子眼前。並提示末法大師對於阿含眞義誤解之實例，一一比對之，證實唯識增上慧學確於原始佛法之阿含諸經中已隱覆密意而略說之，證實 世尊確於原始佛法中已曾密意而說第八識如來藏之總相；亦證實世尊在四阿含中已說此藏識是名色十八界之因、之本——證明如來藏是能生萬法之根本心。佛子可據此修正以往受諸大師（譬如西藏密宗應成派中觀師：印順、昭慧、性廣、大願、達賴、宗喀巴、寂天、月稱、……等人）誤導之邪見，建立正見，轉入正道乃至親證初果而無困難；書中並詳說三果所證的**心解脫**，以及四果**慧解脫**的親證，都是如實可行的具體知見與行門。全書共七輯，已出版完畢。平實導師著，每輯三百餘頁，售價300元。

超意境CD：以平實導師公案拈提書中超越意境之頌詞，加上曲風優美的旋律，錄成令人嚮往的超意境歌曲，其中包括正覺發願文及平實導師親自譜成的黃梅調歌曲一首。詞曲雋永，殊堪翫味，可供學禪者吟詠，有助於見道。內附設計精美的彩色小冊，解說每一首詞的背景本事。每片280元。【每購買公案拈提書籍一冊，即贈送一片。】

鈍鳥與靈龜：鈍鳥及靈龜二物，被宗門證悟者說為二種人：前者是精修禪定而無智慧者，也是以定為禪的愚癡禪人；後者是或有禪定、或無禪定的宗門證悟者，凡已證悟者皆是靈龜。但後來被人虛造事實，用以嘲笑大慧宗杲禪師，說他雖是靈龜，卻不免被天童禪師預記「患背」痛苦而亡：「**鈍鳥離巢易，靈龜脫殼難。**」藉以貶低大慧宗杲的證量。同時將天童禪師實證如來藏的證量，曲解為意識境界的離念靈知。自從大慧禪師入滅以後，錯悟凡夫對他的不實毀謗就一直存在著，不曾止息，並且捏造的假事實也隨著年月的增加而越來越多，終至編成「鈍鳥與靈龜」的假公案、假故事。本書是考證大慧與天童之間的不朽情誼，顯現這件假公案的虛妄不實；更見大慧宗杲面對惡勢力時的正直不阿，亦顯示大慧對天童禪師的至情深義，將使後人對大慧宗杲的誣謗至此而止，不再有人誤犯毀謗賢聖的惡業。書中亦舉證宗門的所悟確以第八識如來藏為標的，詳讀之後必可改正以前被錯悟大師誤導的參禪知見，日後必定有助於實證禪宗的開悟境界，得階大乘眞見道位中，即是實證般若之賢聖。全書459頁，售價350元。

我的菩提路第一輯：凡夫及二乘聖人不能實證的佛菩提證悟，末法時代的今天仍然有人能得實證，由正覺同修會釋悟圓、釋善藏法師等二十餘位實證如來藏者所寫的見道報告，已爲當代學人見證宗門正法之絲縷不絕，證明大乘義學的法脈仍然存在，爲末法時代求悟般若之學人照耀出光明的坦途。由二十餘位大乘見道者所繕，敘述各種不同的學法、見道因緣與過程，參禪求悟者必讀。全書三百餘頁，售價300元。

我的菩提路第二輯：由郭正益老師等人合著，書中詳述彼等諸人歷經各處道場學法，一一修學而加以檢擇之不同過程以後，因閱讀正覺同修會、正智出版社書籍而發起抉擇分，轉入正覺同修會中修學；乃至學法及見道之過程，都一一詳述之。其中張志成等人係由前現代禪轉進正覺同修會，張志成原爲現代禪副宗長，以前未閱本會書籍時，曾被人藉其名義著文評論 平實導師（詳見《宗通與說通》辨正及《眼見佛性》書末附錄…等）；後因偶然接觸正覺同修會書籍，深覺以前聽人評論平實導師之語不實，於是投入極多時間閱讀本會書籍、深入思辨，詳細探索中觀與唯識之關聯與異同，認爲正覺之法義方是正法，深覺相應；亦解開多年來對佛法的迷雲，確定應依八識論正理修學方是正法。乃不顧面子，毅然前往正覺同修會面見平實導師懺悔，並正式學法求悟。今已與其同修王美伶（亦爲前現代禪傳法老師），同樣證悟如來藏而證得法界實相，生起實相般若眞智。此書中尚有七年來本會第一位眼見佛性者之見性報告一篇，一同供養大乘佛弟子。全書四百頁，售價300元。

維摩詰經講記：本經係　世尊在世時，由等覺菩薩維摩詰居士藉疾病而演說之大乘菩提無上妙義，所說函蓋甚廣，然極簡略，是故今時諸方大師與學人讀之悉皆錯解，何況能知其中隱含之深妙正義，是故普遍無法爲人解說；若強爲人說，則成依文解義而有諸多過失。今由平實導師公開宣講之後，詳實解釋其中密意，令維摩詰菩薩所說大乘不可思議解脫之深妙正法得以正確宣流於人間，利益當代學人及與諸方大師。書中詳實演述大乘佛法深妙不共二乘之智慧境界，顯示諸法之中絕待之實相境界，建立大乘菩薩妙道於永遠不敗不壞之地，以此成就護法偉功，欲冀永利娑婆人天。已經宣講圓滿整理成書流通，以利諸方大師及諸學人。全書共六輯，每輯三百餘頁，售價各250元。

菩薩底憂鬱CD將菩薩情懷及禪宗公案寫成新詞，並製作成超越意境的優美歌曲。1.主題曲〈菩薩底憂鬱〉，描述地後菩薩能離三界生死而迴向繼續生在人間，但因尚未斷盡習氣種子而有極深沈之憂鬱，非三賢位菩薩及二乘聖者所知，此憂鬱在七地滿心位方才斷盡；本曲之詞中所說義理極深，昔來所未曾見；此曲係以優美的情歌風格寫詞及作曲，聞者得以激發嚮往諸地菩薩境界之大心，詞、曲都非常優美，難得一見；其中勝妙義理之解說，已印在附贈之彩色小冊中。2.以各輯公案拈提中直示禪門入處之頌文，作成各種不同曲風之超意境歌曲，值得玩味、參究；聆聽公案拈提之優美歌曲時，請同時閱讀內附之印刷精美說明小冊，可以領會超越三界的證悟境界；未悟者可以因此引發求悟之意向及疑情，眞發菩提心而邁向求悟之途，乃至因此眞實悟入般若，成眞菩薩。3.正覺總持咒新曲，總持佛法大意；總持咒之義理，已加以解說並印在隨附之小冊中。本CD共有十首歌曲，長達63分鐘，附贈二張購書優惠券。每片280元。

勝鬘經講記：如來藏爲三乘菩提之所依，若離如來藏心體及其含藏之一切種子，即無三界有情及一切世間法，亦無二乘菩提緣起性空之出世間法；本經詳說無始無明、一念無明皆依如來藏而有之正理，藉著詳解煩惱障與所知障間之關係，令學人深入了知二乘菩提與佛菩提相異之妙理；聞後即可了知佛菩提之特勝處及三乘修道之方向與原理，邁向攝受正法而速成佛道的境界中。平實導師講述，共六輯，每輯三百餘頁，售價各250元。

楞嚴經講記：楞嚴經係密教部之重要經典，亦是顯教中普受重視之經典；經中宣說明心與見性之內涵極爲詳細，將一切法都會歸如來藏及佛性—妙眞如性；亦闡釋佛菩提道修學過程中之種種魔境，以及外道誤會涅槃之狀況，旁及三界世間之起源。然因言句深澀難解，法義亦復深妙寬廣，學人讀之普難通達，是故讀者大多誤會，不能如實理解佛所說之明心與見性內涵，亦因是故多有悟錯之人引爲開悟之證言，成就大妄語罪。今由平實導師詳細講解之後，整理成文，以易讀易懂之語體文刊行天下，以利學人。全書十五輯，全部出版完畢。每輯三百餘頁，售價每輯300元。

明心與眼見佛性：本書細述明心與眼見佛性之異同，同時顯示了中國禪宗破初參明心與重關眼見佛性二關之間的關聯；書中又藉法義辨正而旁述其他許多勝妙法義，讀後必能遠離佛門長久以來積非成是的錯誤知見，令讀者在佛法的實證上有極大助益。也藉慧廣法師的謬論來教導佛門學人回歸正知正見，遠離古今禪門錯悟者所墮的意識境界，非唯有助於斷我見，也對未來的開悟明心實證第八識如來藏有所助益，是故學禪者都應細讀之。游正光老師著　共448頁　售價300元。

見性與看話頭：黃正倖老師的《見性與看話頭》於《正覺電子報》連載完畢，今結集出版。書中詳說禪宗看話頭的詳細方法，並細說看話頭與眼見佛性的關係，以及眼見佛性者求見佛性前必須具備的條件。本書是禪宗實修者追求明心開悟時參禪的方法書，也是求見佛性者作功夫時必讀的方法書，內容兼顧眼見佛性的理論與實修之方法，是依實修之體驗配合理論而詳述，條理分明而且極爲詳實、周全、深入。本書內文375頁，全書416頁，售價300元。

禪意無限CD平實導師以公案拈提書中偈頌寫成不同風格曲子，與他人所寫不同風格曲子共同錄製出版，幫助參禪人進入禪門超越意識之境界。盒中附贈彩色印製的精美解說小冊，以供聆聽時閱讀，令參禪人得以發起參禪之疑情，即有機會證悟本來面目，實證大乘菩提般若。本CD共有十首歌曲，長達69分鐘，每盒各附贈二張購書優惠券。每片280元。

金剛經宗通：三界唯心，萬法唯識，是成佛之修證內容，是諸地菩薩之所修；般若則是成佛之道（實證三界唯心、萬法唯識）的入門，若未證悟實相般若，即無成佛之可能，必將永在外門廣行菩薩六度，永在凡夫位中。然而實相般若的發起，全賴實證萬法的眞相；若欲證知萬法的眞相，則必須探究萬法之所從來，則須實證自心如來—金剛心如來藏，然後現觀這個金剛心的金剛性、眞實性、如如性、清淨性、涅槃性、能生萬法的自性性、本住性，名爲證眞如；進而現觀三界六道唯是此金剛心所成，人間萬法須藉八識心王和合運作方能現起。如是實證《華嚴經》的「三界唯心、萬法唯識」以後，由此等現觀而發起實相般若智慧，繼續進修第十住位的如幻觀、第十行位的陽焰觀、第十迴向位的如夢觀，再生起增上意樂而勇發十無盡願，方能滿足三賢位的實證，轉入初地；自知成佛之道而無偏倚，從此按部就班、次第進修乃至成佛。第八識自心如來是般若智慧之所依，般若智慧的修證則要從實證金剛心自心如來開始；《金剛經》則是解說自心如來之經典，是一切三賢位菩薩所應進修之實相般若經典。這一套書，是將平實導師宣講的《金剛經宗通》內容，整理成文字而流通之；書中所說義理，迥異古今諸家依文解義之說，指出大乘見道方向與理路，有益於禪宗學人求開悟見道，及轉入內門廣修六度萬行。講述完畢後結集出版，總共9輯，每輯約三百餘頁，售價各250元。

真假外道：本書具體舉證佛門中的常見外道知見實例，並加以教證及理證上的辨正，幫助讀者輕鬆而快速的了知常見外道的錯誤知見，進而遠離佛門內外的常見外道知見，因此即能改正修學方向而快速實證佛法。游正光老師著。成本價200元。

空行母—性別、身分定位，以及藏傳佛教：本書作者為蘇格蘭哲學家，因為嚮往佛教深妙的哲學內涵，於是進入當年盛行於歐美的假藏傳佛教密宗，擔任卡盧仁波切的翻譯工作多年以後，被邀請成為卡盧的空行母（又名佛母、明妃），開始了她在密宗裡的實修過程；後來發覺在密宗雙身法中的修行，其實無法使自己成佛，也發覺密宗對女性岐視而處處貶抑，並剝奪女性在雙身法中擔任一半角色時應有的身分定位。當她發覺自己只是雙身法中被喇嘛利用的工具，沒有獲得絲毫應有的尊重與基本定位時，發現了密宗的父權社會控制女性的本質；於是作者傷心地離開了卡盧仁波切與密宗，但是卻被恐嚇不許講出她在密宗裡的經歷，也不許她說出自己對密宗的教義與教制下對女性剝削的本質，否則將被咒殺死亡。後來她去加拿大定居，十餘年後方才擺脫這個恐嚇陰影，下定決心將親身經歷的實情及觀察到的事實寫下來並且出版，公諸於世。出版之後，她被流亡的達賴集團人士大力攻訐，誣指她為精神狀態失常、說謊……等。但有智之士並未被達賴集團的政治操作及各國政府政治運作吹捧達賴的表相所欺，使她的書銷售無阻而又再版。正智出版社鑑於作者此書是親身經歷的事實，所說具有針對「藏傳佛教」而作學術研究的價值，也有使人認清假藏傳佛教剝削佛母、明妃的男性本位實質，因此洽請作者同意中譯而出版於華人地區。珍妮．坎貝爾女士著，呂艾倫 中譯，每冊250元。

霧峰無霧—給哥哥的信：本書作者藉兄弟之間信件往來論義，略述佛法大義；並以多篇短文辨義，舉出釋印順對佛法的無量誤解證據，並一一給予簡單而清晰的辨正，令人一讀即知。久讀、多讀之後即能認清楚釋印順的六識論見解，與眞實佛法之牴觸是多麼嚴重；於是在久讀、多讀之後，於不知不覺之間提升了對佛法的極深入理解，正知正見就在不知不覺間建立起來了。當三乘佛法的正知見建立起來之後，對於三乘菩提的見道條件便將隨之具足，於是聲聞解脫道的見道也就水到渠成；接著大乘見道的因緣也將次第成熟，未來自然也會有親見大乘菩提之道的因緣，悟入大乘實相般若也將自然成功，自能通達般若系列諸經而成實義菩薩。作者居住於南投縣霧峰鄉，自喻見道之後不復再見霧峰之霧，故鄉原野美景一一明見，於是立此書名爲《霧峰無霧》；讀者若欲撥霧見月，可以此書爲緣。游宗明　老師著　售價250元。

假藏傳佛教的神話—性、謊言、喇嘛教：本書編著者是由一首名叫「阿姊鼓」的歌曲爲緣起，展開了序幕，揭開假藏傳佛教—喇嘛教—的神秘面紗。其重點是蒐集、摘錄網路上質疑「喇嘛教」的帖子，以揭穿「假藏傳佛教的神話」爲主題，串聯成書，並附加彩色插圖以及說明，讓讀者們瞭解西藏密宗及相關人事如何被操作爲「神話」的過程，以及神話背後的眞相。作者：張正玄教授。售價200元。

達賴真面目—玩盡天下女人：假使您不想戴綠帽子，請記得詳細閱讀此書；假使您不想讓好朋友戴綠帽子，請您將此書介紹給您的好朋友。假使您想保護家中的女性，也想要保護好朋友的女眷，請記得將此書送給家中的女性和好友的女眷都來閱讀。本書爲印刷精美的大本彩色中英對照精裝本，爲您揭開達賴喇嘛的眞面目，內容精彩不容錯過，爲利益社會大眾，特別以優惠價格嘉惠所有讀者。編著者：白志偉等。大開版雪銅紙彩色精裝本。售價800元。

喇嘛性世界—揭開假藏傳佛教譚崔瑜伽的面紗：這個世界中的喇嘛，號稱來自世外桃源的香格里拉，穿著或紅或黃的喇嘛長袍，散布於我們的身邊傳教灌頂，吸引了無數的人嚮往學習；這些喇嘛虔誠地爲大眾祈福，手中拿著寶杵（金剛）與寶鈴（蓮花），口中唸著咒語：「唵．嘛呢．叭咪．吽……」，咒語的意思是說：「我至誠歸命金剛杵上的寶珠伸向蓮花寶穴之中」！「喇嘛性世界」是什麼樣的「世界」呢？本書將爲您呈現喇嘛世界的面貌。當您發現眞相以後，您將會唸：「噢！喇嘛．性．世界，譚崔性交嘛！」作者：張善思、呂艾倫。售價200元。

末代達賴—性交教主的悲歌：簡介從藏傳僞佛教（喇嘛教）的修行核心—性力派男女雙修，探討達賴喇嘛及藏傳僞佛教的修行內涵。書中引用外國知名學者著作、世界各地新聞報導，包含：歷代達賴喇嘛的祕史、達賴六世修雙身法的事蹟，以及《時輪續》中的性交灌頂儀式……等；達賴喇嘛書中開示的雙修法、達賴喇嘛的黑暗政治手段；達賴喇嘛所領導的寺院爆發喇嘛性侵兒童；新聞報導《西藏生死書》作者索甲仁波切性侵女信徒、澳洲喇嘛秋達公開道歉、美國最大假藏傳佛教組織領導人邱陽創巴仁波切的性氾濫，等等事件背後眞相的揭露。作者：張善思、呂艾倫、辛燕。售價250元。

第七意識與第八意識？—穿越時空「超意識」「三界唯心，萬法唯識」是佛教中應該實證的聖教，也是《華嚴經》中明載而可以實證的法界實相。唯心者，三界一切境界、一切諸法唯是一心所成就，即是每一個有情的第八識如來藏，不是意識心。唯識者，即是人類各各都具足的八識心王——眼識、耳鼻舌身意識、意根、阿賴耶識，第八阿賴耶識又名如來藏，人類五陰相應的萬法，莫不由八識心王共同運作而成就，故說萬法唯識。依聖教量及現量、比量，都可以證明意識是二法因緣生，是由第八識藉意根與法塵二法爲因緣而出生，又是夜夜斷滅不存之生滅心，即無可能反過來出生第七識意根、第八識如來藏，當知不可能從生滅性的意識心中，細分出恆審思量的第七識意根，更無可能細分出恆而不審的第八識如來藏。本書是將演講內容整理成文字，細說如是內容，並已在《正覺電子報》連載完畢，今彙集成書以廣流通，欲幫助佛門有緣人斷除意識我見，跳脫於識陰之外而取證聲聞初果；嗣後修學禪宗時即得不墮外道神我之中，得以求證第八識金剛心而發起般若實智。平實導師 述，每冊300元。

黯淡的達賴——失去光彩的諾貝爾和平獎：本書舉出很多證據與論述，詳述達賴喇嘛不爲世人所知的一面，顯示達賴喇嘛並不是眞正的和平使者，而是假借諾貝爾和平獎的光環來欺騙世人；透過本書的說明與舉證，讀者可以更清楚的瞭解，達賴喇嘛是結合暴力、黑暗、淫欲於喇嘛教裡的集團首領，其政治行爲與宗教主張，早已讓諾貝爾和平獎的光環染污了。本書由財團法人正覺教育基金會寫作、編輯，由正覺出版社印行，每冊250元。

人間佛教——實證者必定不悖三乘菩提：「大乘非佛說」的講法似乎流傳已久，卻只是日本人企圖擺脫中國正統佛教的影響，而在明治維新時期才開始提出來的說法；台灣佛教、大陸佛教的淺學無智之人，由於未曾實證佛法而迷信日本人錯誤的學術考證，錯認爲這些別有用心的日本佛學考證的講法爲天竺佛教的眞實歷史；甚至還有更激進的反對佛教者提出「釋迦牟尼佛並非眞實存在，只是後人捏造的假歷史人物」，竟然也有少數人願意跟著「學術」的假光環而信受不疑，於是開始有一些佛教界人士造作了反對中國佛教而推崇南洋小乘佛教的行爲，使佛教的信仰者難以檢擇，導致一般大陸人士開始轉入基督教的盲目迷信中。在這些佛教及外教人士之中，也就有一分人根據此邪說而大聲主張「大乘非佛說」的謬論，這些人以「人間佛教」的名義來抵制中國正統佛教，公然宣稱中國的大乘佛教是由聲聞部派佛教的凡夫僧所創造出來的。這樣的說法流傳於台灣及大陸佛教界凡夫僧之中已久，卻非眞正的佛教歷史中曾經發生過的事，只是繼承六識論的聲聞法中凡夫僧依自己的意識境界立場，純憑臆想而編造出來的妄想說法，卻已經影響許多無智之凡夫僧俗信受不移。本書則是從佛教的經藏法義實質及實證的現量內涵本質立論，證明大乘佛法本是佛說，是從《阿含正義》尚未說過的不同面向來討論「人間佛教」的議題，證明「大乘眞佛說」。閱讀本書可以斷除六識論邪見，迴入三乘菩提正道發起實證的因緣；也能斷除禪宗學人學禪時普遍存在之錯誤知見，對於建立參禪時的正知見有很深的著墨。平實導師　述，內文488頁，全書528頁，定價400元。

童女迦葉考—論呂凱文〈佛教輪迴思想的論述分析〉之謬　童女迦葉是佛世率領五百大比丘遊行於人間的歷史事實，是以童貞行而依止菩薩戒弘化於人間的大菩薩，不依別解脫戒（聲聞戒）來弘化於人間。這是大乘佛教與聲聞佛教同時存在於佛世的歷史明證，證明大乘佛教不是從聲聞法中分裂出來的部派佛教的產物，卻是聲聞佛教分裂出來的部派佛教聲聞凡夫僧所不樂見的史實；於是古今聲聞法中的凡夫都欲加以扭曲而作詭說，更是末法時代高聲大呼「大乘非佛說」的六識論聲聞凡夫極力想要扭曲的佛教史實之一，於是想方設法扭曲迦葉菩薩爲聲聞僧，以及扭曲迦葉童女爲比丘僧等荒謬不實之論著便陸續出現，古時聲聞僧寫作的《分別功德論》是最具體之事例，現代之代表作則是呂凱文先生的〈佛教輪迴思想的論述分析〉論文。鑑於如是假藉學術考證以籠罩大眾之不實謬論，未來仍將繼續造作及流竄於佛教界，繼續扼殺大乘佛教學人法身慧命，必須舉證辨正之，遂成此書。平實導師 著，每冊180元。

中觀金鑑—詳述應成派中觀的起源與其破法本質　學佛人往往迷於中觀學派之不同學說，被應成派與自續派所迷惑；修學般若中觀二十年後自以爲實證般若中觀了，卻仍不曾入門，甫聞實證般若中觀者之所說，則茫無所知，迷惑不解；隨後信心盡失，不知如何實證佛法；凡此，皆因惑於這二派中觀學說所致。自續派中觀所說同於常見，以意識境界立爲第八識如來藏之境界，應成派所說則同於斷見，但又同立意識爲常住法，故亦具足斷常二見。今者孫正德老師有鑑於此，乃將起源於密宗的應成派中觀學說，追本溯源，詳考其來源之外，亦一一舉證其立論內容，詳加辨正，令密宗雙身法祖師以識陰境界而造之應成派中觀學說本質，詳細呈現於學人眼前，令其維護雙身法之目的無所遁形。若欲遠離密宗此二大派中觀謬說，欲於三乘菩提有所進道者，允宜具足閱讀並細加思惟，反覆讀之以後將可捨棄邪道返歸正道，則於般若之實證即有可能，證後自能現觀如來藏之中道境界而成就中觀。本書分上、中、下三冊，每冊250元，已全部出版完畢。

實相經宗通：學佛之目的在於實證一切法界背後之實相，禪宗稱之爲本來面目或本地風光，佛菩提道中稱之爲實相法界；此實相法界即是金剛藏，又名佛法之祕密藏，即是能生有情五陰、十八界及宇宙萬有（山河大地、諸天、三惡道世間）的第八識如來藏，又名阿賴耶識心，即是禪宗祖師所說的眞如心，此心即是三界萬有背後的實相。證得此第八識心時，自能瞭解般若諸經中隱說的種種密意，即得發起實相般若——實相智慧。每見學佛人修學佛法二十年後仍對實相般若茫然無知，亦不知如何入門，茫無所趣；更因不知三乘菩提的互異互同，是故越是久學者對佛法越覺茫然，都肇因於尚未瞭解佛法的全貌，亦未瞭解佛法的修證內容即是第八識心所致。本書對於修學佛法者所應實證的實相境界提出明確解析，並提示趣入佛菩提道的入手處，有心親證實相般若的佛法實修者，宜詳讀之，於佛菩提道之實證即有下手處。平實導師述著，共八輯，全部出版完畢，每輯成本價250元。

真心告訴您（一）——達賴喇嘛在幹什麼？ 這是一本報導篇章的選集，更是「破邪顯正」的暮鼓晨鐘。「破邪」是戳破假象，說明達賴喇嘛及其所率領的密宗四大派法王、喇嘛們，弘傳的佛法是仿冒的佛法；他們是假藏傳佛教，是坦特羅（譚崔性交）外道法和藏地崇奉鬼神的苯教混合成的「喇嘛教」，推廣的是以所謂「無上瑜伽」的男女雙身法冒充佛法的假佛教，詐財騙色誤導眾生，常常造成信徒家庭破碎、家中兒少失怙的嚴重後果。「顯正」是揭櫫眞相，指出眞正的藏傳佛教只有一個，就是覺囊巴，傳的是　釋迦牟尼佛演繹的第八識如來藏妙法，稱爲他空見大中觀。正覺教育基金會即以此古今輝映的如來藏正法正知見，在眞心新聞網中逐次報導出來，將箇中原委「眞心告訴您」，如今結集成書，與想要知道密宗眞相的您分享。售價250元。

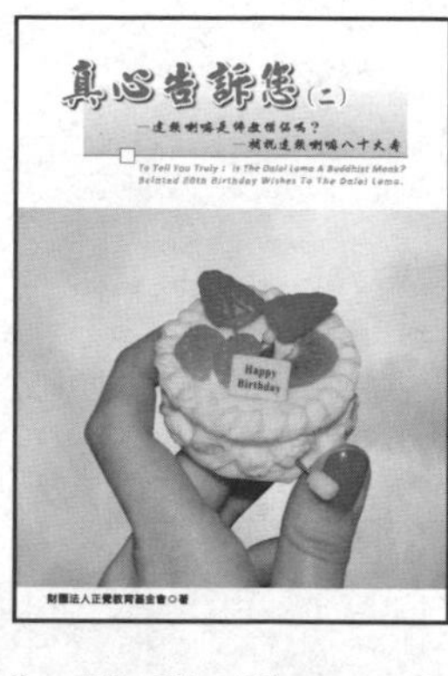

真心告訴您（二）—達賴喇嘛是佛教僧侶嗎？補祝達賴喇嘛八十大壽：這是一本針對當今達賴喇嘛所領導的喇嘛教，冒用佛教名相、於師徒間或師兄姊間，實修男女邪淫，而從佛法三乘菩提的現量與聖教量，揭發其謊言與邪術，證明達賴及其喇嘛教是仿冒佛教的外道，是「假藏傳佛教」。藏密四大派教義雖有「八識論」與「六識論」的表面差異，然其實修之內容，皆共許「無上瑜伽」四部灌頂爲究竟「成佛」之法門，也就是共以男女雙修之邪淫法爲「即身成佛」之密要，雖美其名曰「欲貪爲道」之「金剛乘」，並誇稱其成就超越於（應身佛）釋迦牟尼佛所傳之顯教般若乘之上；然詳考其理論，則或以意識離念時之粗細心爲第八識如來藏，或以中脈裡的明點爲第八識如來藏，或如宗喀巴與達賴堅決主張第六意識爲常恆不變之眞心者，分別墮於外道之常見與斷見中；全然違背 佛說能生五蘊之如來藏的實質。售價300元。

西藏「活佛轉世」制度—附佛、造神、世俗法：歷來關於喇嘛教活佛轉世的研究，多針對歷史及文化兩部分，於其所以成立的理論基礎，較少系統化的探討。尤其是此制度是否依據「佛法」而施設？是否合乎佛法眞實義？現有的文獻大多含糊其詞，或人云亦云，不曾有明確的闡釋與如實的見解。因此本文先從活佛轉世的由來，探索此制度的起源、背景與功能，並進而從活佛的尋訪與認證之過程，發掘活佛轉世的特徵，以確認「活佛轉世」在佛法中應具足何種果德。定價150元。

法華經講義：此書爲平實導師始從2009/7/21演述至2014/1/14之講經錄音整理所成。世尊一代時教，總分五時三教，即是華嚴時、聲聞緣覺教、般若教、種智唯識教、法華時；依此五時三教區分爲藏、通、別、圓四教。本經是最後一時的圓教經典，圓滿收攝一切法教於本經中，是故最後的圓教聖訓中，特地指出無有三乘菩提，其實唯有一佛乘；皆因眾生愚迷故，方便區分爲三乘菩提以助眾生證道。世尊於此經中特地說明如來示現於人間的唯一大事因緣，便是爲有緣眾生「開、示、悟、入」諸佛的所知所見——第八識如來藏妙眞如心，並於諸品中隱說「妙法蓮花」如來藏心的密意。然因此經所說甚深難解，眞義隱晦，古來難得有人能窺堂奧；平實導師以知如是密意故，特爲末法佛門四眾演述《妙法蓮華經》中各品蘊含之密意，使古來未曾被古德註解出來的「此經」密意，如實顯示於當代學人眼前。乃至〈藥王菩薩本事品〉、〈妙音菩薩品〉、〈觀世音菩薩普門品〉、〈普賢菩薩勸發品〉中的微細密意，亦皆一併詳述之，開前人所未曾言之密意，示前人所未見之妙法。最後乃至以〈法華大意〉而總其成，全經妙旨貫通始終，而依佛旨圓攝於一心如來藏妙心，厥爲曠古未有之大說也。平實導師述　已於2015/05/31起開始出版，每二個月出版一輯，共有25輯。每輯300元。

解深密經講記：本經係　世尊晚年第三轉法輪，宣說地上菩薩所應熏修之唯識正義經典，經中所說義理乃是大乘一切種智增上慧學，以阿陀那識—如來藏—阿賴耶識為主體。禪宗之證悟者，若欲修證初地無生法忍乃至八地無生法忍者，必須修學《楞伽經、解深密經》所說之八識心王一切種智；此二經所說正法，方是眞正成佛之道；印順法師否定第八識如來藏之後所說萬法緣起性空之法，是以誤會後之二乘解脫道取代大乘眞正成佛之道，尚且不符二乘解脫道正理，亦已墮於斷滅見中，不可謂為成佛之道也。平實導師曾於本會郭故理事長往生時，於喪宅中從首七開始宣講，於每一七各宣講三小時，至第十七而快速略講圓滿，作為郭老之往生佛事功德，迴向郭老早證八地、速返娑婆住持正法。茲為今時後世學人故，將擇期重講《解深密經》，以淺顯之語句講畢後，將會整理成文，用供證悟者進道；亦令諸方未悟者，據此經中佛語正義，修正邪見，依之速能入道。平實導師述著，全書輯數未定，每輯三百餘頁，將於未來重講完畢後逐輯出版。

佛法入門：學佛人往往修學二十年後仍不知如何入門，茫無所入漫無方向，不知如何實證佛法；更因不知三乘菩提的互異互同之處，導致越是久學者越覺茫然，都是肇因於尚未瞭解佛法的全貌所致。本書對於佛法的全貌提出明確的輪廓，並說明三乘菩提的異同處，讀後即可輕易瞭解佛法全貌，數日內即可明瞭三乘菩提入門方向與下手處。〇〇菩薩著　出版日期未定。

阿含經講記—小乘解脫道之修證：數百年來，南傳佛法所說證果之不實，所說解脫道之虛妄，所弘解脫道法義之世俗化，皆已少人知之；從南洋傳入台灣與大陸之後，所說法義虛謬之事，亦復少人知之；今時台灣全島印順系統之法師居士，多不知南傳佛法數百年來所說解脫道之義理已然偏斜、已然世俗化、已非眞正之二乘解脫正道，猶極力推崇與弘揚。彼等南傳佛法近代所謂之證果者多非眞實證果者，譬如阿迦曼、葛印卡、帕奧禪師、一行禪師……等人，悉皆未斷我見故。近年更有台灣南部大願法師，高抬南傳佛法之二乘修證行門爲「捷徑究竟解脫之道」者，然而南傳佛法縱使眞修實證，得成阿羅漢，至高唯是二乘菩提解脫之道，絕非究竟解脫，無餘涅槃中之實際尚未得證故，法界之實相尚未了知故，習氣種子待除故，一切種智未實證故，焉得謂爲「究竟解脫」？即使南傳佛法近代眞有實證之阿羅漢，尚且不及三賢位中之七住明心菩薩本來自性清淨涅槃智慧境界，則不能知此賢位菩薩所證之無餘涅槃實際，仍非大乘佛法中之見道者，何況普未實證聲聞果乃至未斷我見之人？謬充證果已屬逾越，更何況是誤會二乘菩提之後，以未斷我見之凡夫知見所說之二乘菩提解脫偏斜法道，焉可高抬爲「究竟解脫」？而且自稱「捷徑之道」？又妄言解脫之道即是成佛之道，完全否定般若實智、否定三乘菩提所依之如來藏心體，此理大大不通也！平實導師爲令修學二乘菩提欲證解脫果者，普得迴入二乘菩提正見、正道中，是故選錄四阿含諸經中，對於二乘解脫道法義有具足圓滿說明之經典，預定未來十年內將會加以詳細講解，令學佛人得以了知二乘解脫道之修證理路與行門，庶免被人誤導之後，未證言證，干犯道禁，成大妄語，欲升反墮。本書首重斷除我見，以助行者斷除我見而實證初果爲著眼之目標，若能根據此書內容，配合平實導師所著《識蘊眞義》《阿含正義》內涵而作實地觀行，實證初果非爲難事，行者可以藉此三書自行確認聲聞初果爲實際可得現觀成就之事。此書中除依二乘經典所說加以宣示外，亦依斷除我見等之證量，及大乘法中道種智之證量，對於意識心之體性加以細述，令諸二乘學人必定得斷我見、常見，免除三縛結之繫縛。次則宣示斷除我執之理，欲令升進而得薄貪瞋痴，乃至斷五下分結…等。平實導師述，共二冊，每冊三百餘頁。每輯300元。

修習止觀坐禪法要講記：修學四禪八定之人，往往錯會禪定之修學知見，欲以無止盡之坐禪而證禪定境界，卻不知修除性障之行門才是修證四禪八定不可或缺之要素，故智者大師云「性障初禪」；性障不除，初禪永不現前，云何修證二禪等？又：行者學定，若唯知數息，而不解六妙門之方便善巧者，欲求一心入定，未到地定極難可得，智者大師名之爲「事障未來」：障礙未到地定之修證。又禪定之修證，不可違背二乘菩提及第一義法，否則縱使具足四禪八定，亦不能實證涅槃而出三界。此諸知見，智者大師於《修習止觀坐禪法要》中皆有闡釋。作者平實導師以其第一義之見地及禪定之實證證量，曾加以詳細解析。將俟正覺寺竣工啓用後重講，不限制聽講者資格；講後將以語體文整理出版。欲修習世間定及增上定之學者，宜細讀之。平實導師述著。

★聲明★

本社於2015/01/01開始調整本目錄中部分書籍之售價，以因應各項成本的持續增加。

喇嘛教修外道雙身法，墮識陰境界，非佛教

弘揚如來藏他空見的覺囊派才是真正藏傳佛教

總經銷： 飛鴻 國際行銷股份有限公司

231 新北市新店區中正路 501 之 9 號 2 樓

Tel.02－82186688（五線代表號） Fax.02-82186458、82186459

零售：1.**全台連鎖經銷書局：**

三民書局、誠品書局、何嘉仁書店

敦煌書店、紀伊國屋、金石堂書局、建宏書局

2.**台北市：**佛化人生 羅斯福路 3 段 325 號 6 樓之 4 台電大樓對面

3.**新北市：**春大地書店 **蘆洲**中正路 117 號

4.**桃園市縣：**誠品書局 **桃園市**中正路 20 號遠東百貨地下室一樓

金石堂 **桃園市**大同路 24 號　金石堂 **桃園**八德市介壽路 1 段 987 號

諾貝爾圖書城 **桃園市**中正路 56 號地下室　御書堂 **龍潭**中正路 123 號

墊腳石文化書店 **中壢市**中正路 89 號

5.**新竹市縣：**大學書局 **新竹**建功路 10 號　誠品書局 **新竹**東區信義街 68 號

誠品書局 **新竹**東區中央路 229 號 5 樓　誠品書局 **新竹**東區力行二路 3 號

墊腳石文化書店 **新竹**中正路 38 號

6.**台中市：** **瑞成**書局、各大連鎖書店。

詠春書局 **台中市**永春東路 884 號　文春書局 **霧峰**中正路 1087 號

7.**彰化市縣：**心泉佛教流通處 **彰化市**南瑤路 286 號

員林鎮：墊腳石圖書文化廣場 中山路 2 段 49 號（04-8338485）

8.**台南市：**博大書局 **新營**三民路 128 號

藝美書局 **善化**中山路 436 號　宏欣書局 **佳里**光復路 214 號

9.**高雄市：**各大連鎖書店、**瑞成**書局

政大書城 **三民區**明仁路 161 號　政大書城 **苓雅區**光華路 148-83 號

明儀書局 **三民區**明福街 2 號　明儀書局 三多四路 63 號

青年書局 青年一路 141 號

10.**宜蘭縣市：**金隆書局 宜蘭市中山路 3 段 43 號

宋太太梅鋪 羅東鎮中正北路 101 號（039-534909）

11.**台東市：**東普佛教文物流通處 台東市博愛路 282 號

12.**其餘鄉鎮市經銷書局：**請電詢總經銷**飛鴻**公司。

13.**大陸地區請洽：**

香港：樂文書店

旺角店 :香港九龍旺角西洋菜街 62 號 3 樓

電話 : (852) 2390 3723 email: luckwinbooks@gmail.com

銅鑼灣店 :香港銅鑼灣駱克道 506 號 2 樓

電話 : (852) 2881 1150 email: luckwinbs@gmail.com

廈門：廈門外圖臺灣書店有限公司

地址：廈門市思明區湖濱南路809 號 廈門外圖書城3 樓 郵編：361004

電話：0592-5061658（臺灣地區請撥打 86-592-5061658）

E-mail：JKB118＠188.COM

14.**美國：世界日報圖書部：**紐約圖書部　電話 7187468889#6262

洛杉磯圖書部　電話 3232616972#202

15.**國內外地區網路購書：**

正智出版社 書香園地　http://books.enlighten.org.tw/

（書籍簡介、直接聯結下列網路書局購書）

三民 網路書局　http://www.Sanmin.com.tw

誠品 網路書局　http://www.eslitebooks.com

博客來 網路書局　http://www.books.com.tw

金石堂 網路書局　http://www.kingstone.com.tw

飛鴻 網路書局　http://fh6688.com.tw

附註：1.請儘量向各經銷書局購買：郵政劃撥需要十天才能寄到（本公司在您劃撥後第四天才能接到劃撥單，次日寄出後第四天您才能收到書籍，此八天中一定會遇到週休二日，是故共需十天才能收到書籍）若想要早日收到書籍者，請劃撥完畢後，將劃撥收據貼在紙上，旁邊寫上您的姓名、住址、郵區、電話、買書詳細內容，直接傳眞到本公司 02-28344822，並來電 02-28316727、28327495 確認是否已收到您的傳眞，即可提前收到書籍。 **2**.因台灣每月皆有五十餘種宗教類書籍上架，書局書架空間有限，故唯有新書方有機會上架，通常每次只能有一本新書上架；本公司出版新書，大多上架不久便已售出，若書局未再叫貨補充者，書架上即無新書陳列，則請直接向書局櫃台訂購。 **3**.若書局不便代購時，可於晚上共修時間向正覺同修會各共修處請購（共修時間及地點，詳閱**共修現況表**。每年例行年假期間請勿前往請書，年假期間請見共修現況表）。 **4**.郵購：郵政劃撥帳號 19068241。 **5**.正覺同修會會員購書都以八折計價（戶籍台北市者爲一般會員，外縣市爲護持會員）都可獲得優待，欲一次購買全部書籍者，可以考慮入會，節省書費。入會費一千元（第一年初加入時才需要繳），年費二千元。**6.尚未出版之書籍，請勿預先郵寄書款與本公司，謝謝您！** **7**.若欲一次購齊本公司書籍，或同時取得正覺同修會贈閱之全部書籍者，請於正覺同修會共修時間，親到各共修處請購及索取；**台北市讀者**請洽：103 台北市承德路三段 267 號 10 樓（捷運淡水線 圓山站旁）請書時間：週一至週五爲 18.00~21.00，第一、三、五週週六爲 10.00~21.00，雙週之週六爲 10.00~18.00 請購處專線電話：25957295-分機 14（於請書時間方有人接聽）。

敬告大陸讀者：

大陸讀者購書、索書捷徑（尚未在大陸出版的書籍，以下二個途徑都可以購得，電子書另包括結緣書籍）：

1.**廈門外國圖書公司**：廈門市思明區湖濱南路 809 號 廈門外圖書城 3F
郵編：361004　電話：0592-5061658　網址：JKB118@188.COM

2.**電子書**：正智出版社有限公司及正覺同修會在台灣印行的各種局版書、結緣書，已有『**正覺電子書**』陸續上線中，提供讀者於手機、平板電腦上購書、下載、閱讀正智出版社、正覺同修會及正覺教育基金會所出版之電子書，詳細訊息敬請參閱『正覺電子書』專頁：
http://books.enlighten.org.tw/ebook

關於平實導師的書訊，請上網查閱：
成佛之道　http://www.a202.idv.tw
正智出版社 書香園地　http://books.enlighten.org.tw/

中國網採訪佛教正覺同修會、正覺教育基金會訊息：

http://big5.china.com.cn/gate/big5/fangtan.china.com.cn/2014-06/19/content_32714638.htm

http://pinpai.china.com.cn/

★ 正智出版社有限公司售書之稅後盈餘，全部捐助財團法人正覺寺籌備處、佛教正覺同修會、正覺教育基金會，供作弘法及購建道場之用；懇請諸方大德支持，功德無量。

★ 聲　明 ★

本社於 2015/01/01 開始調整本目錄中部分書籍之售價，以因應各項成本的持續增加。

＊ 喇嘛教修外道雙身法、墮識陰境界，非佛教 ＊
＊ 弘揚如來藏他空見的覺囊派才是真正藏傳佛教 ＊

售後服務—換書啓事（免附回郵） 2012/09/24

《楞嚴經講記》第 14 輯初版首刷本免費調換新書啓事：本講記第 14 輯出版前因 平實導師諸事繁忙，未將之重新閱讀而只改正校對時發現的錯別字，故未能發覺十年前所說法義有部分錯誤，於第 15 輯付印前重閱時才發覺第 14 輯中有部分錯誤尚未改正。今已重新審閱修改並已重印完成，煩請所有讀者將以前所購第 14 輯初版首刷本，寄回本社免費換新（初版二刷本無錯誤），本社將於寄回新書時同時附上您寄書回來換新時所付的郵資，並在此向所有讀者致上最誠懇的歉意。

《心經密意》初版書免費調換二版新書啓事：本書係演講錄音整理成書，講時因時間所限，省略部分段落未講。後於再版時補寫增加 13 頁，維持原價流通之。茲爲顧及初版讀者權益，自 2003/9/30 開始免費調換新書，原有初版一刷、二刷書籍，皆可寄來本來公司換書。

《宗門法眼》已經增寫改版爲 464 頁新書，2008 年 6 月中旬出版。讀者原有初版之第一刷、第二刷書本，都可以寄回本社免費調換改版新書。改版後之公案及錯悟事例維持不變，但將內容加以增說，較改版前更具有廣度與深度，將更能助益讀者參究實相。

換書者**免附回郵**，亦無截止期限；舊書請寄：111 台北郵政 73-151 號信箱 或 103 台北市承德路三段 267 號 10 樓 正智出版社有限公司。舊書若有塗鴨、殘缺、破損者，仍可換取新書；但缺頁之舊書至少應仍有五分之三頁數，方可換書。所有讀者不必顧念本公司是否有盈餘之問題，都請踴躍寄來換書；本公司成立之目的不是營利，只要能眞實利益學人，即已達到成立及運作之目的。若以郵寄方式換書者，免附回郵；並於寄回新書時，由本社附上您寄來書籍時耗用的郵資。造成您不便之處，再次致上萬分的歉意。

正智出版社有限公司 啓

國家圖書館出版品預行編目資料

楞嚴經講記／平實導師述.　—初版—
臺北市：正智，2009.11—　〔民98—　〕
冊；　公分

ISBN 978-986-6431-04-3（第1輯：平裝）
ISBN 978-986-6431-05-0（第2輯：平裝）
ISBN 978-986-6431-06-7（第3輯：平裝）
ISBN 978-986-6431-08-1（第4輯：平裝）
ISBN 978-986-6431-09-8（第5輯：平裝）
ISBN 978-986-6431-10-4（第6輯：平裝）
ISBN 978-986-6431-11-1（第7輯：平裝）
ISBN 978-986-6431-13-5（第8輯：平裝）
ISBN 978-986-6431-15-9（第9輯：平裝）
ISBN 978-986-6431-16-6（第10輯：平裝）
ISBN 978-986-6431-17-3（第11輯：平裝）
ISBN 978-986-6431-22-7（第12輯：平裝）
ISBN 978-986-6431-23-4（第13輯：平裝）
ISBN 978-986-6431-25-8（第14輯：平裝）
ISBN 978-986-6431-28-9（第15輯：平裝）

1.秘密部
221.94　　98019505

楞嚴經講記——第五輯

著　述　者：平實導師
音文轉換：曾邱賢 劉惠莉
校　　對：章乃鈞 陳介源 蔡禮政 傅素嫻 王美伶
出　版　者：正智出版社有限公司
電話：〇二 28327495　28316727（白天）
傳真：〇二 28344822
111台北郵政73-151號信箱
郵政劃撥帳號：一九〇六八二四一
正覺講堂：總機〇二 25957295（夜間）
總　經　銷：飛鴻國際行銷股份有限公司
231新北市新店區中正路501-9號2樓
電話：〇二 82186688（五線代表號）
傳真：〇二 82186458　82186459
初版首刷：二〇一〇年七月三十日 二千冊
初版六刷：二〇一六年十一月 二千冊
定　　價：三〇〇元